现代汉语语汇学

（第二版）

卢英顺　著

南开大学出版社
NANKAI UNIVERSITY PRESS
天　津

图书在版编目(CIP)数据

现代汉语语汇学：第二版 / 卢英顺著. —天津：
南开大学出版社，2024.12
ISBN 978-7-310-06527-1

Ⅰ. ①现… Ⅱ. ①卢… Ⅲ. ①现代汉语－词汇学－研
究 Ⅳ. ①H13

中国国家版本馆 CIP 数据核字(2023)第 237507 号

现代汉语语汇学(第二版)
XIANDAI HANYU YUHUIXUE (DI-ER BAN)

南开大学出版社出版发行
出版人：刘文华
地址：天津市南开区卫津路 94 号　邮政编码：300071
营销部电话：(022)23508339　营销部传真：(022)23508542
https://nkup.nankai.edu.cn

河北文曲印刷有限公司印刷　全国各地新华书店经销
2024 年 12 月第 1 版　2024 年 12 月第 1 次印刷
230×170 毫米　16 开本　18.5 印张　2 插页　266 千字
定价：69.00 元

如遇图书印装质量问题，请与本社营销部联系调换，电话：(022)23508339

前　言

《现代汉语语汇学》（第二版）除了对第一版（复旦大学出版社，2007年）个别表述欠严密的地方做了一些必要的修改以外，还删除了个别与整本书内容不够协调的章节，如关于叠音词的论述，还有关于联绵词部分的论述。

从整体上来看，此次修订淡化了本书作为纯粹教材的一些特点，进一步兼顾其学术性。相应地，删除了各章之后的"思考和练习"题，将其中的一些思考内容融入正文中陈述；增加了笔者对某些问题或问题的某些方面的一些进一步思考。其中修订幅度较大的主要有以下几个方面：

第一，在"现代汉语语汇类别"一章，主张在第一层次先分出"大众语汇"和"非大众语汇"，这样可以解决一些实际问题处理上的尴尬和理论上的不严密，如什么样的行业词语可以与普通词语构成一组同义词等。

第二，在"现代汉语词义"一章，增写了"词义和语素义之间的关系"一节，笔者觉得这部分内容应该明确提出来。在词义的分类上，增写了"词义类别"一节，把词义分为"词汇意义"和"语法意义"两大类，前者对应于实词，后者对应于虚词。语汇学关于词义的研究传统给笔者的印象是只讨论词汇意义，也就是实词的意义问题，而把语法意义当作别人家（语法学）的事。从理论的严密性来看，虚词也是语汇中的成员，它们也应该有意义。所以无论实词还是虚词都应该有词义。词汇意义和语法意义的不同，主要是由于词义概括的对象不同：前者基于语言外的各种事物或现象，后者则基于语言本身。明确这一点，我们就不会觉得，所有实词的意义比所有虚词的意义要"实"；

事实上，有些虚词的意义比有些实词的意义更"实"。词汇意义的下位分类是"理性意义"和"附加意义"。所以本次修订把原来独立成节的"词语的附加意义"这部分放在"附加意义"之下论述。另外，在"词义与词典编纂"一节增写了"词典的释义"的内容。

第三，在第六章增写了"语汇和社会"的内容。这方面其实很重要，语汇对现实社会的反映不是对照相似的，现实社会中有什么，语言中就一定有相应的语汇成员来指称它们。实际情况是，只有那些在现实社会中属于凸显的事物或现象才有可能在语汇中留下印记。

第四，增写了"现代汉语语汇研究"一章。在这一章，主要谈了些笔者本人对现代汉语语汇某些方面研究的思路，意在表明，在新的理论背景下，语汇研究的一些传统问题可以进一步深化，新的理论方法的运用可能会拓宽语汇研究的思路，也有助于传统问题研究的深入。

除了上述内容方面的一些修订之外，第二版在形式上也做了些变动。第一版中的注释受统一体例的约束放在每一章的末尾，这会给读者带来很大的阅读上的不便；在第二版中改为脚注，便于读者知晓相关观点的出处。同时，在原有注释的基础上又增加了新的注释。为了便于集中向相关作者致谢，特将相关文献在书的末尾重新列出。由于第一版的教材性质，一些学界常识性的观点未能一一详细列出，现在无法补出，谨向相关作者表示深切的歉意！虽然第二版经修订后向学术著作又迈进了一步，但它并不等同于学术专著，所以不可能在每个章节论述的内容方面都全面吸收新近的研究成果，所以恳请大家予以理解、海涵。

卢英顺

2023 年 6 月于复旦

目　录

绪 论

一、语汇及其在现代汉语中的地位

语汇，一般称为"词汇"，它是语言的建筑材料，是语言中词与词的等价物的总汇。不同的人对语汇范围大小的理解并不一致，这表现在两个方面：一是，对这种"等价物"的理解不同，有人认为其只包括成语、惯用语、歇后语，有人认为除此之外还包括谚语、格言，甚至更广；二是，对语素有不同的处理，有人把它包括在语汇之内，有人则将它排斥在外。但大家对"词"的处理没有异议，可见，词是语言中语汇的典型成员。本书把语素看作语汇的成员之一，对等价物的理解也是最狭义的一种。因此，我们用"语汇"这个术语，而不用"词汇"，这或许更名正言顺些。

对"词汇"一词还有其他的理解，可以指一部文学作品中所用的词语的总和，还可以指某个个人所掌握的某种语言词语的总和。

可以这么说，语汇在任何语言中都处于核心地位。它最敏感，对人类社会的反映最及时。社会生活一旦发生变化，语言中的语汇也会随之做相应的反映。语言中的语汇还深深地带有特定民族文化的印记，并且在一定程度上传承着这种文化。所以，我们可以反过来通过语汇了解特定历史阶段的社会态势，通过语汇来捕捉文化的信息，从而更好地理解相关的民族。现代汉语语汇当然也不例外。

从更为现实的角度看，掌握一定的语汇知识有助于我们的语言运用。在一般情况下，语法上出了些许毛病，固然不可取，但相比之下，问题不是太大。如果在用词问题上出了差错，其负面影响之大有时是我们难以预料的。2001 年，美国时任总统布什访问日本的时候，与日本时任首相小泉纯一郎相会晤之后，向媒体透露了他们之间的谈话内容：讨论日元贬值问题。消息一经传出，人们以为日元又要贬值，于是日本的股市全面大幅下跌。不仅如此，这种影响还波及韩国。后来又解释说，不是日元继续贬值，是布什总统"措词不当"！尽管如此，人们还是将信将疑，股市持续不景气。在日常生活中，我们也听说过因用词不当而没能办成本可以办到的事的例子。有一青年教师想向一位颇负声望的老学者请教一个问题，只因在信封上写着"×××谨启"而未能如愿。甚至我们在取名时稍有不周，也会给被取名者带来尴尬。

可见，语言中语汇成员的选用是何等的重要。掌握现代汉语语汇的相关知识，对我们了解特定历史阶段的社会状况，对我们了解本民族的文化，对提高我们的汉语使用水平，都是十分有意义的。

虽说语素是最小的音义结合体，但真正称得上语言意义建构基础的是语汇成员中词的意义。不仅如此，语汇成员还是语法的重要接口，语法规律的揭示离不开特定语汇成员的用法，其中涉及词语的意义问题，因此掌握语汇的知识有助于语法学习与研究。

二、语汇学及其研究内容

语汇既然如此重要，我们就有进一步了解它的必要。毛泽东曾经说过这样的话："感觉到了的东西，我们不能立刻理解它，只有理解了的东西才更深刻地感觉它。"（《实践论》）可见，对语汇进行研究是很有必要的。

研究语汇的这门学科就是语汇学，现代汉语语汇学就是要研究现代汉语语汇的方方面面。

如前所述，现代汉语语汇的范围，各家的看法并不相同，要进行语汇学研究，首先要明确研究对象的范围，要以事实为依据阐明自己的观点。现代汉语语汇的各成员，在语汇中的地位并不是相等的。其中，有的被大多数人经常使用；有的则被少数人使用，使用频率也不是很高；有的甚至只被一些特殊的群体使用。这样就有了大众语汇和非大众语汇以及基本语汇和一般语汇之分。这种区分是必要的，它有助于人们更快地掌握现代汉语并用以交际。语汇中各成员又都是语音形式、书写形式和语义内容三位一体的，所以，词语之间可以以这样或那样的方式聚合到一起，既互相联系又互相区别。因而就有了语汇的不同类别，如单音节词和多音节词，同音词，同形词，同义词、反义词，等等。

从所由组成的语素的多少来看，有单纯词与合成词之分。构成合成词的语素的类别又有所不同，这样就有了复合词、派生词和类派生词的不同。复合词内部又存在着不同的结构关系。这些都是构词法研究的问题。对构词法的研究，历史比较长，学界虽存在不同的看法，但一般只是局部的；相比而言，造词法提出之后，在语汇学界没有引起足够的重视。关于造词法，人家的分歧不小，有的甚至很大。对造词法的研究要注意厘清其与构词法的边界，明确造词法的研究范围。

现代汉语语汇成员，其来源并不相同，有的是汉语历史上就有的，有的是从其他语汇系统中吸收来的，有的是新造出来的。对外族词语的借用，近些年出现了新的动向，如 VCD、MTV 等字母词，怎样看待这一现象是值得进一步研究的。

词语的整体意义与其构成要素即语素意义之间的关系比较复杂，值得全面细致地考察。此外多义词的义项确立问题、如何释义的问题，是词典编纂者的切实问题。

就语汇使用方面而言，目前存在着许多不规范的现象，生造词的频频出现，方言词语、港台词语的大量涌现，特别是当今网络环境下的词语运用，直接影响到现代汉语的健康发展，这与当今高科技的发展对语言的要求是不相融的。所以，做好现代汉语语汇规范化的工作是当前的迫切任务。这不仅仅是语汇研究者的事，更是我们每个说现代汉语的人的责任。语汇规范化与词语的吸收和创造似乎是一对矛盾体，解决这一矛盾，必须以现代汉语语汇系统为前提。无论是在处理实际问题上，还是在解决语汇理论问题上，我们务必要有强烈的"系统"意识。

总之，现代汉语语汇，包括对现代汉语语汇系统本身，无论是实践方面，还是理论方面，都有许多问题值得进一步探讨。可以在新的理论背景下重新审视传统的问题，可以运用新的理论拓宽和深化语汇研究。

三、需要说明的问题

笔者刚上大学时，面对一本又一本现代汉语教材，曾经产生过疑惑：现代汉语都研究得这么"多"了，我还有什么好研究的呢？后来发现，不少人和笔者有同感！之所以会产生这样的感受，是因为我们不知道在种种问题上学术界还有不同的观点，以为所有的问题都被这几本甚至某一本现代汉语教材说尽了。

我们还发现，很多学生在学完现代汉语基础课后，看不懂专业文章，这当然与专业知识结构有关，但这不是问题的全部。还有很多学生，其中有入学不久的研究生，他们反映在读专业论文时，总觉得公说公有理，婆说婆有理。问题的症结往往在于他们不知道对同一问题的看法学术界有分歧，也就无从比较，自然就难以看出他们说得是否有理。

鉴于上述原因，笔者在《现代汉语语汇学》中做了一个大胆的尝试，把它定位在基础教材和学术专著的过渡阶段。笔者一直以为，至少像这种提高性的教材，不能一味地求"稳"而不顾学术的发展，当然也不能毫无顾忌地与学术俱进，必须在两者之间寻找一个平衡点；作为提高性的教材，它不能让读者感到在炒基础课的冷饭，它也不能使读者只见树木（看到的只是一家之言），不见森林（看不到学术观点的分歧）。正是基于这样的理念，在这本教材的写作过程中，不只是在"编"，而且也是在"著"；教材中所介绍的，就不只是笔者接受的一家观点，也适当引介了不同的看法，以期拓宽读者的视野，从中得到启发，促使读者发掘自己需要研究的问题。

这次修订，除了基本保留原有教材的基因以外，在秉持原有理念的基础上融入了更多的个人的独立思考。是否妥当，有赖读者朋友评判。不当之处，恳望指正。

第一章

现代汉语语汇的组成

现代汉语语汇的组成，指的是现代汉语中语汇的构成要素，包括语素、词、熟语和固定短语。每一个语素或词或熟语、固定短语都是这个语汇中的成员。所有在一般交际场合中被使用的现代汉语语汇成员，彼此之间既相互联系、相互区别，又相互制约，形成一个有机整体，从而构成现代汉语语汇。

第一节　语素和词

在日常交际中，我们感觉说话总是一句一句进行的，比如："你要出差啊？""我明天要到北京开一个会。"这里，问话人的问话和答话人的答话都是一个句子。会说汉语的人都会知道这两句话的意思，我们理解这两句话时是从整体来把握的。其实，这两句话，每一句就像一台机器，它不是囫囵一个整体，而是可以拆成一块儿一块儿的部件，每一块儿部件又可以拆成更小的部件或零件，机器的功能是通过对这些零部件的组装来实现的。语言中的句子也是这样，这一句一句的话之所以能达到交际的目的，就是因为它具有一定的意义，而每一句话的意义又是通过更小的"零部件"的意义的适当组合来体现的。①语言

---

① 这并不是说，句子的意义就是其构成要素意义的简单相加，特别是特定语境中话语的意义更是如此；但要理解一个句子的意义或话语的意义必须以理解其构成要素的意义为前提，当然还有语法结构知识等方面的内容。

中的这些零部件又是怎样的呢？

一、语素的定义

上面两句话中，就"我明天要到北京开一个会"这句来说，它最终可以拆成"我、明、天、要、到、北京、开、一、个、会"这些"零件"，这些零件用语言学的术语来说就叫"语素"，它们都有一定的意义。这些语素再进一步拆开，就没有意义了。比如"我"再进一步拆的话就成了"w"和"ö"，这样它们都没有意义了。可见，语素是最小的语音语义结合体。说它是"语音语义结合体"，是因为语素包括"语音"和"语义"两个方面，语音是语义赖以存在的形式，没有一定的语音形式作为依托，语义也就无从谈起；光有一定的语音形式而没有相应的语义，人们也就无法通过语言来交际。可见语音和语义两者缺一不可。之所以要在"语音语义结合体"之前加上"最小的"来修饰，是因为语言中除了语素外，比语素大的结合体也有一定的语音形式，如词、短语等，且也有相应的语义，不加以限制的话，就看不出语素和比它大的那些结合体的区别来。

二、语素的辨认

语素的辨认，归根到底要以语素的定义——最小的语音语义结合体——为依据。在辨认语素时，首先要看看某语音片段（在汉语中表现为一个汉字或几个汉字）有没有意义，如果该语音片段没有意义，那么它肯定不是语素。例如，"蜈""蚣""葡""萄"，在《现代汉语词典》中，我们无法查到单个的"蜈""蚣""葡""萄"是什么意义，只有"蜈"和"蚣"、"葡"和"萄"在一起时才有意义。这说明单个的"蜈""蚣""葡""萄"尽管有一定的语音形式，但它们都不是语素；"蜈蚣""葡萄"才各自是一个语素，因为它们不仅有一定的语音形式，而且还有与这个形式相对应的意义。如果该语音片段有一定的意义，我们还不能肯定它一定就是语素，因为比语素大的语音语义结合体也有意义。这时就要看看该语音片段是不是"最小的"语音语义结合体，是最小的语音语义结合体，它就是语素，反之，不是。所谓"最小的语音语义结合体"，在汉语中就体现为不能再将其往下切分了，如"大""人""国""书"，等等；或者再往下切分时，它就没有意义了，如上例中的"蜈蚣"和"葡萄"，类似的如"馄饨""踯躅""荸荠"等。

　　判断一个语音片段是不是一个语素，我们还可以用替换法。一般来说，假设这个语音片段为 XY，如果其中一个能被其他语音片段所替换，那么，那个未被替换的语音片段就是一个语素。具体地说就是，如果 Y 能被其他语音片段替换，那么 X 就是一个语素；反之，如果 X 能被其他语音片段替换，那么 Y 就是一个语素。比如：

电话：电话	电话	钢笔：钢笔	钢笔
电灯	套话	钢刀	毛笔
电流	官话	钢板	铅笔
电工	神话	钢丝	随笔

　　通过上面的替换可以看出，"电""话""钢""笔"都有意义，因而它们各是一个语素，可见，"电话"和"钢笔"都包含两个语素。①上面所说的"葡萄"和"蜈蚣"就不能做这样的替换，所以它们只能各算作一个语素。

　　"苹果""蝴蝶"这样的语音片段，情况有所不同。它们一部分可以替换，另一部分则不可以替换，试比较：

苹果：苹果	苹果	蝴蝶：蝴蝶	蝴蝶
水果	苹？	粉蝶	蝴？
野果	苹？	彩蝶	蝴？

这说明"苹果"和"蝴蝶"只有一个音节有意义，另一个音节没有意义因而不能成为一个语素，所以整个的语音片段只能看作一个语素（当然，其中的"果"和"蝶"也是一个语素）。

　　以上我们在对称的位置上进行替换，主要是为了看得更清楚一点。其实，判断一个语音片段是否有意义，不必在对称的位置上替换，只要看看这个语音片段是否以同样的意义在其他语音片段中出现即可，

---

　　① 有些语素因为其构成能力弱，不能形成类似的替换，但它有一定的意义，所以还应该把它看作语素。如"翱翔"中的"翱"。

比如"电话"中的"电"还可以在"水电""漏电"中出现。

　　"巧克力"看上去可以切分成"巧""克""力"，而且都有意义，它们是不是语素呢？不是。因为这些意义都不是它们在"巧克力"这个结合体中的意义，所以"巧克力"只能看作一个语素。这可以通过替换法来验证：

| 巧克力 | 巧克力 | 巧克力 |
| ？克力 | 巧？力 | 巧克？ |

"巧""克""力"这三个语音片段在"巧克力"这个更大的语音片段中为什么没有其原来的意义呢？这是因为"巧克力"是个音译的外来词，"巧""克""力"这三个语音片段只是近似翻译（音译）英语chocolate 这个词的读音而已。其他的音译词也属这种情况，如"坦克""马克思""麦克风"，等等。这些音译的外来词，不管它是由多少个汉字译出来的，都只能算作一个语素。

　　汉语中还有一种合意或者会意现象，如"甭"是"不用"的意思，"孬"是"不好"的意思，"歪"是"不正"的意思。有的人把它们看作两个语素，这是不妥的。因为他们只看到了意义这一面，而没有看到语音这一面，更没有看到语音和语义统一这一面。比如"甭"，它只是最小的有意义的语音片段，它并不读成 bù yòng。如果只看意义这一面，那么"妻"也要算两个语素了，因为它是"妻子"的意思。"闷"在现代汉语中有不同的读音，每种读音都有不同的意义，又该算几个语素呢？

三、语素与汉字的关系

　　现代汉语中，一个汉字往往都有一定的意义，如"天""高""美""丽""黑"，等等。每个汉字又有一定的读音，这样看来，一个汉字就是一个语音语义结合体。这容易使我们得出这样的结论：现代汉语中，一个汉字就代表一个语素，语素和汉字的关系非常简单。其实，现代汉语中，语素和汉字的关系还是比较复杂的。具体表现为：

　　1. 一个汉字就是一个语素，如"电""书""领"，等等。

　　2. 同一个汉字可以表示不同的语素，如"（快）乐""（音）乐"，尽管读音不同，写出来的汉字都是"乐"。再比如"会"，在"开会"和"会写"中，虽然读音相同，但与此读音相对应的意义并不相同，而且这两种意义之间又看不出有什么联系。可见，现代汉语中的"会"字，它所表示的是两个不同的语素。

3．一个汉字不表示任何语素。音译外来词中的每个汉字都不是语素；"蜈""蚣""馄""饨"这些汉字，也都不是语素。①

4．同一个语素也可能是由不同的汉字来表示的。如"算"和"祘"。

由上可见，汉字和语素之间的关系并不是很单纯的。了解这一点，对我们更好地认识语素是有益的。

四、语素的分类

现代汉语中，有些语素的活动十分自由，可以在不同的场合出现。比如"猫"，它可以在下列不同的句子中出现：

（1）猫有四条腿。

（2）她养了一只猫。

（3）那只花猫的腿瘸了。

（4）这只黑猫很会抓老鼠。

（5）那小孩儿把邻居家的猫关在家里。

（6）现在这种社会，还可以通过卖猫来挣钱。

如此种种，不一而足。与"猫"类似的语素很多，如"人""很""了""吗""在""跑""贵"，等等。

有些语素则不同，它们的出现场合虽然多种多样，但都不能独立地自由运用。如"袖"可以出现在以下场合："袖标""袖管""袖口""袖珍""袖章""袖手旁观""领袖""拂袖""套袖"等，但不能独立地自由地用来造句。"观"也一样，有"观测""观察""观点""观感""观众""悲观""乐观""参观""奇观""概观""宏观"，等等，但"观"也不能单独用来造句。从位置上看，"袖"和"观"可以出现在其他语素的前面，也可以出现在其他语素后面。

---

① 有人说汉字是"语素文字"，凭这一点就知道此说不严谨。

另一些语素则不然，它们既不能单独用来造句，和其他语素在一起时位置也不自由，要么总是在前面，要么总是在后面。前者如"阿"，后者如"者"。

因此，根据语素自身这些特点，我们可以把它们分为自由语素、准自由语素和粘着语素、准粘着语素。自由语素指的是能够独立成词的语素，如"人""很""了"等。准自由语素指的是虽然不能独立成词但作为构词成分时它在词中的位置是自由的、不固定的语素，如"目"，在现代汉语中它不能独立作为一个词来使用，只能作为构词成分，但作为构词成分时，它的位置又是不固定的，我们可以说"目镜""目标"，也可以说"侧目""盲目"等。粘着语素指的是既不能独立成词、在作构词成分时其位置固定、意义又很虚的语素，一般称为"词缀"，如"老师、老虎"中的"老"，"桌子、椅子"中的"子"（"苍老、父老"等中的"老"和"子女、孝子"等中的"子"，虽然书写形式与此相同，但意义却不同，它们只能算作同形的不同语素）。词缀根据其粘着位置的不同，又可以分为前缀和后缀，有的语言里还有中缀。准粘着语素指的是其构词时虽然位置固定但仍保留某种程度的意义的语素，如"-热（出国热、足球热）、-化（标准化、信息化）""非-（非典型、非礼）、前-（前苏联、前男友）"等。[①]所以有人称之为"类词缀"。当然，语素还可以从其他角度进行分类。[②]

五、语素的动态观

以上我们对语素的认识只局限于共时平面。以发展的眼光看，一个语音片段是不是一个语素并不是一成不变的。"蝴蝶"的"蝶"起初

---

① 汉语中，有些语素在从前一段时期，作为构词成分，它是自由的，但现在逐渐向粘着语素发展，如"员"，过去有"员工""动员"，现在逐渐定位在后，有"教员、学员、营业员、运动员、邮递员"等，成了类词缀。

② 语素还可以从其他角度分类，如根据意义的虚实，可将它们分为"实语素"和"虚语素"；根据能否单独用来造句，可将它们分为"成词语素"和"不成词语素"。有的语素有多个意义，有的语素只有一个意义，据此可将它们分为"多义语素"和"单义语素"。笔者一直主张，任何分类都应该有明确的目的，不能为了分类而分类。我们这里如此分类，是为了与后面的构词法分类相对应。

也不能作为一个语素，由于"蝴蝶"这个语音片段总是在一起出现，人们逐渐在认知上形成一种模式，由于格式塔的作用，一看到"蝶"，就自然而然地想到"蝴蝶"，于是"蝶"就被赋予了"蝴蝶"的意义，因此就成了语素，所以就有了"粉蝶""彩蝶""蝶泳"等说法。类似的如"啤酒"中的"啤"有"生啤""熟啤"和"干啤"等说法，"巴士"中的"巴"有"大巴""中巴"和"小巴"等说法。

语言是发展变化的，语素从自由到准自由，从准粘着再到粘着，是逐步演化的结果。在演化的过程中，必然涉及演化起始时间的早晚、演化进程的快慢，因而，从自由语素到粘着语素的演化过程中出现准自由语素和准粘着语素是很自然的。

由此可见，我们在分析语言现象时不能做简单化处理。

六、词的定义

我们学习外语时，认识字母后，首先接触的就是一个一个的单词了。其实，在母语学习中，我们首先学会的也是一个个的词。可以毫不夸张地说，词是任何语言语汇系统中最基本的语汇成分。这不仅表现在它的数量上，也表现在它的使用上，表现在人们对它的感知上。

从数量上看，任何一种语言中词的数量都是相当庞大的，汉语自然也不例外。这是由语言的交际工具这一性质决定的。一种语言里词的数量贫乏，那这种语言就难以满足操这种语言的人交际的需要。这可从我们在学外语的过程中窥见一斑。如果我们所掌握的词的数量有限，我们就难以用这种语言与人交际。同理，任何语言的语汇系统都必须是开放的，它必须随着社会生活的丰富和发展而日益扩大。其中，词所占的比重相当大。

由于词义所反映的多为世界的基本范畴，而人们在感知外在世界时，最容易获得的就是这些基本范畴，所以在表述这些范畴时，就自然而然地要用到相应的词，如"树""水""跑"，等等。

由于词的特殊性，其在日常交际过程中的再现率、自由度相对较高，人们对词的直觉也就最为明显，所以词也就容易被人们感知。

因此，词是语言语汇系统中最基本的成分，是人们容易自然感知到的东西。尽管如此，要想给词下一个令人满意的定义却并非易事。不同的人试着从不同角度——如从单纯的意义角度、语法角度——给词下过定义，但都存在着不同的问题。词的比较通行的定义是这样的：词是代表一定的意义、具有固定的语音形式、可以独立运用的最小的结构单位。从这个定义不难看出，首先，词是一种语音语义结合体，但不一定是最小的语音语义结合体，这和语素不同。"黑"是一个词，"黑板"也是一个词。其次，词必须能独立运用，也就是说，它能自由地用来造句，如："那件衣服是黑的。"和"他喜欢穿黑衣服。"等。"袖"虽然也是语音语义结合体，但它不能自由用来造句，比如我们不能说："*这衣服的袖长了。"所以它只是一个语素。再看另外一个例子，"这些学生"，它也可以自由用来造句，如："这些学生是新来的。""教这些学生很吃力。""这些学生非常顽皮。"等，"这些学生"是词吗？凭语感我们也知道它不是词。因此，最后，词必须是"最小的"可以独立运用的结构单位。"这些学生"虽然能独立运用，但不是最小的，所以还不能算作词。它是由词构成的、比词高一级的语音语义结合体——短语。

七、词与语素的关系

从上面对语素和词的论述中，我们不难发现，词与语素的关系并不是十分单纯的。总而言之，词与语素的关系是：词是由语素构成的。但有些语素可以独立成词，这样的语素很多。例如：

笔　布　书　纸　车　水　门　灯　信　……
跑　跳　喝　吃　睡　说　挂　姓　等　……
红　好　新　苦　酸　亮　紧　远　高　……
在　用　从　对　向　给　到　把　被　……

还有"着""了""过""吗""吧""个""只"，等等。有些语素则不可以独立成词，只能与其他语素在一起共同构成一个词，如"翔""袖""参""观"等，在现代汉语中，它们都不能独立运用，必须与其他语素一起才能构成一个可以独立运用的词，如"飞翔""翔实""领袖""袖章""参与""参观""观摩"，等等；一些粘着语素更是不能独立成词，如"阿—""初—""—子""—者"等。这两类语素，无论是能独立成词的，还是不能独立成词的，它们与词之间的界限还是明确的。

我们说不能独立成词的语素必须跟其他语素在一起才能构成一个独立的词，但并没有说两个能独立成词的语素就不能在一起构成一个新词，比如"毛"和"笔"都能独立成词，它们在一起又可以构成一个新词"毛笔"；同样，"电"和"灯"在一起可以构成新词"电灯"；构成"火车""皮鞋""牙刷"的语素"火""车""皮""鞋""牙""刷"也都能独立成词。但是，有时两个能独立成词的语素在一起所组成的结构体却不是词，而是比词高一级的结构体——短语，如"打破""很长""擦亮""新书"，等等。接下来的问题是，由两个（或以上）能独立成词的语素所组成的结合体，何时是词，何时又不是词而是短语呢？

一般说来，词的内部结构具有相当强的凝固性，词的意义具有整体性。所谓"凝固性"是指，在保持词的意义不变的情况下，组成词的语素与语素之间，不能插入相关的虚词，如"的""了"等，它们之间的位置也不能调换，即从 AB 变为 BA。所谓意义的"整体性"是指，词的意义一般不是由组成它的语素意义的简单相加得出的，而是有其独特的意义。我们不妨看几个例子："火车"，如上所述，组成它的两个语素"火"和"车"都是能独立成词的，但它们之间不能插入"的"或"和"之类的虚词，说成"*火的车""*火和车"，也不能调换位置而成"*车火"；"火车"的意义也不是"火"和"车"意义的简单相加："火的车"，更不是"火和车"，而是"一种重要的交通运输工具"。这一点只要与"肉汤""桌子椅子"比较一下就一清二楚。"肉"和"汤"之间可以插入"的"说成"肉的汤"，"肉汤"的意义也就是"肉的汤"；"桌子"和"椅子"之间可以插入"和"说成"桌子和椅子"，它们之间的位置也可以互换，说成"椅子桌子"，而且插入虚词或调换位置以后，其意义没有发生变化。同样，"黑板"是一种教学工具，它并不是"黑的板"的意思，起初它与"黑"和"板"还有点关系，现在有时就一点关系也没有了。从颜色上看，有的黑板是"绿"的，甚至是"白"的；从材料上看，它已不限于木质的了，它可以是水泥的，还可以是玻璃的、金属的。可见，由"黑"和"板"组成的"黑板"，有它独特的意义，因而"黑板"是词，而不是短语。

上述判断由两个（或以上）能独立成词的语素所组成的结构体是词还是短语，用的是"扩展法"。运用扩展法时，只能在其中插入虚词，不能插入实词，比如"马车"不能扩展成"马拉的车"。但是，有时运用这种方法来判断由两个（或以上）的能独立成词的语素所组成的结构体是词还是短语并非那么简单。比如，"鸡蛋"的意义是"鸡下的蛋"，"鸡蛋"扩展成"鸡的蛋"后，并不能确切表示"鸡蛋"的意义，因此，我们可以说"鸡蛋"是一个词。那么，"鸡毛"是词还是短语呢？它可以扩展成"鸡的毛"，而且并没有改变意义，看上去似乎是短语；可是从语感上我们又看不出"鸡毛"和"鸡蛋"有什么不同。可见，语言现象是十分复杂的。

第二节　熟语和固定短语

一、熟语

有的语汇成员像词一样，人们在日常交际过程中可以信手拈来，它们是比词大的、现成的"建筑材料"，而不是临时"组装"起来的。这样的语汇成员就是熟语。从范围上来说，熟语包括成语、惯用语和歇后语。① 其特点是，结构上具有定型性，意义上具有整体性。

熟语的定型性，不仅表现在特定形式和特定意义的联系上，也表现在形式本身上。熟语的形式一般比较固定，不能随便用一个相关语素或词（包括同义语素或同义词）去替换。比如，"亡羊补牢"不能改成"*亡羊补圈"或"*亡猪补牢""*丢羊补牢"；"狐假虎威"不能改为"*狐假狮威"；类似地，"喝西北风"不能随意改成"*喝东南风"；

---

① 学界关于熟语的范围说法不一。有的还包括谚语和格言，这是比较流行的看法；崔希亮《汉语熟语与中国人文世界》（1997：1-2）甚至把名联、流行市语、流行歌谣也囊括进去。我们界定的范围参考了刘叔新《汉语描写词汇学》（1990）、徐国庆《现代汉语词汇系统论》（1999）。有关熟语的详细内容参阅本书第五章。

"破罐子破摔"不能说成"*破碗破摔";等等。另外,也不能随意颠倒语素之间的顺序。比如,说"急功近利",不说"*近利急功""*近功急利";说"南辕北辙",不说"*北辕南辙""*北辙南辕";说"开夜车",不说"*夜车开了";等等。

但是,熟语内部,种类不同,定型程度也不同。成语,由于多为历史故事凝固而成,传承时间较久,所以一般都比较稳定。[①] 惯用语和歇后语则有所不同,它们是在口头上流传的,与成语比较起来,定型性要差一些,这体现在同样的意义可以用不同的形式去表现,如"泼冷水"可以说成"浇冷水"、"开后门"可以说成"走后门";还体现在惯用语各语素之间的顺序上,或在其间插入其他成分,如"泼了一瓢冷水""一瓢冷水泼了过来"、"碰了个软钉子""碰了他的钉子"、"钻了他的空子""什么空子都钻";歇后语的例子如,"风箱里的老鼠——两头受气"可以说成"老鼠钻进风箱里——两头受气""老鼠跑进风箱里——两头受气"等。不过,这种变化是有限的,可谓万变不离其宗。

熟语在意义上的整体性,表现在熟语的意义不能从构成它的语素或词的字面意义去理解。比如"信口开河""碰钉子",我们就不能从字面上去理解它们的意义。"一在众人面前讲话,我的心就像十五只吊桶打水——七上八下"这句,其中的"七上八下"显然不是"有七颗心在上面,八颗心在下面"的意思。

二、固定短语

在日常交际中,我们还经常碰到这样的短语,如"大吃大喝""大红大绿""多快好省""经济特区",等等,它们经常在一起使用,因而结构看起来也比较固定,但意义比较明显,它们的意义可以从所由组成的语素的意义直接推导出来。这样的短语,我们称之为"固定

---

① 其实,成语也不是一成不变。有的成语中含有冷僻或晦涩的字,不便掌握,所以后来做了变动,如"揠苗助长"现改为"拔苗助长","屡戒不悛"现改为"屡教不改","名不副实"越来越多的人写成"名不符实"。修辞上的临时变动当然要除外,如"一箭三雕""望书兴叹""下马观花"等。

短语"。①

固定短语，根据其内部成员的特点，可以分为以下几类。

1. 固定格式类。这类固定短语是通过一定的格式将相关的语素组合到一起的。例如：

大吃大喝　大红大绿　大是大非　大手大脚　大鱼大肉
大吵大闹　大摇大摆
半信半疑　半文半白　半明半暗　半中半西　半推半就
半死半活　半新半旧
有棱有角　有权有势　有吃有喝　有张有弛　有说有笑
有血有肉　有凭有据
有利无弊　有名无实　有始无终　有头无尾　有勇无谋
有增无减　有意无意
可有可无　可大可小　可长可短　可上可下　可敬可爱
可喜可贺　可气可恨

此外还有"上蹿下跳""上行下效"等。这类固定短语的特点是，在特定的格式中填入的是相关或相反的语素或词，有的被填入格式中的两个语素放在一起就是一个词。这类固定短语，由于其格式的固定性，且多为四字格，久而久之，有的已被当作成语收进了词典。在构式理论视域下，这些不同的框式结构（如"大 X 大 Y"）被看作不同的构式，具有整体的构式意义。

2. 专有名称类。表示专有名称的可以是词（如"上海""北京""深圳""毛泽东""周恩来"等），但不限于词，如：

中华人民共和国　中国人民大学　复旦大学　台湾海峡
长江三角洲　辽东半岛　新民晚报　解放军报　中篇小说
选刊　演讲与口才　三国演义　论持久战　……

这类专有名称，由于所由构成的语素或词较多，所以从语感上看，它们远远超出了人们对词的音节数的接受能力；不过从其功能来看，它

---

① "固定短语"在学界有不同所指，相当于我们所说的熟语。这种"同名异实"现象在学术文献中比较普遍。遇到这种情况，需要注意同一术语的不同内涵。

们表达的是一个单一的概念，这与自由短语是不同的，从这点来看，又倾向于把它们看作词。因此我们认为，把它们看作固定短语中的一类比较合适。

3. 其他类。这类的特点是，相关的语素或词经常在一起出现，与自由短语比较起来，它们经常在一起出现，似乎成了一种固定说法。例如：

多快好省　经济特区　精神文明　生产责任制　人造卫星
按劳分配　跳蚤市场　组合家具　女强人　公关小姐
小金库　个体户　开发区　脱贫致富　智力投资　体制改革
三角债　市场经济　公款消费　以权谋私　软环境　暴发户
独生子女　职业道德　窗口行业　超前意识　参与意识
成人教育　电子商务　尊师重教

由上可见，固定短语与熟语类不同，虽然有时不大容易分得一清二楚。熟语在结构上具有定型性，即使像惯用语这样的熟语在结构上的变异也是很有限的；在意义上它具有整体性的特点，熟语的意义一般不能从构成它的各个语素的意义推导出来，所以在对熟语的理解上不能望文生义。固定短语则不然，它的意义可谓一目了然。

第三节　语素和熟语、固定短语的语汇性质

语汇，即一般所说的"词汇"。什么是词汇呢？词汇学界对此理解不一。

黄伯荣、廖序东（1988：275）认为："一种语言里所有词的集合体称为'词汇'。"[①]

胡裕树（1987：241）是这样说的："词汇是语言的建筑材料，是语言中的词和词的等价物（固定词组）的集合体。"[②]

[①] 黄伯荣、廖序东主编，1988，《现代汉语》（修订本，上册），甘肃人民出版社。

[②] 胡裕树主编，1987，《现代汉语》（增订本），上海教育出版社。

　　武占坤、王勤（1983：1）对词汇的表述是："词汇是构成语言的建筑材料，是语言中所有的建筑材料（包括词素、词、熟语）的总汇。这个总汇不是众多的成员之间彼此孤立地简单堆积，而是一个互相对立、互相联系、互相制约的完整的体系。"①

　　可见，各家对词汇范围的大小看法不一，可谓见仁见智，但有一点是一致的，即词一定是词汇中的成员。我们认为，根据语言的实际情况，词汇的范围不能限定得太小，除词之外，语素和熟语、固定短语也应该看作词汇的成员。正因为如此，再用"词汇"这个术语就不妥当，而且"词汇"这个术语容易使人望文生义，以为是词的总汇，②这样就不利于词汇学的研究。所以我们改"词汇"为"语汇"。

　　值得一提的是，"语汇"这一术语在学界的理解并不一致。温端正《汉语语汇学》（2005）③中所说的"语汇"大致相当于我们所说的熟语。另外刘叔新《汉语描写词汇学》（1990）又赋予"语汇"以不同的涵义。④

　　语素和熟语、固定短语到底是不是语汇的成员？从认知的角度来看，语汇范畴是个原型范畴。原型范畴的特点之一是，范畴内部成员之间的地位并不相等（Taylor，1995：43）⑤，它们之间有典型、比较典型和不太典型之别。所谓典型成员是指那些最能代表该范畴的成员，这些成员为不同的人所公认，如"槐树、榆树"被公认为"树范畴"的典型成员，"麻雀、喜鹊"被公认为"鸟范畴"的典型成员。范畴的属性往往是以这些典型成员为基础。对那些非典型成员或者其他范畴

---

　　① 武占坤、王勤，1983，《现代汉语词汇概要》，内蒙古人民出版社。

　　② 刘叔新（1990：15）强调："'词汇'不好只从字面上来理解。各种语言除了具有大量的词，又都具有很多成语之类的词的固定组合体。"这种强调恰恰说明"词汇"这一术语容易让人误解。

　　③ 温端正，2005，《汉语语汇学》，商务印书馆。

　　④ "词汇"一词有不同的涵义，除了词汇学上的理解之外，它也可以指一部文学作品中所用的词语的总和，还可以指某个个人所掌握的某种语言中词语的总和。为了区别这些不同的用法，刘叔新（1990：16-17）提出使用不同的术语来区别，词汇学意义上的仍然称作"词汇"，后两种意义上的称作"语汇"。可见，刘著所说的语汇不同于我们这里所说的语汇。

　　⑤ Taylor, John R. 1995 *Linguistic Categorization: Prototypes in Linguistic Theory*, 2nd edition. Oxford: Oxford University Press. 中文译本为：《语言的范畴化：语言学理论中的类典型》，外语教学与研究出版社，2001 年。

的成员可以通过属性"匹配度"或"近似度"来确定。由此不难看出，"棕榈树"是"树范畴"比较边缘的成员，"鸵鸟"是"鸟范畴"比较边缘的成员；而"灌木"一般不会被看作树范畴的成员，"苍蝇"不会被看作鸟范畴的成员。就语汇范畴而言，由上述各家的定义可知，词是语汇范畴的典型成员。语素、熟语和固定短语是不是语汇成员，要看它们是否符合或者在多大程度上符合词的属性。

语汇成员应该具备什么样的性质？不妨从语汇成员中最为典型的成员——词——入手进行一些分析。

一、词的语汇性质

词作为语汇的典型成员，它们具有哪些性质？徐国庆（1999：11）认为："备用性特征和复现性特征就是词汇成分的建筑材料性质的最根本的内容。"①我们在此基础上再加上一个"定型性"特征。这样，词的基本属性是**备用性、定型性**和**复现性**这三种属性。

在日常交际过程中，我们总是把词像搬砖头一样搬来搬去，去"组装"不同的句子。例如"书籍"：

（1）**书籍**是人类进步的阶梯。

（2）爱护**书籍**要像爱护我们的眼珠一样。

（3）书和**书籍**是不同的，前者是个体名词，后者是集合名词。

（4）在想要读书而找不到书读的时候，你才会真正觉得**书籍**的宝贵。

（5）他珍藏了很多名人**书籍**。

所以，斯大林把词汇形象地比喻为"语言的建筑材料"：

（词汇本身）它还不是语言，——它好比是语言的建筑材料。建筑业中的建筑材料并不就是房屋，虽然没有建筑材料就不可能建成房屋。同样，语言的词汇也并不就是语言，虽然没有词汇，任何语言都是不可想象的。但是当语言的词汇受着语言语法的支配的时候，就会获得

---

① 徐国庆，1999，《现代汉语词汇系统论》，北京大学出版社。

极大的意义。(斯大林，1972：17)①

可见，语言中的词就像建筑中的砖头等材料一样，它存在在那儿，随时准备着为建筑所用。因此可以说，**备用性**是语言中语汇的性质之一。

我们还知道，词也是一种语音语义结合体，词的语音形式比较固定，它和相应的语义之间的联系非常密切。这点从词形相同但读音不同的两个词之间意义的差别上可以看得一清二楚：

地道[1]：在地面下掘成的交通坑道（多用于军事）。

地道[2]：真正是有名产地出产的；真正的，纯粹。

地方[1]：各级行政区划的统称；本地，当地。

地方[2]：某一区域，空间的一部分；部分。

大意[1]：主要的意思。

大意[2]：疏忽，不注意。

大学生[1]：在高等学校读书的学生。

大学生[2]：年岁较大的学生。

东西[1]：东边和西边。

东西[2]：泛指各种具体的或抽象的事物。

词的意义必须依附一定的形，这个"形"，表现在口头上是一定的语音形式，表现在书面上就是一定的形体。任何形的改变都可能引起意义上的变化。上述各例中，读音形式的改变引起了意义的变化。读音形式不变，形体发生变化时也会引起意义的不同，比如"大意"和"大义"，"公式"和"攻势"，"期中"和"期终"等。就两个或两个以上音节的词来说，音节与音节之间次序的颠倒，其结果是，或改变了意义，或根本没有意义。②比如"白花"和"花白"，"客房"和"房客"，"出发"和"发出"，"临界"和"*界临"，"踌躇"和"*躇踌"，"蛮横"和"*横蛮"，等等。词的意义一般也不是所由构成的语素意义的简单

---

① 斯大林，1972，《马克思主义和语言学问题》，人民出版社。
② 现代汉语中有少数词可以颠倒语素的次序而不改变词的意义，如"演讲"和"讲演"。

相加，如"白菜"不是"白的菜"的意思，"马路"不是"马走的路"的意思。

由上可见，词具有定型性。所以，语汇的第二个性质就是**定型性**。

语汇的第三个性质是**复现性**。所谓"复现"，就是同一个实体，比如词，能在不同的场合出现，为不同的人所用。前面所举的"书籍"就是一例。我们再看一个"了"：

（1）我吃了饭了。

（2）他昨天打了人。

（3）小王打算明天下了课去看电影。

（4）春天来了，花红了，草绿了。

语汇的复现性是与定型性密切相关的。没有定型性，很难想象有复现性。假如一个人在表示特定的意义 M 时，在一种场合用形式 a，在另一种场合用形式 b，在其他场合用形式 c、d、e 等；或者在表示 M 这个意义时，张三用形式 a，李四用形式 b，王五用形式 c，等等，这就无复现性可言了。其后果也就可想而知了。反过来，同一形式的反复出现，又能进一步固定这个"型"。

综上所述，**备用性、定型性和复现性是语汇的三种根本性质**。语汇之所以有这三种性质，是由语言作为交际工具这一根本性质决定的。

如前所述，特定个体的范畴所属取决于该个体对相关范畴属性的匹配度或近似度。所以，要看语素、熟语和固定短语是否属于语汇范畴，就是要看这些成员是否完全具备或基本具备语汇的上述三种性质。

二、语素的语汇性质

语素能不能看作语汇的成员，就看它是否具备备用性、定型性和复现性。

语素的备用性是非常明显的，因为词的构成离不开语素，无论单纯词、合成词都是如此。没有语素的词是不可想象的。没有"人"和"民"这两个语素，就不会有"人民"这个词。语素的备用性，从新词语的创造上可以看得一清二楚。随着社会的不断发展进步，新的事物、新的社会现象层出不穷，它们与人们的日常生活关系密切，在交际过程中就不时地需要表达新事物、新现象，于是就不断地创造新词语，如"电视机""互联网""手机""下岗""再就业""回扣"，等等。不妨设想一下，假如没有"电视机"这样的词，也没有"电视"这样的词，但"电视机"这种事物是存在的，我们要表达"电视机出故障了"这样的意思怎么办？大概只能做类似如下的表述"一通电就能听到声音、看到图像的那种机器出故障了"。这会给交际带来怎样的尴尬境地？所以必须创造新词语。但新词语的创造不是随心所欲的，它要考虑到语言学习者和使用者的记忆能力，这就势必要从原有的语素中寻找合适的构词材料。

语素的定型性，和词一样，表现在形式和意义的结合关系上。一定的意义总是和听觉上一定的读音或视觉上一定的形体形式联系在一起，形式的改变意味着意义的变化。比如听到 chuāng，或者看到"窗"，你会想到"窗户"；听到 chuáng，或者看到"床"，你会想到"供人躺在上面睡觉的家具"。如果语素的形式和意义之间没有这样的定型性，我用 pǎo 或"跑"表示"两只脚或四条腿迅速前进"的意义，而你们在听到 pǎo 或看到"跑"时，想到的是"睡觉"的意义，另外一些人则想到"正在侃大山"的意义，其后果也就不言而喻了。正因为语素的形式和意义之间具有这样的定型性，我们在创造新词语时就不得不考虑语素的这一性质。如果我们用"黑板擦"这样的形式来表示"鞋刷"的意义，就真正是"名不正，言不顺"了。那么，我们学习、使用起来也不会顺利的。

语素的复现性体现在它一次又一次地被用来作为构词材料而反复出现在不同的词语之中。例如：

机	机变	机舱	机场	机车	机床	机电	机动	机房	机耕
	机工	机构	机关	机关枪	机会	机件	机警	机灵	
	机密	机敏	机能	机器	机枪	机巧	机体	机械	机油
	机修	机要	机缘	机制	机智	机组	……		
	班机	扳机	禅机	唱机	趁机	电机	动机	耳机	飞机
	见机	军机	客机	良机	灵机	杀机	生机	时机	司机
	伺机	天机	投机	危机	微机	无机	相机	心机	玄机

寻机　有机　战机　转机　专机　……

破　破案　破败　破冰船　破财　破产　破钞　破除　破读

　　破费　破釜沉舟　破格　破罐破摔　破坏　破获　破戒

　　破解　破镜重圆　破旧　破口大骂　破烂　破裂　破例

　　破浪　破陋　破落　破门而入　破灭　破碎　破损　破题

　　破涕为笑　破土　破天荒　破相　破鞋　破绽

　　破折号　……

　　爆破　残破　打破　点破　读破　攻破　击破　揭破　看破

　　识破　说破　突破　颠扑不破　牢不可破　道破　……

由此可见，语素的复现性是非常明显的。

　　既然语素和词一样，具有备用性、定型性和复现性，那么把语素看作语汇的成员应该是没有问题的。

三、熟语、固定短语的语汇性质

　　熟语的情况又如何呢？在日常交际中，我们往往会不知不觉地用上一些熟语，有的人甚至出口成章。例如：

　　（1）画家来了。画家**风度翩翩**，梳着长长的背发，永远一丝不乱。衣着入时，而且合体。春秋天人造革猎服，冬天羽绒服。——他从来不戴帽子。这样的**一表人才**，安乐居少见。他在文化馆工作，算个知识分子，但对人很客气，**彬彬有礼**。他这喝酒真是**别具一格**：二两酒，一扬脖子，一口气，下去了。这种喝法，叫作"大车酒"，过去赶大车的这么喝。西直门外管这叫"骆驼酒"，赶骆驼的这么喝。文墨人，这样喝法的，少有。（汪曾祺《安乐居》）

　　（2）1970 年我进了纺织厂工作。有一天，我骑车上街买东西，途经戚浦河桥时，看见桥上有许多人在看热闹。我好奇地上前一看：原来是一名七八岁的女孩在河中拼命挣扎，但是桥上的**男女老少个个呆若木鸡**，只管看"戏"，**无动于衷**。我顿然**热血沸腾**，一瞬间长江遇险那一幕闪现在眼前。我忘记了危险，猛地跳进河中。（报纸语料）

　　（3）这样晴朗的早晨，正是人们扫地清垃圾的时候，他在这里**无所事事**，喝**虚无缥缈**的空气——这样下去，说不定某一天还得**喝西北**

风！于是他小时饿饭的情景又忽然回到他脑海中来了。他心跳了两下，便立刻走出那个小公园。（叶君健《内部矛盾》）

（4）现在已经有大字报贴出来了，你们赶快想法子先躲起来吧！他们三人听了后，也搞不清"家"里到底什么背景，有什么来头，只得"三十六计，走为上计"。（李鸣生《国家大事》）

由此可见，熟语，我们在交际中只要用得着，就可信手拈来，直接使用，无须临时"组装"，其备用性由此可窥见一斑。

熟语的定型性，如上所述，是毋庸置疑的。

熟语的复现性也是有目共睹的。不同的人，或同一个人在不同的场合，只要有交际需要，就可以选用合适的熟语。一般说来，受教育程度较高的人用成语多一些，文化程度偏低的人，惯用语类口语性强的熟语用得多一些。

与熟语比较起来，固定短语在备用性、定型性和复现性的某一（些）方面，表现要差些。其内部各成员之间的表现也不一致。但总的来说还是可以看作语汇的成员，不过不很典型罢了。

上述关于语素、熟语和固定短语语汇的性质，是在原型范畴观下所做的论述。从论证的角度来看，这属于类比论证。类比论证法在学术论文写作中经常被运用。例如朱德熙（1985：33）把"今天种树"中的"今天"分析为主语而不是状语，用的就是类比论证的方法。[1]具体论证方法如下：

他们种树	今天种树	马上种树
他们不种树	今天不种树	＊马上不种树
他们种不种树	今天种不种树	＊马上种不种树
他们种树没有	今天种树没有	＊马上种树没有

上述句子中，"他们"是主语，"马上"是状语，这是大家都同意的，于是拿"今天种树"和"他们种树""马上种树"进行类比。得出的结论是"今天种树"中的"今天"是主语而不是状语。从论证过程

---

① 朱德熙，1985，《语法答问》，商务印书馆。

来看似乎无懈可击，但所得结论与语感严重不符。其中有没有值得我们深思的地方？是不是在类比时出了问题？

进行类比论证时至少有以下三点需要注意：

第一，要选择好参考项，否则就不具说服力。作为类比论证的参考对象一定要典型。

第二，类比结果的相似应该是多方面的，而不能只顾单一的方面。

事物的属性有两种：一种是显性的，另一种是隐性的。语言中的一些现象，有的表面上看起来相同，但一些隐性方面并不相同。比如"在河边洗菜"和"在河边种树"，两者表面上看起来相同，都是"状语-动词-宾语"，但其变换的结果却不同，后者可以变换为"树种在河边"，而前者不能变换为"*菜洗在河边"，这种不同的变换情况就是其隐性属性的差异所致。在将两者进行类比时，一定要同时注意到其显性属性和隐性属性，否则就可能得出错误的结论。

第三，在做类比时，一定要将参照物体的范畴类别进行准确的定位，否则也会得出错误的结论。

朱德熙之所以通过类比将"今天种树"中的"今天"类比成主语而不是状语，是因为他把"他们种树"中的"他们"仅仅看作主语，而没有看作话题。卢英顺（2020）认为，汉语中的话题是句子结构的一种基本成分。[①]如果把"他们"看作话题，类比的结果就是"今天"是话题，而不是主语。这样就符合我们的语感。

本章小结

现代汉语语汇是由语素、词、熟语和固定短语组成的。语汇的各成员之间既相互联系、相互区别，又相互制约，从而形成一个整体。

语素是最小的语音语义结合体。判断一个语音片段是不是语素，

---

① 卢英顺，2020，《话题：汉语句子结构的一种基本成分》，载复旦大学汉语言文字学科《语言研究集刊》第二十六辑，上海辞书出版社。

首先要看这个语音片段有没有意义，其次还要看它是不是最小的，因为比语素大的结合体也是有意义的。辨认语素，可以用替换的方法，两个语音片段，如果其中一个能够被其他语素替换，说明这个未被替换的语音片段是有意义的，因而是一个语素。辨认语素要根据语音和语义相结合的原则，因此，像"甭""孬"这样的语音片段只能看作一个语素。

汉语中，一个汉字往往就是一个语素，这容易使人产生一个错觉，以为汉字和语素之间是一一对应的。其实，汉字与语素之间的关系比较复杂：有时一个汉字就是一个语素，如"人"；有时一个汉字表示不同的语素，如"乐"；有时一个汉字不表示任何语素，如"葡"；有时同一个语素可以用不同的汉字来表示，如"算"和"祘"。

语素与语素之间在不同方面也是有差别的。根据这一点，我们可以把语素分为自由语素、准自由语素、粘着语素和准粘着语素。自由语素指的是能够独立成词的语素，如"人"；准自由语素指的是虽然不能独立成词但作为构词成分时它在词中的位置是自由的、不固定的，如"目"；粘着语素指的是既不能独立成词、在作构词成分时其位置又是固定的、意义又很虚的语素，一般称为"词缀"，词缀根据其粘着位置的不同，又可以分为前缀和后缀，如"老-""-子"，有的语言里还有中缀；准粘着语素指的是构词时虽然其位置固定但仍保留某种程度的意义的语素，如"-热、非-"等，所以有人称之为"类词缀"。语素还可以从不同角度分为实语素和虚语素、成词语素和不成词语素等。

看待语素，我们应该用发展的眼光。一个语音片段是不是语素，不是一成不变的。"蝶"过去不是语素，现在完全可以看作一个语素，因为它可以用来构词。语言是发展变化的，语素从自由到准自由、从准粘着再到粘着，是逐步演化的结果，因此它们之间不是泾渭分明的。所以在分析语言现象时不能做简单化处理。

语言学界给词下过不同的定义，比较通行的是：词是代表一定的意义、具有固定的语音形式、可以独立运用的最小的语音语义结合体。它和语素的关系并不是十分单纯的，但总的说来，词是由语素构成的。词，有的是由一个语素构成的，有的是由两个（或以上）语素构成的。

后者涉及与短语的区别。如果一个结合体中至少有一个成分不是自由语素，那么这个结合体一定是词，否则，就要看看所由构成的语素之间的关系了。一般说来，词的内部结构具有相当强的凝固性，词的意义具有整体性。从操作上看，判断这样的结合体是词还是短语可以使用扩展法。运用扩展法时，只能在其中插入虚词，不能插入实词。

熟语是比词大的、现成的建筑材料，包括成语、惯用语和歇后语。熟语在结构上具有定型性，在意义上具有整体性。其定型性表现在形式上为一般不能随便用一个相关的语素或词（包括同义语素和同义词）去替换，也不能随意颠倒语素之间的顺序，不过其内部各成员之间表现也不一致。熟语的定型性不是绝对的，但万变不离其宗。意义的整体性是指熟语的意义一般不能直接从所由组成的语素或词的字面意义推导出来。

现代汉语中还有像"经济特区""电子商务""大吃大喝""中华人民共和国"这样的短语，它们经常以整体的形式出现在言语交际中，从结构上看起来也比较固定，但意义比较明显。这样的短语可以称为"固定短语"，其性质介于自由短语和熟语之间。它们中的部分成员已被看作成语。

现代汉语语汇应该包括哪些成员？说法不一。因为语汇范畴是原型范畴，原型范畴内部的成员之间有典型、比较典型和不够典型（比较边缘）之别。确定语汇范畴的成员可以从其最典型的成员——词——入手，根据词表现的语汇性质，运用匹配度或近似度方法来判定语素、熟语和固定短语是否属于语汇范畴。作为语汇典型成员的词，它具有备用性、定型性和复现性。这三种性质是语汇的根本性质。通过类比论证，语素、熟语和固定短语也都具有这三种性质，它们作为语汇的成员是毋庸置疑的。在做类比论证时有三点值得注意：（1）要选择好参考项，否则就不具说服力。作为类比论证的参考对象一定要典型。（2）类比结果的相似应该是多方面的，而不能只顾单一的方面。（3）在做类比时，一定要将参照物体的范畴类别进行准确的定位，否则也会得出错误的结论。

第二章

现代汉语语汇类别

　　现代汉语中的语汇，从不同的角度去看就会有不同的类别。从词语使用的普遍性来看，有基本语汇和一般语汇之分；从构成词的语素的多少来看，有单纯词和合成词之分；从词语的来源来看，有旧有词语、新造词语、方源词语和外来词语之分；等等。

第一节　基本语汇和一般语汇

一、现代汉语语汇层

　　我们在看电影或小说时都会碰到这样的情况：作品中涉及的人物一般都比较多，有的人物只出现一两次，看过之后我们对他们没有什么印象；有的人物出现的次数较多，我们对他们有点印象，但印象不是很深；有的人物则不然，他们经常出现，贯穿作品的始终，我们对他们非常熟悉，闭目能浮现出他们的音容笑貌。这是由他们在这部作品中出现频率的多少、所起的作用不同所致。语言中的语汇成员也一样。现代汉语中的语汇十分丰富，但就一个个的具体成员来说，它们在这个语汇系统中所起的作用并不是相同的。根据语汇成员的这一特点，我们可以把现代汉语中的语汇分成不同的语汇层，可以粗略地分为两个层次：基本语汇层和一般语汇层。实际上，基本语汇层和一般语汇层之间并非泾渭分明的，在基本语汇层和一般语汇层内部，各个成员之间也不是没有差别，它们会呈现出连续统状态。

二、基本语汇和一般语汇的传统区分标准

把语汇分为基本语汇层和一般语汇层需要有一定的标准，传统的划分标准有三个：全民性、稳固性和能产性。

全民性指的是语汇的极其普遍性。对操这种语言的人来说，不论他是哪个阶级、哪个阶层，不论他从事什么职业，也不论他具有什么样的文化水平，只要他用这种语言来表达思想、进行交际，口头上也好，书面上也好，他都要用到这样的语汇。如"水""爸爸""吃""喝""和""了"，等等。

稳固性指的是语汇的长期不变性。这样的语汇在语言的历史长河中产生得比较早，而且一直沿用到现在。比如"风""雨""人""山""一""日""月""牛""马""天""鱼"，等等。这些语汇之所以具有稳固性，是因为它们所表示的事物或现象可以说是亘古不变的，星星还是那个星星，月亮还是那个月亮，山还是那个山，水还是那个水。我们只要交际就有可能用到它们，它们和我们的日常生活关系非常密切。"风"啊，"云"啊，在甲骨卜辞中就已出现，我们并没有感觉到它们有多么古老。

语汇的能产性指的是它们可以被用来作为构成新词的材料。比如说"水"，以它作为语素构成的词语有很多，如：

水笔	水坝	水霸	水表	水波
水车	水电	水果	水平……	
淡水	风水	祸水	墨水	露水
潜水	泉水	缩水	汗水……	

按照传统的说法，符合这三条标准的，或者说具备这三条特征的，属于基本语汇层，否则属于一般语汇层。

传统的这三条标准看起来似乎比较明了，但实际操作起来却与之有很大的不足。同时符合这三条标准的词语，无疑应该归为基本语汇层；完全不符合这三条标准的，无疑应该归为一般语汇层。但问题并没有这么简单。主要有以下几种情况：

第一，这三条标准中，如果只符合其中的两条，怎么办？像"的""了""吗"这些虚词，我们在日常的交际中须臾离不开它们，但它们又无法成为构造新词的基础。若把它们看作基本语汇，显然不符合能产性这一点；若把它们看作一般语汇，显然有悖于语感。"我""你""他"，与上述这些词比较起来，在能产性方面稍胜一筹。"我"在一定程度上可以成为构造新词的基础，如"大我""敌我""忘我""自我""我们""我行我素"等；以"他"为语素可以构成"他们""他杀""他人""他乡""其他""排他"等有限的几个；以"你"为语素，则只能构成"你们""你死我活"。如果说"我"和"他"有一定的构词能力，可以归为基本语汇层的话，那么"你"呢？与"他"相对的"她"又该属于哪个语汇层呢？有的词甚至只符合其中的一条标准，如"电视机"，它产生的历史并不久且不具能产性，但由于中国经济的普遍发展，无论在城市还是在农村，无论男女老少，他们对"电视机"这个词是并不陌生的，可见它具有全民性。"电视机"又该为哪个语汇层呢？如果硬要恪守这三条标准，所得的基本语汇层的成员必定非常有限。这样来区别基本语汇层和一般语汇层，又有多大的意义呢？

第二，就每一条标准本身来说，也不容易把握。怎样才算具有全民性？是不是每个会说这种语言的人都用的词才具全民性？又是怎么知道大家都用这个词的？显然，这里的全民性不是指操这种语言的每一个成员。再退一步说，只要每个阶层或者每个行业都有可能用到的词就可以具有全民性，那么，文盲与受过不同程度文化教育的人之间，在用词上存在不存在差别？如果仅仅以文盲所用的词为参照标准，所得的基本语汇层，其成员的数量未免太有限了。

怎样才算具有历史稳固性？经受社会的检验，是1万年，还是5000年？是1000年，还是500年？是100年，还是50年？正因为如此，刘叔新（1990：233）认为，"历史悠久，应该有个尺度"，"一个词语能将其存在史追溯到近代和现代交替的年代，便应当算有较长久的历史而充分显出稳固性。这就是说，只要存在至今大致有七八十年，即民国初年'五四'时期便存在而现今仍沿用的词语，便可以认为具备了历史悠久的特征。"①这么规定的依据是什么？

再看看能产性标准。能够构成多少新词才算具有能产性？"吗"不具能产性，"你""她"有没有能产性呢？如此等等，不一而足。

知道问题所在，那就要想出解决问题的方案。目前的解决方案可以归纳为两种：

一是，对上述三条标准不需要严格遵守，只要符合其中的两条就算是基本语汇成员，对能产性要求也不必过高。

这样"你、我、他"似乎就可以归入基本语汇了。周祖谟（1959/2006：10-11）就说："这三个特征是就基本词汇的一般性质来说的，并不能说基本词汇中的每一个词都具备这样三个条件。""'我、他……'等等，构词能力却很弱，这些词我们也必须承认它们是属于基本词汇的，因为已经具有全民性和稳固性两个重要的条件了。"②黄伯荣和廖序东（1988：279）持类似的观点。他们解释说："上述三个特点是就基本词汇的整体来说的，不是说所有的基本词都具备这三个特点。现代汉语词汇双音节化的结果，使得许多双音节词进入了现代汉语基本词汇，但其构词能力却远远赶不上一些单音词。如果单纯强调构词能力，就会把许多双音节的基本词排除在基本词汇之外。"③刘叔新（1990：233）则说得更干脆："历史悠久和社会普遍使用，这两个特征充作确定基本词语的条件，则是恰当的。"④

类似这样的说法，因为符合语感，所以我们就没有深究。但就学术研究而言，这样处理问题的后果就是没有统一的标准，不符合论证问题的逻辑要求。如果按照今天的原型范畴的观念来看待这一问题，能符合其中的两条，可以看作基本语汇的成员，只不过不够典型罢了。"了、的、和"这几个词，虽然不具备能产性这一点，但它们符合全民性和稳固性这两点，也可看作基本语汇的成员。尽管如此，由于各个特征自身的模糊性，用它们来区分基本语汇层和一般语汇层也是难以

---

① 刘叔新，1990，《汉语描写词汇学》，商务印书馆。
② 周祖谟，1959/2006，《汉语词汇讲话》，商务印书馆。
③ 黄伯荣、廖序东主编，1988，《现代汉语》（修订本，上册），甘肃人民出版社。
④ 刘叔新，1990，《汉语描写词汇学》，商务印书馆。

把握的。其实，"基本语汇"这一范畴是原型范畴。传统的研究观念把语言中的种种范畴看作特征范畴，造成研究者的理论标准与实际处理的不一致，从而造成论证问题时的缺陷。

针对"了、的、和"等虚词的归属问题，有学者提出了第二条解决方案，该方案明确提出，基本语汇和一般语汇的区分不包括虚词。

这种规定是武断的，为什么就不能考虑虚词是不是基本语汇成员？区分基本语汇和一般语汇的目的是什么？况且，试图将虚词一扔了之也解决不了问题。学汉语时，这些虚词要不要学？什么时候学？"常用词"概念的提出似乎就是要解决这一问题。

传统语汇学论著在谈到基本语汇时往往要与"常用词"比较一番，在谈及它们之间的关系时，尽管说法各有不同，但看法是一致的，即基本语汇和常用词语之间是交叉关系，常用词语中有一部分属于一般语汇而不属于基本语汇。符淮青（1985：163）是这样说的："常用词就是当代社会生活中最常用的词。它可以是基本词汇中的词，也可以是一般词汇中的词。常用词的确定完全根据词在最流行的书刊上运用的频率。"[1]刘叔新认为："常用词语只依据较高的使用频率而定，不论其历史的长短。有相当一部分常用词语，由于有长久的历史，就也是基本词语。这就是说，基本词汇是常用词的一部分。""基本词语必同时是常用词语，而常用词语不一定是基本词语"（刘叔新，1990：236，237）。[2]苏培成（1995）[3]同意刘叔新的看法。之所以出现这种情况，是因为基本语汇和常用词是从两个不同的角度提出的，这种结果很让人费解。而且，常用词范围的大小是相对的。有人对现代汉语词语的使用频率进行过统计。李忆民主编的《现代汉语常用词用法词典》（1995）[4]收常用词3700条。当然，根据不同的需要，常用词的数量可以增加，也可以减少。只有这样，才能满足不同层次的人学习和使用

---

① 符淮青，1985，《现代汉语词汇》，北京大学出版社。

② 刘叔新，1990，《汉语描写词汇学》，商务印书馆。

③ 苏培成，1995，《关于基本词汇的一些思考》，载《词汇学新研究——首届全国现代汉语词汇学术讨论会选集》，语文出版社。

④ 李忆民主编，1995，《现代汉语常用词用法词典》，北京语言文化大学出版社。

的需要。可见，基本语汇层的成员不一定都是常用词，但常用词必定属于基本语汇层。因此，基本语汇与常用词语之间是包含与被包含的关系。这点跟传统的看法是不同的。

关于常用词，其实可以从不同的角度去理解。我们一般所理解的常用词都是根据书面语料统计得出的结果，是没有考虑不同群体差异的，这种常用词姑且称为"全民常用词"；我们还可以从另一个角度去考虑常用词，即要考虑不同群体的差异。对不同的群体来说，除了共用的常用词外，由于生活环境（包括地理环境和社会环境）的差异，还会有各群体内部的常用词，可称为"群体常用词"。

基本语汇和一般语汇的区分源于斯大林的《马克思主义和语言学问题》，他曾说："语言的词汇中的主要东西就是基本词汇，其中也包括成为它的核心的全部根词。"（斯大林，1972：17）[1]国内学者把能产性作为一条区分标准，其实是对斯大林这句话的误解。其中的"根词"是指那些构词能力很强的词。斯大林并没有说"基本词汇的全部成员都具有很强的构词能力（都是根词）"，根词只是基本词汇中的一部分。而国内学者则把基本词汇的全部成员都看作具有构词能力的词。

三、基本语汇层和一般语汇层的区分及内涵

斯大林在《马克思主义和语言学问题》中还说过："语言的语法构造及其基本词汇是语言的基础，是语言特点的本质。"（斯大林，1972：19）[2]从斯大林的这两段话中，我们不难理解为什么在汉语语汇学研究中如此重视基本语汇和一般语汇的区分了。

区分基本语汇层和一般语汇层的目的是什么？只有目的明确了，才能找到比较可行的区分标准。我们认为，区分的目的是让学习者（无论是母语学习者还是外语学习者）尽快地掌握某种语言的核心语汇，从而更快地掌握这种语言，以达到熟练交际的目的。这点我们在学习外语时深有体会。

---

① 斯大林，1972，《马克思主义和语言学问题》，人民出版社。
② 斯大林，1972，《马克思主义和语言学问题》，人民出版社。

明确了这一目的以后，我们还有必要澄清基本语汇这一范畴的性质。基本语汇是语言的核心部分，而语言是具有系统性的，这种系统性只有在共时平面才能体现出来。因而，基本语汇属于共时平面的范畴，而非历时平面的范畴。明确这一点，我们再来审视一下传统的"历史稳固性"标准。如前所述，对这个标准中的"历史"跨度的理解会见仁见智，最长的可追溯到甲骨卜辞，最短的也有七八十年的历史。按照这个标准，语言中的基本语汇必然受到很大的限制，这跟我们区分基本语汇和一般语汇的目的是不协调的。那么，应该怎样看待基本语汇和一般语汇的区分呢？

我们认为，区分基本语汇层和一般语汇层，采取"普遍性"标准和"动态性"标准比较合适。普遍性标准旨在强调语汇成员使用的广泛性，它可以是各个阶级或阶层、各个行业、各种文化层次中各个成员经常用到的词语，也可以是其中的大多数成员经常用到的词语。符合这个标准的，属于基本语汇层；反之，那些只在少数阶层、少数行业或特定的文化层次的成员中使用的词语，则属于一般语汇层。

动态性标准的意思是，不同时期或者不同年代里，基本语汇层的成员会有所变动，是不尽相同的。（苏培成，1995）[①] 以这种标准来划分基本语汇和一般语汇，就可以满足不同的需要。要学习先秦古籍，如果我们能首先掌握这一时期的基本语汇，就能取得事半功倍之效；要以学习现代汉语，特别是当代汉语为目的，就应该以改革开放以来数十年的语料为参照对象进行统计，确定这段时期的基本语汇。当然，在语料的选择上，要考虑不同语体（包括口头语体和书面语体）之间、不同行业之间、不同文化层次之间语料的平衡。

传统的基本词汇范围只局限于词，这是有缺陷的。语汇的成员既然包括语素、词和熟语等，那么在谈基本语汇时就不应该把语素和熟语等弃置一旁。

如何确定基本语素？卢英顺（2011）提出的参考看法是：

---

① 苏培成，1995，《关于基本词汇的一些思考》，载《词汇学新研究——首届全国现代汉语词汇学术讨论会选集》，语文出版社。

利用较大规模的语料库，对不同语素的使用情况进行统计，把使用频率高的定为基本语汇的范畴，内部可再分为不同层次，以便不同水平段学习者的需要。在语素的统计上，从实用的角度来考虑，似乎应该以常用和比较常用的复合词为统计对象为宜（单音节的词可通过常用词反映出来）；因为这样会有助于学习者迅速而比较容易地掌握汉语中的复合词，众所周知，在现代汉语中，复合词在这个语汇中占有绝对的优势。[①]

常用语素和常用熟语的统计工作似乎还没有人去做，而这方面的工作对语言教学，特别是对外汉语教学，是非常有意义的。

四、一般语汇层及其与基本语汇层的关系

总的说来，除了基本语汇层的成员，其他的语汇就属于一般语汇了。具体地说，主要有以下几种情况。

1. 新造词语。社会在不断发展、进步，随之而来的是新的社会事物和社会现象的层出不穷。为了满足人们的交际需要，就必须有相应的词语来为交际服务。利用原有的构词材料来创造新词语，是满足这种需要的重要途径之一，比如"度假村""太阳能""月嫂""闪存""按揭""传真""复印""智库""海归"，等等。这些词，由于是新造的，它们还只是为部分人熟悉，在社会上还没有流行开来，还不具有普遍性，因而只能处于一般语汇层。

2. 新吸收的外来词语。由于同样的原因，为了满足交际的需要，我们还可以从其他民族的语言中吸收部分词语为我所用，例如"哈达""克力架""托福""猫（modem）""伊妹儿（E-mail）""黑马"等。这些外来词语也只为少数人所熟悉，也不具有普遍性。值得一提的是，并非所有的外来词都属于一般语汇层。那些较早被吸收进汉语中的外来词，由于在汉语社团中不断地被使用，它们具有了极大的普遍性，已进入了基本语汇层，如"苹果""葡萄""巧克力"等。

---

① 卢英顺，2011，《关于语汇研究的几点思考》，《阜阳师范学院学报》第 4 期。

3．行业词语。有些词语只限于在特定的行业范围内使用，不具有普遍性，因而行业词语一般都属于一般语汇层。比如，"氧化""饱和""苯""聚氯乙烯"是化学方面的，普通人对此一般是不了解的。"盐"是我们最熟悉的词，但它的化学名称"氯化钠"，知道的人就不是很多了。类似的如："正数""有理数""微分""方程""钝角"是数学方面的；"电流""电压""安培""电阻""凸透镜"是物理学方面的；"理疗""休克""活检""心电图"是医学方面的；"三个平面""句法""动元""短语""介词""主语""比喻""借代"是语言学方面的；等等。

行业词语与新造词语、外来词语之间不是平行关系，而是交叉关系。新造词语中有不少是行业词语，"硬盘""光驱""内存"就是电脑行业的词语；外来词中也有行业词语，"克隆""基因"等就属于生物方面的。之所以把行业词语和其他两类并列提出，是为了凸显行业词语的特殊性。

此外，那些为特定团伙所用的隐语、新近从方言中吸收过来的词语、部分从古代汉语中留存下来的词语，由于它们都不具有普遍性，也属于一般语汇层。

词语使用的普遍与否，在不同的时期或不同的年代，不是一成不变的。古代的许多词语，由于它们所表示的对象、关系、行为等在现代社会生活中已不存在，这些词语在现代的日常交际中也就少用，甚至不用，所以不具普遍性。就近的而言，文化大革命时期被普遍使用的"走资派""红卫兵""地主""富农""贫农""修正主义"等现在却很少使用甚至不用了。相反，文化大革命时期少用的词，如"小姐"，在现代生活中却被普遍地使用。原先属于新造的词语，由于在日常生活中经常使用，逐步普及，也慢慢进入了基本语汇层，如"电视""电话""手机"等，不论城市乡村，不论男女老少，都知道它们的意思，都经常使用它们，具有相当强的普遍性。外来词与此类似，随着农村人民生活水平的提高，随着农村和城市之间交往的日益增多，"巧克力""啤酒"这样的词已经家喻户晓。行业词语，由于其使用范围的扩大，已具有普遍性或渐具普遍性，如"打针""炒股""感染""贷款""利息"等。

可见，基本语汇层和一般语汇层的成员在不同时期或不同年代是可以相互转化的。没有动态性标准，很难说明它们之间的这种相互转化关系。

第二节　大众语汇和非大众语汇

目前学界对语汇的分类一般是首先将其分为基本语汇和一般语汇，一般语汇之下包括新造词语、外来词语、行业词语等。这样分类至少存在两个问题：一是外来词语经过一定的时间以后，也可能为大众熟知，成为基本语汇的成员，如"沙发""巧克力"等。正是考虑到这种情况，我们前面谈及这类一般语汇时在"外来词语"之前加了个修饰语"新吸收的"，"新吸收的外来词语"不具有普遍性特点，说它们是一般语汇的成员，没有问题。这样分类存在的第二个问题是，将行业词语与其他几类并列，会出现逻辑问题。因为，如前所述，新造词语和外来词语中也有行业词语，如"硬盘"和"克隆、基因"，它们都属于行业词语，但是，前者属于新造词，后者属于外来词语。我们前面在介绍相关内容时考虑的是学界的主流说法，但存在的这种逻辑问题又不得不指出来，所以只好特意说明："行业词语与新造词语、外来词语之间不是平行关系，而是交叉关系。"这只是变通做法，在写学术论著时不能这样分类。

基本语汇和一般语汇的这种分类在语汇研究中还存在一个理论问题，就是"同义词"问题。葛本仪（2014：144）给同义词的界定是："语言中意义相同的词就叫作同义词。"[1]这是学界的普遍说法，有的表述得更严谨些，如"凡是意义相同或相近的词，就叫作同义词"（胡裕树主编，1987：264）[2]。不管怎么表述，同义词是就词与词之间的意义关系而言的。这样界定同义词大体上没有问题，但有时候会遇到麻

---

[1] 葛本仪，2014，《现代汉语词汇学》（第 3 版），商务印书馆。
[2] 胡裕树主编，1987，《现代汉语》（增订本），上海教育出版社。

烦，也即行业词语和非行业词语之间能否构成同义词的问题。比如"肺病"和"肺结核"、"盐"和"氯化钠"，前者似乎可以看作一对同义词，《现代汉语词典》（第6版）对"肺病"的解释就是"肺结核的通称"；对"盐"的解释是"食盐的通称"，对"食盐"的解释是"无机化合物，成分是氯化钠"。①无论从相关的解释来看还是从语感来看，"肺病"和"肺结核"可以看作一组同义词，而"盐/食盐"和"氯化钠"之间不宜看作同义。那么问题就来了：同样是行业词语和非行业词语之间意义相同或相近，为什么有的可以看作同义词而有的又不能呢？判断同义词的标准到底是什么？除了意义限制以外，还有什么条件？如果存在其他条件，那么目前对同义词的界定就存在理论上的漏洞。如果对同义词的界定没有问题，那么问题出在什么地方？该如何解决这类问题？

我们以为，问题就出在基本语汇和一般语汇分类的层次上。目前的分类层次是最高层次，就是把一种语言的语汇首先分为基本语汇和一般语汇。考虑到目前的分类存在的种种问题以及语汇研究的实际情况，卢英顺（2011）②提出了不同的分类。

首先将现代汉语的语汇成员分为"大众语汇"和"非大众语汇"。所谓大众语汇，是指普通大众所使用的语汇；所谓非大众语汇，是指某一社会集团所使用的语汇，包括各行业用语、隐语等。行业词语也可能转化为大众语汇。不过，与基本语汇和一般语汇之间的转化不同，这里的转化是"拷贝式转化"，即某词转化后在非大众语汇里仍然保留它的影子。

然后，在大众语汇之下，再区分基本语汇和一般语汇。这样，一般语汇中就不再包括行业词语和隐语，从而可以避免行业词语和其他词语不平行的尴尬；也避免了在同义词界定过程中出现的上述问题。

这样分类的结果参见图2-1：

---

① 中国社会科学院语言研究所词典编辑室编，2012，《现代汉语词典》（第6版），商务印书馆。
② 卢英顺，2011，《关于语汇研究的几点思考》，《阜阳师范学院学报》第4期。

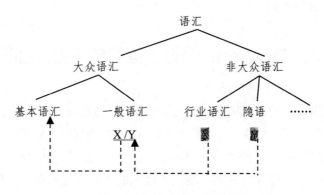

图 2-1　语汇分类层次及其转化

关于图 2-1 的一点说明：X 表示行业语汇中的某个成员，Y 表示隐语中的某个成员，它们有可能转化为大众语汇中的一般语汇，甚至有可能进一步转化为基本语汇，虚线表示这种转化是可能的而非必然的；加阴影的 X/Y 表示它们在转化为大众语汇之后并没有从行业语汇或隐语语汇中消失，而仍然保留在原有的语汇范畴中，如"预防针""艾滋病"和"B 超"等，所以这种转化被称为拷贝式转化。

相反的情况是，大众语汇有可能被用作非大众语汇，不过语义上会发生或大或小的变化。比如，"终点"在大众语汇中的意义是"一段路程结束的地方"。而"终点"一词用于语言学，则表示一种语义角色，不仅可以用于空间领域，还可以用于时间领域，虽然与普通人的理解有关，但涵义并不完全一致。再比如"老相"，大众的理解是"相貌显得比实际年龄老"，但在隐语中却表示"江湖老大"的意思。（参阅戴昭铭，2023：377）[①]

从语汇研究实际来看，语汇学主要讨论大众语汇。行业词语和隐语可以做专门研究。

---

① 戴昭铭，2023，《文化语言学导论》（增订版），商务印书馆。

第三节　单音节词、多音节词和单纯词、合成词

现代汉语中的词，从写出的汉字来看，有的是一个汉字，如"人""碗""个""刀"，等等；有的是两个汉字，如"朋友""发明""本能""结合"，等等；有的甚至是三个汉字，如"电视剧""电视机""出版社""黑板报"，等等。其实，这是一般人的比较直观的看法。我们可以从语言学的角度把现代汉语中的词分为单音节词和多音节词以及单纯词和合成词。

一、单音节词和多音节词

根据一个词所包含的音节的多少，可以把现代汉语中的词分为单音节词和多音节词。在汉语中，除了儿化现象以外，[①]一个词的音节的多少和写出的汉字的多少是一致的，因此，判断现代汉语中的词是单音节词还是多音节词是比较容易的。

单音节词，顾名思义，是只有一个音节的词，如：

书 笔 电 歌 唱 说 能 会 了 过 高 白 贵 上
下 吗 在 从

多音节词是指包含两个（或以上）音节的词，如：

天空	水面	电话	桌子	仿佛
徘徊	坦克	沙发	啤酒	
巧克力	冰激凌	防雨布	仿生学	语用学
矿泉水	牵牛星	委员会	学生会	
布尔什维克	德谟克拉西	奥林匹克	浪漫主义	可口可乐

在多音节特别是三个以上音节的词中，有不少属于音译或音义兼译的外来词。这些外来词，无论它们在其各自语言本身的音节有多

---

① 在儿化现象中，一个被儿化的音节，用汉字表示时，是在那个音节的后面加上一个"儿"字，如"门儿""猫儿"等，因此从汉字的数量上来看都是两个汉字，但实际上它们都只是一个音节。在这里，音节的多少与汉字之间是不对称的。

少，经过"汉化"以后，它们的音节数都按表示这个词的汉字的多少来定。比较麻烦的是，在外来词翻译中，有不少是直接援用了拉丁字母，如"卡拉OK""MTV""KTV包房"等。在这些外来词中，每个拉丁字母不妨看作一个音节。

在现代汉语这个共时平面上看，双音节词的数量要占优势。不妨从文学作品中随机截取一个片段来看看：

（1）我 希望 经常 有 人 邀请 我，那 是 对 我 的 价值、影响、成就 的 一 种 承认。我 喜欢 参加 这样 的 活动，它 使 我 结识 更 多 的 作家、评论家、编辑、记者，有 扩大 影响 的 机会。（徐广泽《为谁而泣》）

（2）对于 科学 我 是 外行，但 我 是 热心 科学 的。中国 要 发展，离开 科学 不行。在 这 方面，我们 还 比较 落后。你们 成立 国际 科学 文化 中心——世界 实验室，是 一 个 重要 的 创举，特别 是 可以 使 第三 世界 国家 得到 益处。中国 是 第三 世界 国家，中国 的 科学 技术 人员 要 积极 参加 这 个 世界 实验室 的 工作。（邓小平《中国要发展，离不开科学》）

在上述例（1）中，单音节词是13个（相同的几个记作1个，其他同此），双音节词是17个，三音节的词1个。在例（2）中，单音节词是11个，双音节词是31个，三音节词是1个。

从历时的角度来看，古代汉语中的词是单音节词占优势。这种现象为什么在现代汉语中发生了变化呢？是为了满足交际过程中表义明确的需要。具体地说大致有以下两点。

第一，汉语中，词与词之间的差别是靠声母、韵母和声调的不同反映出来的，能够显示词与词之间差别的这三种因素，其本身在数量上是极其有限的，加上它们在组合时还有种种限制，由它们构成的、在语音形式上有差别的词，尽管数量不小，但远远不能满足交际的需要，这就需要创造新词，于是就会出现大量的同音词。同音词的增多必然会给交际带来不便，避免这种弊病的有效途径就是增加词的音节。

第二，古代汉语中，一词多义的现象比较严重；词义负担过重，致使表义不明。因此，必须通过双音节化来分化原来单音节词所承载的词义，从而使语义明确，便于交际。比如，古代汉语中的"书"有如下几种不同的意义：（1）书写，记载；（2）文字；（3）书籍；（4）文书；等等。有的义项还可以做不同的引申，如义项（2）又可引申出：字体、书法、书法作品等义。一个语音形式承载这么多的语义内容，给交际带来的不便也就可想而知了。单音节词"书"经过双音节化之后，原有的语义内容分别由"书写""文字""书籍""书法"等共同来承担，表义就更加明确了。

如果仅仅从表义的明确性来看，似乎还不能解释双音节词占优势的原因；因为，三音节词、四音节词，从表义这一功能上看，它们比双音节词更胜一筹。那么，为什么三音节词、四音节词没能占到优势呢？原因大概有以下两点：一是，原有的词多为单音节的，以它为构成材料，最自然的就是"一个单音节词＋一个单音节词"，这样就形成了双音节词；二是，人们在运用语言的过程中，力求"经济原则"。所谓经济原则，就是在不影响交际的前提下，人们在运用语言交际时，尽量在形式上简单点（需要强调时除外）。三音节词、四音节词当然不如双音节词来得方便。这可以从现代汉语中的简称和缩略语的使用中得到旁证。比如，"工业现代化、农业现代化、国防现代化、科学技术现代化"被浓缩为"四个现代化"之后又进一步被简称为"四化"；"世界博览会"被简称为"世博会"；"石油输出国组织"现在被称为"欧佩克"①。汉语中原有的多音节音译外来词被意译取代，原因就在于此，如现在一般不用"德谟克拉西"，而用"民主"，既方便又易记。

不过，现代汉语中后来出现的一些新词语，三音节的词有增多的趋势，如"太阳能""电视机""意识流""的确良""随身听""因特网"等。这种现象的出现不是偶然的，它是受表义明确和现有词语的双音节性影响的。②比如"电视"是个双音节词，以它为基础再创造一个新

---

① "欧佩克"是英语 OPEC 的音译。OPEC 本身是 Organization of Petroleum Exporting Countries 的缩略语。

② 邢福义《现代汉语》（修订版，1993：168）仅仅用"语言的简练经济"来解释现代汉语中双音节词的优势。但这无法解释三音节词增多的趋势。我们认为这跟原有的构词材料的音节数也有一定的关系。古代汉语中，单音节词居多，以此来构造新词，很自然地就是双音节；现代汉语则不然，双音节词居多，单音节词也不少。以此构造新词，自然就是三音节，甚至四音节。不过人们由于受"现代汉语的词一般不超过双音节"这个观念的影响，遇到四音节的，总倾向于把它看作两个双音节词构成的短语。

词，就是在它的后面加上一个相关的语素，因而就容易形成三音节，如"电视机""电视台""电视剧"等。如果一味求简，说成"电机""电台""电剧"或者"视机""视台""视剧"，或与现代汉语语汇系统中原有的词冲突，或表义不明，因为单个的"电"和"视"都不能使人想到"电视"，因而人们也就无法从"电剧"或者"视剧"中想到"电视剧"的意义。其余情况类似。

二、单纯词和合成词

像上面所说的"人""碗""个""刀"等词，其构成语素只有一个，这样的词就是单纯词。我们可以给单纯词下这样的定义：由一个语素构成的词，叫单纯词。由于在现代汉语中，语素与汉字之间的关系不是简单的一对一的关系，所以，判断一个词是不是单纯词，不能简单地看它由几个汉字构成。比如"葡萄"，尽管写出来的汉字是两个，但从语素的角度来看，它只由一个语素构成，因而"葡萄"是个单纯词①；同样，"巧克力"尽管由三个汉字来表示，它还是一个单纯词。

单纯词虽然都只包含一个语素，但从音节上看，又有数量多少的不同，根据这点，单纯词可以分为单音节单纯词和多音节单纯词。顾名思义，单音节单纯词是只有一个音节的单纯词，如"是""说""能""过"等。多音节单纯词是指包含两个（或以上）音节的单纯词，如"仿佛、忐忑、螳螂、蝙蝠"等。

合成词指的是由两个（或以上）的语素构成的词。"黑板"是由语素"黑"和"板"构成的，所以它是合成词。同样，"书籍""扭转""歌喉""绝对化"等也都是合成词。合成词内部，由于赖以构成的语素性质的不同，它还可以分成不同的类别。（参阅本书第三章）

需要注意的是，我们不能把单音节词、多音节词和单纯词、合成

---

① 在"字本位"主张者看来，"葡萄"是几个字呢？如果按照普通大众对字的理解，应该是两个字。这就产生一个问题：既然是两个字，那就是一个结构体；那么"葡萄"的内部是什么结构呢？笔者曾就此请教过一位学人，"葡萄"是几个字？回答说："'葡萄'既是一个字又不是一个字。"这种回答让人十分费解。笔者的揣测是，说它是一个字的时候，其实是指一个"语素"，这是字本位主张者不愿意用的"西方语言学"的概念；说它不是一个字的时候，就是两个字，这是惯常的理解。

词混为一谈。它们是从不同的角度分出来的类，它们之间不是一回事。合成词是两个或两个以上语素构成的词，因而它必定是多音节词；单音节词必定是单纯词。但不能反过来说，多音节词一定是合成词；单纯词一定是单音节词；因为如上所述，单纯词中有的是多音节的。单音节词、多音节词与单纯词、合成词之间的关系可参见图 2-2：

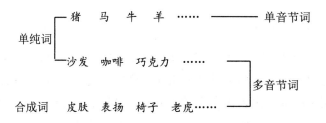

图 2-2 单纯词、合成词与单音节词、多音节词之间关系图

第四节　旧有词语、新造词语、方源词语和外来词语

一、旧有词语

旧有词语，是指汉语中本来就有的语汇成员。如"日""月""水""火""劳动""健康"，等等。"现代汉语旧有词语"是指那些在现代汉语语汇中仍然存在着的旧有词语。它是相对新造词语、方源词语和外来词语而言的。

现代汉语旧有词语不同于常说的"古语词"或"文言词"等概念。古语词和文言词在现代汉语语汇学界，各家理解不尽相同，但实质上差不多。一般认为，古语词包括一般所说的文言词和历史词。①文言词

---

① 有的虽然说法不同，但实质差不多。武占坤、王勤（1983：207）称这里的文言词为"古代汉语词"，同时又用"古代汉语词"统称这两类词。可见，"古代汉语词"既是上位概念，又是与"历史词语"平行的下位概念。这样赋予同一个术语以不同的涵义是不妥的。

语所代表的事物和现象还存在于本民族现实生活中，但由于为别的词所代替，一般口语中已不大使用，例如"暌违""邂逅""暨""令堂""内子"等。还有一类词语如"宰相""太监""驸马""武士""王妃"等，由于它们所表示的事物或现象在现实生活中已经不存在，所以在一般的交际场合已经不使用了，只在一些比较特殊的场合，如史学著作中、历史教科书中、涉及历史题材的文学作品中出现。因而它们都属于历史词语。由此可见，古语词是个上位概念，文言词和历史词是其下位概念。参见图2-3：

图 2-3 古语词与文言词、历史词的关系

　　古语词、文言词和历史词这些术语，有时上下位概念不分，因而在解释时往往出现混乱现象。比如，有学者就说古语词也叫作文言词，古语词中的大多数是历史词语。这样容易让人产生误解，不容易把握。"风""雨""手""山"这样的词，产生于古代，但它们经常出现在口语中，显然不能归为文言词，更不能归为历史词。它们到底是什么词呢？是不是在古代产生的词就是古语词？从语感上，我们根本感觉不到它们"古"在什么地方。大概也正因为如此，刘叔新（1990：246）对"古词语"（相当于一般所说的文言词）做了如下的解说："古词语是产生、流行于古代而只在现代书面语中沿用下来的词语。""如果词语虽然古老，但也同样在现代口语中使用的话，那就不能算作古词语。"①

　　古语词也好，文言词、历史词、古词语也好，都容易让人望文生义，以为指的都是"古代汉语中的词"。我们既然说的是现代汉语语汇，就没有必要把那些与现代汉语无关的东西拉扯进来。由于语汇的传承性，现代汉语语汇中的成员，部分是从较早时期，甚至是从远古就沿

---

① 刘叔新，1990，《汉语描写词汇学》，商务印书馆。

用至今的，有的还被普遍使用。这些语汇成员是上述这些术语所不能概括的，所以用旧有词语统称之比较合适。

二、新造词语

新造词语，简单地说，就是利用汉语中已有的构词材料和构词方式新近创造出来的词语。比如"新冠""核酸""月嫂""外卖""展销""网恋""主页"等。需要注意的是，新造词语和一般所说的"新词语"不是同一个概念。新造词语是"新近**创造**出来的词语"，当然是新词语；而新词语是指在汉语中新近**出现**的词语，可见新词语未必就是新造词语，因为新词语中有一部分是外来词语，如"榻榻米""脱口秀""克隆""艾滋病""桑拿浴"等。

汉语语汇学界对新词语的理解因人而异，这直接影响到对新造词语的界定。造成理解差异的原因主要有两个：一是对"'新'的界限在哪里"的看法不同；二是与词的形式、意义相关的问题，何种程度上的"新"才算是新词？

先看看第一个问题：新词语"新"的界限在哪里？众所周知，"新"是和"旧"相对而言的。相对古代汉语而言，近代汉语中才出现的词语就是新词语；相对近代汉语而言，现代汉语中才出现的词语才算是新词语。现代汉语的时间上限一般都定在 1919 年的"五四运动"，那么是不是此后出现的词语都是新词语呢？做肯定回答的人一定不多。比较有分歧的是文化大革命时期出现的词语，它们到底算不算新词语？不同的人有不同的回答。①我们认为，既然说的是现代汉语中的新词语，那就应该给人以"新"的感觉。文化大革命时期出现的词语，在当时看来一定是新的，但今天看来，恍如隔世，还把它们看作新词语就不妥了。因此，现代汉语中的新词语的时间上限定在改革开放开始时为好，即以十一届三中全会的召开为界限。因为此后中国的社会生活发生了翻天覆地的变化，新的事物、新的社会现象不断涌现，表

---

① 赵克勤在《论新词语》（《语文研究》1988 年第 2 期）一文中就认为，文化大革命时期的词语应该看作新词语。姚汉铭《新词语·社会·文化》（1998：14）似乎同意赵文的看法。这里有个问题要明确：把文化大革命时期出现的词语排除在新词语之外，并不意味着同时把它们从现代汉语语汇中清除出去。

示这些新事物、新现象的词语也就如雨后春笋般应运而生了。

再看看词的形式和意义方面的问题。严格说来，词的形式方面包括听觉上的语音形式和视觉上的书写形式，但一般情况下，人们更注重的是后者，这是因为后者便于把握，容易规范；只有在特殊的情况下，如一个语素有不同的读音时，才考虑语音形式方面。所以我们这里所说的词的形式方面考虑的是词的"书写形式"。因此就词的形式、意义和新、旧而言，存在下面几种情况：

（1）新形式＋新意义。如"网络""软件""手机"等。

（2）新形式＋旧意义。如"电饭锅"（相对"电饭煲"）、"镭射"（相对"激光"）等。

（3）旧形式＋新意义。如"婆婆""红娘""充电"等。

（4）旧形式＋旧意义。如"人民""钢笔""杯子"等。

第（1）种情况是典型的新词语，第（4）种情况是典型的旧有词语，大家对它们的看法没有分歧。①第（2）种情况跟词的定型性有关，把这类看作新词语的，即使有，也不会很多。比较棘手的是第（3）种情况，是所谓的"旧瓶装新酒"一类，大家对这一类的看法可谓见仁见智，各执一词。不过这并不影响我们对"新造词语"的界定，因为，既然是"新造"的，那它在形式上必须是新的。

至此，我们可以给现代汉语中的"新造词语"下这样的定义：利用汉语中已有的构词材料和构词方式，于改革开放以来创造出来的、表示新事物和新现象等的词语。新造词语是个动态的语汇次范畴，因此这里的时间限定是相对的。随着时间的流逝，新造词语的时间限定也要随之改变。

三、方源词语

我国幅员辽阔，又多山川，历史上由于战乱又有大规模的迁徙；因此汉语随着历史的变迁而发生了区域性的变异，产生了地域变体，即方言。即便到了现代，这种变体还是存在着。这种变体，不仅体现

---

① 这种情况下还有一种"死灰复燃"现象，如"小姐"。这类词语是不是新词语，看法因人而异。

在语音、语法方面，也体现在语汇方面。比如，普通话中的"太阳"，有的地方叫"日头"，有的地方叫"日亮"，还有叫"老爷儿"的；"下雨"有的地方叫"落雨"，有的地方叫"坠雨"，还有的地方叫"落水"；如此等等。"太阳""下雨"属于现代汉语普通话语汇中的成员，与其相对应的其他说法都属于一定的方言。

然而，什么是方言词？现代汉语语汇学界却有着不同的定义。胡裕树（1987：289）是这样说的："方言词是指流行在方言地区而没有在普通话里普遍通行的词。方言的地区有大有小，在很狭小的地区里所使用的方言词，也叫作土语词。"①这样的定义与我们对方言词的直觉理解是一致的。黄伯荣、廖序东（1988：284）却是这样定义："从方言中吸收进普通话中的词。"②这样理解的方言词实际上属于现代汉语普通话的语汇范畴。这两种定义中，方言词与普通话词之间的关系参见图2-4：

图 2-4 对方言词和普通话词之间关系的不同理解

同样的术语，具有完全不同的内涵，这势必给学习者带来困惑。刘叔新（1990：245）为此区别了"方言词"和"方源词"。"凡存在于具体某个方言中，有不同于共同语及其他（所有或绝大多数）方言的特殊涵义、特殊构造材料或构造方式的词，是方言词；而来源于方言、成为共同语词汇单位的词，可称为方源词。"③

如果把方言词理解为与普通话词相对立的词，那么在讲现代汉语普通话的语汇时，似乎没有必要谈及方言词；如果把方言词理解为普通话词的一部分，就更没有必要用方言词这个术语，否则会造成误解。

① 胡裕树主编，1987，《现代汉语》（增订本），上海教育出版社。
② 黄伯荣、廖序东主编，1988，《现代汉语》（修订本，上册），甘肃人民出版社。
③ 刘叔新，1990，《汉语描写词汇学》，商务印书馆。

因此，在谈及现代汉语语汇类别时，称已被现代汉语普通话吸收进来的词语为方源词语较好。

方言词语进入普通话语汇系统成为方源词语，比较集中的有两个时期：一是改革开放初期，沿海地区经济发展速度领先，中国香港和台湾地区的商人比较集中地在沿海地区投资，港台人员与沿海地区的人交往频繁，其方言词由这些地区逐渐北上，为全国人民知晓，成为普通话的成员，如"靓女、炒鱿鱼、的士"等。二是随着赵本山的系列小品曾经在央视春晚的一度走红，东北地区的一些方言词语逐渐渗透到普通话语汇系统，如"忽悠、二"等。

四、外来词语

现代汉语中的外来词，顾名思义，是从外民族语言中吸收过来、成为现代汉语语汇成员的词，如"幽默""模特儿""比萨""沙发"等。与古语词和方言词比较起来，外来词这个术语意义比较明确。

为了把这些词与没有引进现代汉语语汇的其他民族语言中的词区别开来，不妨引进"外族语词"这一概念来指后者。"but""部屋"等分别是英语和日语中的词，它们没有被汉语吸收过来，因而是外族语词，不是外来词。（关于外来词的详细情况，参阅本书第十章）

关于外来词语，学界对其范围的看法并不一致，主要体现在意译词方面。主流看法是，意译词不应该被看作外来词语，因为它们是用汉语语素和构词规则造出来的词。但是也有学者主张，意译词应该被看作外来词，因为它们所反映的文化是外民族的，如杨锡彭（2007）[①]。看看下面的意译词：

vitamin——维生素 ｜ laser——激光 ｜ walkman——随身听；
generation gap——代沟 ｜ hotdog——热狗 ｜ dark horse——黑马
它们有什么不同吗？

其实，由上不难看出，意译词内部有不同情况，有的是真正的"意译"，即把源词语的意义用汉语语素按照汉语里固有的构词规则表达出

[①] 杨锡彭，2007，《汉语外来词研究》，上海人民出版社。

来，如"维生素"等；还有一种是"对译"源词语，就是把源词语的不同部分分别译成汉语语素，其中有的被称为"仿译词"（calque），例如"代沟"等。

旧有词语、新造词语、方源词语和外来词语，与基本语汇、一般语汇不存在简单的对应关系，因为它们是从不同的角度分出的类，它们之间有交叉关系。"风""雨""山"等在现代汉语交际中具有普遍性，可以归入基本语汇，而"邂逅""拜谒"等只能归为一般语汇。新造词语，由于是新近出现在现代汉语中，还没有足够的普遍性；但是，随着社会生活步伐的加快，随着城乡之间交往的加强，随着人民文化水平的提高，这些新造词语也会迅速传播开来，获得普遍性，从而进入基本语汇层。"搞""垃圾"等属于方源词语，但作为基本语汇是没问题的，而"尴尬""忽悠"等只能被看作一般语汇；同样是外来词，"巧克力""沙发"等妇孺皆知，应该归为基本语汇，而"逻辑""幽默"等则只能归为一般语汇。总之，在现代汉语语汇这个共时范畴内，无论是旧有词语、新造词语，还是方源词语、外来词语，只要符合普遍性标准，就是基本语汇，否则就属于一般语汇。

本章小结

现代汉语中的语汇，从不同的角度去看就会有不同的类别。

从词语使用的普遍性来看，有基本语汇和一般语汇之分。传统的划分标准有三个：全民性、稳固性和能产性。全民性指的是语汇的极其普遍性。对操这种语言的人来说，不论他是哪个阶级、哪个阶层，不论他从事什么职业，也不论他具有什么样的文化水平，只要他用这种语言来表达思想、进行交际，口头上也好，书面上也好，他都要用到这样的语汇，如"和""吃"。稳固性指的是语汇的长期不变性，这样的语汇在语言的历史长河中产生得比较早，而且一直沿用到现在，如"风""雨"。能产性是指可以用来作为构成新词的材料，如以"水"为材料可以构成"水笔""水车""泉水"等。传统的这三条标准看起来似乎比较明了，但实际操作起来有很大的不足。不足之处主要体现在：第一，有许多词语并不能同时符合这三条标准，怎么处理？第二，所说的全民性、稳固性和能产性都很模糊。实际上，对基本语汇和一般语汇的区分应该基于原型范畴观。

我们认为，区分基本语汇和一般语汇首先要明确区分的目的，即让学习者尽快掌握某种语言的核心语汇，从而更快地掌握这种语言，以达到交际的目的。可见，基本语汇属于共时平面的范畴，随着时间的流逝，范畴内的成员也会发生变化。因此，区分基本语汇和一般语汇，采用"普遍性"标准和"动态性"标准比较合适。由于基本语汇和一般语汇具有动态性，因此在不同的时期或不同的年代，它们之间可以相互转化。平常所说的"常用词"只是基本语汇的一部分。从汉语的研究实际以及一些理论问题解决的角度考虑，现代汉语语汇宜首先分为大众语汇和非大众语汇，其次在大众语汇之下再分为基本语汇和一般语汇。非大众语汇包括行业语汇和隐语等，非大众语汇和大众语汇之间存在拷贝式转化关系。

传统的基本语汇范围只限于词，这是有缺陷的。语汇的成员既然包括语素、词和熟语等，那么在谈基本语汇时就不应该把语素等弃置一旁。

根据一个词所包含的音节的多少，现代汉语中的词可以分为单音节词和多音节词。只有一个音节的词是单音节词，有两个（或以上）音节的词是多音节词。在汉语中，除了儿化现象、"卡拉 OK"之类以外，词的音节数和汉字数是一致的。从历时的角度来看，古代汉语中的词是单音节占优势，而现代汉语中的词则是双音节占优势。主要原因是：一则为了满足交际过程中表义明确的需要；二则出于语言运转的经济原则。不过，近些年来，现代汉语中出现的新词语，三音节的词有增多的趋势，这跟现有词语的双音节有关。

从构成词的语素多少来看，有单纯词和合成词之分。只包含一个语素的词是单纯词，包含两个（或以上）语素的词是合成词。单纯词、合成词和单音节词、多音节词是从不同角度说的，它们之间并不总是对应的。合成词总是多音节词，但单纯词未必就是单音节词，因为有的单纯词不止一个音节，如"葡萄""巧克力"等。

从词语的来源来看，有旧有词语、新造词语、方源词语和外来词语之别。旧有词语是指汉语中本来就有的语汇成员；新造词语是指利用汉语中已有的构词材料和构词方式，于改革开放以来创造出来的、表示新事物、新现象等的词语；方源词语是指从方言中吸收过来的、已成为普通话语汇成员的词语；外来词语指的是从外族语言吸收到普通话中的词语，关于外来词语的范围学界看法并不一致，特别是仿译词。外来词语不同于外族词语。外来词语与基本语汇、一般语汇之间不存在简单的对应关系。

第三章

现代汉语构词法和造词法

第一节　现代汉语构词法

如前所述，现代汉语中的词，有的是单纯词，有的是合成词。合成词至少由两个语素构成，而语素又有自由语素、准自由语素、粘着语素和准粘着语素之分。所谓现代汉语构词法，是指语素与语素之间的组合方式。因此，只有合成词才有组合方式可言。合成词的构造方法根据所由组成的语素的性质可以分为复合法、派生法和类派生法。

为叙述方便起见，我们下面以两个语素构成的合成词为例。

一、复合法

所谓复合法是指将两个自由语素或准自由语素组合在一起构成一个新词的方法。由复合法构成的词，不妨称作"复合词"。比如：

A 类　命大　　分割　　可贵　　不过　　离开　　嫁接　　梦见

B 类　人民　　米色　　谋私　　结构　　国法　　求助　　坑道

C 类　思想　　午饭　　观点　　淀粉　　颁发　　缓慢　　彩车

D 类　规范　　私营　　更迭　　困境　　衣服　　诱导　　翱翔

上述例子中，A 类词的语素都是自由语素，如"梦见"中的"梦"和"见"都可以独立成词；B 类词，前一个语素是自由语素，后一个语素是准自由语素，如"人民"中的"人"是自由语素，"民"是准自由语素；C 类词，前一个语素是准自由语素，后一个语素是自由语素，如"午饭"中的"午"是准自由语素，"饭"是自由语素；D 类词的语素都是准自由语素，如"私营"中的"私"和"营"都不能独立成词。

众多的复合词，其内部语素和语素之间的关系其实是不同的。根据这一点，复合词可以分为以下几类：

1. 联合式。由两个意义相同、相关或相反的语素并列构成。例如：

(1) 朋友　　道路　　语言　　思想　　学习　　迷惑　　脱离
　　　阅读　　迅速

(2) 江湖　　手足　　骨肉　　笔墨　　山水　　眉目　　领袖
　　　口舌　　皮毛

(3) 长短　　高低　　是非　　反正　　早晚　　买卖　　左右
　　　开关　　甘苦

在联合式的三组词中，第（1）组词中的两个语素在意义上是相同的，这两个语素在组合成词后互相说明、互相注释，所以整个词的意义也就相当于其中一个语素的意义。第（2）组词中的两个语素的意义是相关的，但不是同义的，我们不能说"手"和"足"是同义的。正因为这样，我们不能直接地从这两个相关的语素的意义推导出整个词的意义。整个词的意义与语素的意义相关、但比语素的意义更抽象、更概括。比如"手足"，既不是"手"的意思，也不是"脚"的意思，而是指"举动、动作"或者"兄弟"。第（3）组词中的两个语素意义相反，整个词的意义往往也不能从这些语素的意义直接推导出来，比如"开关"，既没有"开"的意思，也没有"关"的意思，而是一种控制电流接通与否的电器装置。

联合式中还有这样一些词：

忘记　　　质量　　　睡觉　　　动静　　　国家
窗户　　　干净　　　兄弟

这类联合式复合词的特点是，两个构词语素在意义上或相反或相关，整个词的意义却只相当于其中的一个语素的意义，另一个语素只起到陪衬的作用。比如"忘记"的意义就是"忘"的语素义，"质量"的意义在"质"上，而与"量"无关。所以有人称这类为"偏义词"。

　　另外，像"妈妈""悄悄"这样的叠字词[①]，因为每个音节都有意义，自成为一个语素，所以它们可以归为联合式一类。

　　2．附加式。两个构词语素，前一个修饰、限制后一个语素。例如：

(1)	草图	黑板	新闻	公款	单边
	良心	红旗	终端		
(2)	油瓶	水桶	烟袋	衣箱	茶杯
	水壶	饭碗	花瓶		
(3)	竹篮	蓑衣	皮鞋	纸币	蔗糖
	布衣	木马	米饭		
(4)	板书	版画	手表	木刻	石雕
	壁挂	门匾	墙纸		
(5)	笔谈	指画	油漆	水车	水暖
	手车	风干	电动		
(6)	蚕食	瓦解	林立	龙灯	飞速
	火红	鸟瞰	狐疑		
(7)	驼绒	鹅毛	人体	桌面	墙角
	山脚	车轮	镜片		
(8)	韭菜	鲈鱼	松树	糯米	豇豆
	儿媳	淮河	蝗虫		

从上面几组词中不难看出，同样是"修饰""限制"，但修饰、限制的方式不一样。第（1）组是从性质方面限制的，第（2）组是从内容方面限制的，第（3）组是从材料方面限制的，第（4）组是从处所方面限制的，第（5）组是从方式上限制的，第（6）组是从状态方面进行修饰的，第（7）组表示的是"领有"，第（8）组中的词，后一个语素所表示的是一个"大类"，前一个语素所表示的是这个大类中的一个小类，起着区别的作用。此外还有其他的修饰、限制类型，有"时间"

---

　　① "叠字词"，学界一般称之为"叠音词"。准确地说，这类词不是严格意义上的叠音，因为前后两个语素的发音并不都是一样，如"妈妈"。我们这里采用周荐《现代汉语叠字词研究》（2002/2006）的称法。叠字词内部非常混杂，"妈妈"之类只是其中的一类。详细情况可参阅周荐（2002）原文，或卢英顺《现代汉语语汇学》（2007）。

"程度""数量""功用"等，例如"春耕""秋收"、"深入""酷爱"、"四季""三伏"、"货车""客机"。

3．补充式。两个构词语素，后一个补充说明前一个语素。例如：

推翻	煽动	打倒	说服	压缩
切中	摧毁	赶走		
立正	改善	缩小	扩大	提高
说明	纠正	看透		

补充式复合词中，前一个语素表示一种动作行为，后一个语素表示与这种动作行为有关的状态或结果。比如，"推翻"是因为有了"推"这一行为才使某物"翻"了；"赶走"是因为有了"赶"这一行为，才使某人"走"了。

4．陈述式。两个构词语素中，前一个语素表示事物（包括具体的和抽象的），后一个语素则从动作行为、性质等方面对这一事物进行陈述。例如：

地震	头痛	民办	人为	国营
月亮	霜降	自卫		
胆怯	心虚	年轻	心悸	性急
手软	眼花	肉麻		

有人把"冬至""夏至""瓜分""瓦解"也看作陈述式，这是不妥的。我们在分析词的内部构成时不能不考虑词的整体意义，必须做到形式与意义相结合，否则不利于对词义的理解。"冬至""夏至"不是"冬天来临""夏天来临"的意思，而是"冬天的极点""夏天的极点"的意思；"瓜分""瓦解"也不能简单地理解为"瓜分开了""瓦分解了"，而应该理解为"像分瓜一样分掉""像瓦分解了一样解体"。所以，这四个复合词应该归为附加式。

再看看下面一组例子：

车辆	人口	纸张	书本	船只
枪支	房间	马匹		

这组词的特点是，两个构词语素一般都能独立成词，前一个语素表示人或事物，后一个语素是前面这个语素的计量单位。这组复合词语汇

学界习惯性地把它们看作补充式①，我们认为，把这类复合词看作陈述式比较合适。第一，这类复合词中两个语素之间的关系与补充式的迥然有别；第二，在古代汉语中，称说事物的数量时，表示数量的词语可以位于名词之后，这种语序在现代汉语中某些场合还在使用，比如在列举时就经常这样说："纸，10 张；练习簿，20 本；铅笔，20 支。"这种结构在语法上被看作主谓关系，所以在词法层面上，把"车辆"这样的复合词看作陈述式也是有依据的，并非信口开河。

　　语汇学界之所以习惯性地把这类复合词看作补充式，原因或许有两点：一是权宜之计；二是在句法层面上，这样的语序，其内部构成成分之间有"被说明－说明"的关系，而补充式复合词中的后一个语素也有"说明"的作用，在这一点上它们是相同的，所以把"车辆"这类复合词归入补充式也不是心血来潮。不过，这两种"说明"的性质是不同的："车辆"中的"车"是被说明的对象，而"提高"中的"提"则不是"高"的说明对象，"提"和"高"之间存在着一定的因果关系。可见，把"车辆"和"提高"同等看待是不妥的。在汉语语法学界，有人把主谓关系说成"话题－说明"的关系，② 所谓"话题"，就是被说明的对象。可见，把"车辆"这类复合词看作陈述式是合适的。

　　5. 支配式。两个语素之间有支配和被支配的关系，前一个语素表示动作或行为，后一个语素表示动作或行为所支配的对象。例如：

（1）	动员	吹牛	开幕	担心	熬夜
	起草	示威	道歉		
（2）	干事	顶针	枕头	司机	点心
	知己	围巾	当局		
（3）	失望	缺德	吃力	得意	守旧
	有限	害羞	认生		

上述三组复合词，从内部构成来看都是支配式；但从整个词的外部功能来看，第（1）组是动词，第（2）组是名词，第（3）组是形容词。

---

　　① 可参阅胡裕树（1987），邢福义（1993），黄伯荣、廖序东（1988），等等。
　　② 赵元任在《汉语口语语法》中就这样说过："在汉语里，把主语、谓语当作话题和说明来看待，较比合适。"（1979：45）

可见，属于同一类型的复合词在句法功能上并不一致。

值得注意的是，虽说复合词的这种内部结构关系与句法层次的结构关系一致，但有些复合词的结构特点是在句法层面（至少是现代汉语句法层面）不存在的，如"眼泪、拳击、粉碎"等。[①]

二、派生法

现代汉语中，我们还碰到这样一些词，如"阿姨""桌子""骗子"等，在各自的构词材料中，有一个是自由语素或准自由语素，如"姨""桌"和"骗"；另一个是粘着语素，如"阿—"和"—子"。这种将一个自由语素或准自由语素和一个粘着语素组合到一起构成一个新词的方法，叫作"派生法"。由这种方法构成的词叫作"派生词"。

粘着语素，又叫词缀；词缀可分为前缀和后缀。根据这一点，派生词可以分为两类：前缀派生词和后缀派生词。

1. 前缀派生词。就是粘着语素在自由语素或准自由语素之前的派生词。例如：

阿：	阿姨	阿哥	阿妹	阿妈	阿爸
	阿飞	阿斗			
老：	老师	老虎	老鼠	老乡	老王
	老九	老鹰			
第：	第一	第二	第三	第四	

2. 后缀派生词。就是粘着语素在自由语素或准自由语素之后的派生词。例如：

子：	椅子	窗子	骗子	牌子	拍子
	痞子	胖子	尖子		
头：	石头	年头	念头	苦头	甜头
	田头	奔头	木头		
儿：	鸟儿	花儿	画儿	孩儿	盖儿
	健儿	把儿	本儿		

[①] 刘叔新，1990，《复合词结构的词汇属性——兼论语法学、词汇学同构词法的关系》，《中国语文》第4期。又见：刘叔新，1993，《刘叔新自选集》，河南教育出版社。

性：	党性	悟性	弹性	急性	硬性
	中性	活性	韧性		
然：	忽然	偶然	居然	安然	显然
	贸然	茫然	自然		
化：	美化	老化	净化	简化	进化
	绿化	丑化	固化		

派生词中的词缀，没有实在的意义，它或凑足音节，或改变词性，或描摹一种状态，但它有时能改变一个词的词汇意义，比如"党性≠党"。有的粘着语素与自由语素或准自由语素是同形的，如"老、子"，在"老头"和"莲子"中是有实在意义的，这时不是词缀。

三、类派生法

类派生法是介于复合法和派生法之间的一种构词方法。它指的是将自由语素或准自由语素与类词缀组合到一起构成新词的方法。类词缀具有这样两个特点：有一定的词汇意义，但其意义又比较虚；它在合成词中的位置是固定的。这两个特点使它既不同于准自由语素，又不同于词缀。和准自由语素相比，它虽有一定的语素意义，但位置是固定的；和词缀相比，它的位置虽然固定，但它还保留一定的语素意义。类词缀的这种性质使它有时与准自由语素或词缀产生一定的瓜葛。

类词缀，根据其在合成词中的位置，可以分为类前缀和类后缀。

1. 类前缀。指在合成词中位于自由语素或准自由语素之前的类词缀。例如：

初：	初一	初二	初赛	初稿	初等
	初恋	初伏	初评		
非：	非法	非金属	非卖品	非正式	非正当
	非礼	非人	非命		
可：	可变	可悲	可靠	可爱	可怜
	可见	可笑	可口		
本：	本行	本家	本性	本校	本土
	本部	本体	本钱		

超：超额　　　超音速　　　超高压　　　超短波　　　超声波
　　超自然　　　超龄　　　　超导

除上面列举的之外，还有不少，如"次－""半－""反－""泛－""伪－"，等等。

2. 类后缀。指在合成词中位于自由语素或准自由语素之后的类词缀。例如：

者：记者　　　编者　　　学者　　　长者　　　能者
　　读者　　　作者　　　笔者

家：画家　　　作家　　　行家　　　姑娘家　　演奏家
　　渔家　　　杂家　　　专家

员：教员　　　学员　　　队员　　　卫生员　　驾驶员
　　党员　　　会员　　　演员

手：老手　　　对手　　　歌手　　　选手　　　帮手
　　助手　　　吹鼓手　　能手

师：教师　　　画师　　　讲师　　　医师　　　会计师
　　理发师　　律师　　　厨师

迷：戏迷　　　球迷　　　网迷　　　歌迷　　　棋迷
　　财迷　　　舞迷　　　影迷

族：打工族　　追星族　　工薪族　　上班族　　名牌族
　　贵族　　　大族　　　家族

界：学界　　　教育界　　文艺界　　影视界　　金融界
　　商界　　　报界　　　政界

鬼：烟鬼　　　酒鬼　　　色鬼　　　懒鬼　　　穷鬼
　　饿鬼　　　胆小鬼　　死鬼

气：骄气　　　神气　　　傲气　　　洋气　　　傻气
　　土气　　　憨气　　　阔气

热：出国热　　文凭热　　读书热　　气功热　　琼瑶热
　　旅游热　　消费热

度：热度　　　程度　　　长度　　　广度　　　光洁度
　　新鲜度　　能见度　　频度

此外，还有很多其他类后缀。

第二节　合成词的结构层次

我们在造门窗或桌子时，总是先将什么和什么组合到一起，然后再和另外的什么组合到一起，最后组装成整个的门窗或桌子；可见，门窗和桌子不像人、猫那样生来就浑然一体。语言中的合成词就像门窗和桌子，是一步一步地组合起来的，因而就存在结构层次的问题。

一、合成词的结构层次

由两个语素构成的词，是直接组合到一起的，因而不存在什么和什么先组合的问题，也就不存在层次问题。因此至少由三个语素构成的词才有层次问题。

假定这三个语素分别为 A、B、C，从组合的情况看有两种可能：（1）A 和 B 先组合成 AB，再和 C 组合成 AB-C；（2）B 和 C 先组合成 BC，再和 A 一起组合成 A-BC。这种组合过程可分别图示如下：

现在我们来看几个实例：

我们怎么知道哪两个语素先组合呢？这就要看这两个语素组合到一起时有没有意义。比如"语"和"言"组合成"语言"，"电"和"视"在一起组合成"电视"，都有意义。反之，如果"言"和"学"在一起组成"言学"，"视"和"机"在一起组成"视机"，就都没有意义。可

见，前一种组合过程是对的，后一种则是错的。再看看"大自然"和"油豆腐"的组合情况：假如"大"和"自"、"油"和"豆"先组合在一起，就成了"大自"和"油豆"，它们都没有意义；相反，如果"自"和"然"、"豆"和"腐"先组合在一起，便是"自然"和"豆腐"，都有意义，再分别与"大"和"油"组合成"大自然""油豆腐"。可见，后一种组合过程是对的。

再看看"红眼病"和"小儿科"。如果前两个语素先组合便有"红眼""小儿"，都有意义；如果后两个语素先组合就有"眼病""儿科"，也有意义。这样看来，"红眼病"和"小儿科"是不是有两种组合可能呢？不能急于下结论。碰到这种情况，我们还要看看哪两个语素组合后符合它在整个复合词中的意义，符合的，就是正确的组合，否则就不是。以"小儿科"为例，如果后两个语素先组合就是"小－儿科"，意思是"小的儿科"，这与"小儿科"的原本意义不符；如果前两个语素先组合就是"小儿－科"，跟"小儿科"的原义相符。可见后一种组合是对的。"红眼病"与此类似。它们的组合过程分别图示如下：

以上所举都是复合词的例子。其实，派生词或类派生词的组合与此类似。现图解数例如下：

二、多层合成词的类别判断

以上所举的合成词都具有两个层次，为称说的方便，我们称这样的合成词为"多层合成词"。怎样判断一个多层合成词是复合词，还是派生词或类派生词？这就要看最后一次组合时的语素是什么。如果最后组合的语素是词缀，整个合成词就是派生词；如果最后组合的语素是类词缀，整个合成词就是类派生词；否则，整个合成词就是复合词。

就上述几例来看，"现代化"的组合过程是"现"和"代"先组合，再和"化"组合，而"化"是个词缀，所以整个合成词"现代化"是个派生词。"反作用"的组合过程是"作"和"用"先组合，再和"反"组合，而"反"又是个类词缀，所以"反作用"是个类派生词。同理，"艺术家"和"运动员"也都是类派生词。"烈性酒"则不同，其中虽然也含有词缀"性"，但它的组合过程是"烈"和"性"先组合，再和"酒"组合，而"酒"是一个自由语素，因此，"烈性酒"是复合词。同理，"苛性钠""老婆饼"也是复合词。

前面在讲复合词时，还讲了复合词内部的结构类型。如何判断一个多层复合词的结构类型呢？方法与判断类派生词等相似，就是看与最后一个语素组合时的结构类型。如"母亲节"的最后组合层次是"母亲－节"，因而这是附加式复合词。"意识流"的最后组合情况是"意识－流"，可见它是陈述式。

第三节　现代汉语造词法

同一庐山，"横看成岭侧成峰，远近高低各不同。"同一个词，我们也可以从不同的角度对它进行分析。第一节中所说的构词法是就语素与语素之间的组合方式来说的，这一节我们从另一角度——造词法的角度来看看。

一、什么是造词法

"造词法"这一概念的提出始于孙常叙《汉语词汇》（1956/2006）①。孙常叙（1956/2006：82）认为："造词方法是使用具体词素组织成词的方式和方法。"需要指出的是，他所说的"词素"不能简单地等同于"语素"，就一个三音节的复合词来说，其构成词素是其直接成分，如

---

① 孙常叙的《汉语词汇》初版于 1956 年由吉林人民出版社出版。这本著作是我国第一部汉语词汇学著作，在学术界影响很大。该著的第三篇专门讨论"造词法"问题。2006 年商务印书馆出版了重排本。

"解放军"一词包含"解放"和"军"两个词素。按照我们今天的说法，它包含"解、放、军"三个语素。

关于造词法，学术界有不同的看法：

刘叔新（1990：92）认为：造词法是"汉语在现代时期内构造新词的方法"①。

张斌（2003）认为："造词法研究的是如何创造新词的方法。"②

陈光磊（1994：16）则认为："造词法指新词形成的方法，它对造成一个词所使用的语言材料和手段做分析，说明词所形成的原由和理据。"③

根据上述三位学者的定义，其造词法所要研究的对象其实是不完全一样的：前两者所涉及的研究对象只限于"创造新词"的方法，也就是我们所说的"新造词语"；而后者所涉及的研究对象不限于此，其涵盖范围是"新词"，而"新词"的范围除"新造词语"外还包括"外来词语"和"方源词语"等。我们以为，这没有触及造词法的实质。词是表义的，造词法应该研究词的表义方式。

那么，什么是造词法呢？不妨先看几个例子。"电扇"，只要我们知道"电"和"扇"的意义，"电扇"这个词的意义也容易推测出来；同样，知道"提"和"高"这两个语素的意义，我们也不难理解"提高"一词的意义。这些词的共同点是，词的意义是语素意义"加合"而成的，虽然有时词义并不是语素义的简单相加。另一些词可能就不是这样，词的意义并不是语素意义的加合，如"裙裤"，并不是"裙子和裤子"的意思，更不是"裙子的裤子"的意思，而是指"看起来像裙子的一种裤子"；"蚕食"也不是"蚕吃"或"供蚕吃的食物"的意思，而是"逐步侵占，像蚕吃桑叶那样"的意思。还有一类词，如"白领"并不是"白颜色的衣领"的意思，而是指"在企业工作的脑力劳动者"，"白领"这一意义的由来则与脑力劳动者的穿着和工作环境

---

① 刘叔新，1990，《汉语描写词汇学》，商务印书馆。

② 张　斌，2003，《话说新词规范化》，载《咬文嚼字》第 10 期；又郝铭鉴主编《咬文嚼字三百篇》，上海文化出版社，2008 年。

③ 陈光磊，1994，《汉语构词法》，学林出版社。

有关。

由上可见，现代汉语中的这些词，虽然都表义，但表义的方式是不同的。所谓"造词法"就是指词的表义的方法。之所以从这个角度给造词法下定义，就是因为任何语言中的词都是出于表义的需要而创造出来的，而要创造一个词必须通过一定的方式。

需要指出的是：从严格的意义上说，造词法所说的表义的方法应该是某个词的初始意义的表示方法。与此相关的是，造词法是就新造的词而言的。而实际上，在语汇学界，对什么是新造词不同的人看法不尽一致。对新造词的理解应该是动态的，就是说，不同的年代有不同的新造词；在过去看来是新造的词，今天看来则不是新造词，比如"电灯""课本"等。尽管如此，新造词有一个典型的特征，那就是用新的语音形式来表示一定的意义。对这一点，大家的看法是一致的。问题的关键在于，对"旧瓶装新酒"现象的看法因人而异，有人认为这种现象是新造词，有人则持相反的观点。造成这种认识不一致的根源则是，它们不够典型，它们的意义虽然是新的，但语音形式却是旧的。

不过，从语言事实的复杂性来看，对造词法所说的意义做广义的理解似乎更为可取。一则，很多词的初始意义我们并不清楚。二则，从表义的需要来看，要表示某种意义，就必须有一个物质载体——一定的语音形式，这就有两种选择：要么用新的语音形式来表示这种意义，要么借用原有的语音形式来表示这种意义。从这个意义上来说，借用原有的语音形式来表义实际上也是一种造词法。三则，造词法说的是语音形式和意义的对应关系，这种意义当然应该以义项为基础。

综上所述，我们主张，对造词法应该做广义的理解，即只要是通过一定的语音形式来表示一定的意义的，都是造词法所要研究的对象；不过，通过新的语音形式来表义这一现象是造词法所要研究的典型对象。这样，对一个多义词来说，就同一个语音形式与不同的义项之间的关系来看，它可能使用了不同的造词法。需要说明的是，这里所说的"通过一定的语音形式来表示一定的意义"是指汉语在不同历史阶段的"新造词语"，不包括外来词语、通过缩略而形成的词语，等等。

卢英顺《关于语汇研究的几点思考》（2011）①主张区分"造词"和"语汇成员的形成"这两个不同的概念，否定把外来词语和缩略语纳入造词法研究范围。所以把造词法的研究对象限定为"新造词语"比较合适，当然这种"新"是相对词语产生之时而言的。这一主张有利于廓清造词法的研究范围，从而有益于对造词法种类的探讨。

二、造词法的种类

对造词法种类的探讨与造词法涉及的范围有关。与此相关，不同人对造词法的分类也就不一致。任学良（1981：2）②分为词法学、句法学、修辞学、语音学和综合式造词五大类。这五大类的区分没有一个统一的标准，实际上是用多标准分出的类，因而就不可避免地面临尴尬的境地，比如"狐疑"一词属于哪一类？是句法类造词，还是修辞类造词？陈光磊（1994：16）③在这五类的基础上又增加了一类——文字学造词法，结果是如下六类：词法学（形态学）造词，即用加缀和重叠的方法造词，如"念头、往往"等；句法学造词；修辞学造词；语音学造词，如"布谷、乒乓"等；文字学造词，即用析字的方法造词；综合式造词。陈氏把"丘八""双弓米"之类也看作一种造词法——文字学造词法，如以"双弓米"称"粥"，以"丘八"指"兵"。其实这类造词不能算作一种造词法。一则，"双弓米"和"丘八"并不是词，而是一种临时的言语现象；二则，退一步说，即使承认它们是词，也不能把它们另立一类，因为这种现象在修辞学界称为"析字"，应该合并到修辞造词类才是。而所谓"综合式造词"实际上掩盖了上述造词法分类上的尴尬。刘叔新（1990：93-118）或许看到了多标准分类的不足，给造词法提出了新的分类方法。他认为："造词法第一个分类准则应是：使用什么样的语言材料来造新词。"据此把造词法分为三大式：词汇材料式、语音材料式和混合材料式。每大类下面又分成若干小

---

① 卢英顺，2011，《关于语汇研究的几点思考》，《阜阳师范学院学报》第 4 期。
② 任学良，1981，《汉语造词法》，中国社会科学出版社。
③ 陈光磊，1994，《汉语构词法》，学林出版社。

类。①②刘氏的分类虽然标准单一，但由于没有触及造词法的本质，因而其分类也有可商榷之处。

另外，张斌（2003）把造词法分为："缩略造词""字母造词""翻译造词""置换造词"和"倒序造词"等。③不难看出，这是着眼于词的外在形式来定义、分类的。这样的话，"水、电、风"这些单音节词该如何处置？葛本仪（2014：69-80）④把造词法分为：（1）音义任意结合法、（2）摹声法、（3）音变法、（4）说明法、（5）比拟法、（6）引申法、（7）双音法、（8）简缩法。葛氏的分类有逻辑混乱之嫌。有的从音义关系说的（1、2），有的是从词与词之间的关系说的（3、6），有的是从语素之间的关系说的（4），有的是从修辞的角度说的（5），有的是从音节的多少说的（7），有的是从来源说的（8）。

由上不难看出，已有的种种造词法的种类混淆了真正的造词法和构词法。这与对造词法的认识不清有关。

通过对以上各种造词法分类的分析，我们把现代汉语造词的方式分为以下几种。

1. 直义造词

所谓直义造词，是指通过一定的语音形式（词语的产生总是先有口头上的语音形式，后才可能有书面上的书写形式）直接表示某种意义这一方式来造词。对单纯词来说，特定的语音形式和一定的意义之间的联系是任意的，如"水""电""霸"等。对合成词来说，它的意义往往是通过构成这个合成词的语素意义的直接组合来表示的，其中，有的词义和语素意义之间的关系非常直接，如"红枣""病危""大海"等；有的词义和语素意义之间的关系没有这么直接，在理解词义时，除了知道语素意义之外，还要根据我们对世界的感知经验对语素意义

---

① 刘叔新 1990 《汉语描写词汇学》，商务印书馆。

② 词汇材料式又分 4 种：结合法、叠连法、改造法和转化法；语音材料式又分为 4 种：拟声法、表情法、联绵法、音译法；混合材料式又分为 4 种：半表音法、半表意法、半音译法、音译兼合意译法。

③ 张　斌，2003，《话说新词规范化》，载《咬文嚼字》第 10 期；又见：郝铭鉴主编，2008，《咬文嚼字三百篇》，上海文化出版社。

④ 葛本仪，2014，《现代汉语词汇学》（第 3 版），商务印书馆。

进行适当的补充，例如"水电"，不是"水和电"的意思，也不能简单地理解为"水的电"，而是指"利用水力的驱动而发出来的电"。

2. 比喻造词

所谓比喻造词，是指通过比喻表示某种意义这一方式来造词。修辞学上所说的比喻，有明喻、暗喻和借喻之分，其中，明喻和暗喻中都出现本体和喻体，只是比喻词不同而已；而借喻则只出现喻体，本体并不出现。这三种不同的比喻表现在造词上则只有两种：一种是本体语素（表示本体的语素）和喻体语素（表示喻体的语素）都出现，另一种是只出现喻体语素，本体语素不出现。

通过第一种方式（即本体语素和喻体语素都出现的情况）造出来的词，语素和语素之间存在本体和喻体的关系。例如，"蝴蝶结"的意思是"打出来的结像蝴蝶一样"，这里，"结"是本体，"蝴蝶"是喻体。再比如"刀子嘴"，它并不是"刀子的嘴"的意思（比较"狗嘴"：狗的嘴），而是指"嘴像刀子一样，容易伤人——形容说话尖刻"，进而可转指为"说话尖刻的人"。

通过第一种方式造出的词，本体语素多在喻体语素之前，如上例；但本体语素也可以在喻体语素之后，如"麦浪""车流""瀑布"等。

本体语素既可以在喻体语素之前，又可以在喻体语素之后，因而在造表示同样意义的词时，有的人把本体语素放在喻体语素之前，有的人把本体语素放在喻体语素之后，这样就出现了异体词，如"熊猫"和"猫熊"。由于同样的原因，一种形状像花一样的蔬菜，有的地方称之为"菜花"，有的地方则称之为"花菜"。在理解这样的词时要注意本体语素是什么，否则会影响对词义的理解。比如"熊猫"不是"猫"，而是"熊"，作为蔬菜的"菜花"不是"花"，而是一种"菜"。

通过第二种方式造出的词是只出现喻体语素的情况。如"鸡眼"，它不是"鸡的眼睛"的意思，也不是"像鸡一样的眼睛"的意思，更不是"鸡像眼睛一样"的意思，而是"鸡、眼"这两个语素组合在一起后构成喻体，表示一种皮肤病，指的是"脚掌或脚趾上角质层增生而形成的小圆硬块"，样子像"鸡的眼睛"。再比如，"佛手"也不是"佛的手"的意思，而是指一种果实，色鲜黄，下端有裂纹，形状像半握着的手；"猫眼"是指安在门上、形状像猫的眼珠一样的镜子。

通过比喻方式造的词在认知语言学背景下被称为"隐喻造词"，不过隐喻造词涵盖的范围更广，如"山脚、桌腿"等属于隐喻造词，但在比喻造词里并不涉及这类现象。"山脚、桌腿"之所以被看作隐喻造词，是因为，人的脚、腿处于人体的下部，将这种关系投射到其他物体，如"山""桌子"，相应的部分就可以称为"脚、腿"。人的腿不仅具有长棍子形，而且其功能是将人体上部分支撑起来，桌腿的情况与之类似。

3．借代造词

所谓借代造词，是指通过相关联想来表示意义的一种造词方式。用这种方式造出来的词，词义不是语素义的直接合成；语素与词义之间的联系也不是通过比喻这种方式，而是与这些语素义所指示的人或事物相关的某种意义。比如"须眉"并不是直接指"胡须和眉毛"，而是指与"胡须"相关的"男性"；"骨肉"也不是字面的"骨头和肉"的意思，而是指"父母兄弟子女等亲人"，由这种意义进而引申为"紧密相连，不可分割的关系"。

通过借代来表示词语的意义，可以有不同的方式。

（1）可以通过相关的特征来表义，如上述的"须眉"，"须"是男性的特征；其他同类词如"巾帼""乌纱帽"等。

（2）可以通过相关材料或工具来表义，比如"笔墨"，它之所以可以用来指"文字或诗文书画等"，是因为我们在写字、作画时需要笔和墨；用"口齿"来指"说话的发音"，是因为我们在说话时需要利用口和牙齿。

（3）通过相关的动作来表义，表示与此动作相关的人或事物，如"裁缝"用来指"缝制衣服的人"；"开关"用来指"电器装置上接通和截断电路的设备"。

（4）通过部分来表示整体的意义，如"眉目"，通过"眉毛和眼睛"这两部分来表示人的"整个容貌"。

通过借代方式造的词在认知语言学背景下被称为"转喻造词"。一般情况下，转喻是在相应概念框架内用某事物的某种凸显属性转指该事物或者该事物的其他方面。

4. 拟声造词

除了上述三种造词方法以外，还有一种比较特殊的造词法——拟声造词，就是通过模拟自然界的各种声音来表示相关的意义，如"嘀嗒"表示钟表走动；"哎哟"表示惊讶、痛苦；等等。通过拟声方式造出来的词，我们习惯称之为拟声词。从大的方面看，词语的意义总是通过一定的语音形式表示出来的。但是就非拟声词而言，语音形式和意义之间的联系是没有理据的，比如"gǒu"和一种哺乳动物之间就没有任何的必然联系。而拟声词则不然，拟声词的语音形式与它所表示的意义之间是有一定联系的，如"汪汪"表示狗叫，"喵"表示猫叫，等等。

为什么不同语言甚至同一种语言在模拟同一种事物的时候会有不同的模拟结果，产生听起来不大相同甚至差异很大的拟声词？主要原因可能有两个：一是不同语言系统中音系的情况不一样；二是不同语言或者同一种语言的不同历史阶段，由于地域的差异，在模拟事物声音的时候，其模拟对象的次范畴可能有所不同。从认知的角度来看，模拟的对象一般是该范畴的典型成员，而典型成员又往往是出现频率比较高的成员，只有这样的成员才易于凸显，从而容易被人们注意。而范畴的典型成员可能会因环境（比如不同地域）的差异而有所不同，因此产生对不同典型成员声音的模拟上的差异。比如"鸟"类，至少在中国南方，其常见的鸟（典型成员）是麻雀，乌鸦罕见；而在韩国，乌鸦似乎非常普遍。这样，汉语里模拟鸟叫声模拟的是麻雀的声音，而韩语里模拟的是乌鸦的声音，其结果自然有别。加上有模拟者感知的介入，更容易产生变化。

前面已经指出过，造词法是就一定的语音形式与特定的义项之间的关系来说的，因此对一个多义词来说，就同一个语音形式与不同的义项之间的关系来看，它可能使用了不同的造词法。例如"包袱"的义项有：（1）包衣服等东西的布、（2）用布包起来的包儿、（3）比喻某种负担。就义项 1 而言，用的是直义造词法；义项 2 用的是借代造词法，这里是用工具代结果；义项 3 用的是比喻造词法。

三、造词法与构词法的区别

如前所述，对同一个对象可以从不同的角度进行分析。造词法是就词语的表义方式而言的。语言中的词，表义的方式可以不同，有的通过一定的语音形式直接表示某种意义，有的则通过比喻的方式表义，有的则通过借代的方式来表义。而构词法则是从语素与语素之间的关系来说的，既是关系，就必须涉及两者。因此构词法所研究的对象必定是由两个或两个以上的语素构成的词——合成词，单纯词没有构词法可言；造词法则不然，它所研究的对象——词，既可以是合成词，也可以是单纯词。①

就合成词而言，由于造词法和构词法是从不同角度来说的，所以，对同一个合成词进行分析的结果是不同的。比如"洗衣机"，就造词法来看，它是直义造词；就构词法来看，它是偏正式复合词。

由于同样原因，合成词的构造方式与上述几种造词方式之间并不存在对应关系。同样是偏正式复合词的"林立""冰凉"、"笔试""绝妙"，从造词法来看，前两者采用的是比喻造词法，后两者则用直义造词法。反过来看，同样是利用直义方式造出来的"密谈""月票"、"来往""夫妻"，前两者是偏正式构词，后两者是联合式构词。对一个多义词来说，不管它有几个义项，它们的构词方式总是一定的，但就造词法而言，各义项在造词方式上可能相同，也可能不同。例如，"背离"有两个义项：（1）离开，（2）违背，就造词法来说，这两个义项用的都是直义造词法；"黑白"也有两个义项：（1）黑色和白色，（2）比喻是非、善恶，但这两个义项用了不同的造词法：义项 1 用的是直义造词法，义项 2 用的是比喻造词法。

---

① 拟声词从书写形式来看有时不止一个汉字，如"叮当"，由于它只有一个语素，所以不存在构词问题，但它依然存在造词问题，就是拟声造词。

本章小结

现代汉语构词法，是指语素与语素之间的组合方式。因此，只有合成词才有组合方式可言。合成词根据所由组成的语素的性质可以分为复合法、派生法和类派生法。

所谓复合法是指将两个自由语素或准自由语素组合在一起构成一个新词的方法，由复合法构成的词叫"复合词"，如"参照""建议"等。复合词，根据其内部语素和语素之间的关系，可以分为以下五类：（1）联合式，由两个意义相同、相关或相反的语素并列构成，如"朋友""手足""高低"；联合式中有一类复合词，其整个词的意义只相当于其中的一个语素的意义，另一个语素只起到陪衬的作用，如"忘记"，这类复合词有人称之为"偏义词"。（2）附加式，两个构词语素，前一个修饰、限制后一个语素。修饰、限制的方式多种多样，可以从性质、内容、材料、处所、方式等方面加以修饰、限制，如"公款""油瓶""皮鞋""手表""指画"等。（3）补充式，两个构词语素，后一个补充说明前一个语素 ；前一个语素表示一种动作行为，后一个语素表示与这种动作行为有关的状态或结果，如"缩小""摧毁"。（4）陈述式，两个构词语素，前一个语素表示事物，后一个语素则从动作行为、性质等方面对这一事物进行陈述，如"地震""胆怯"。像"车辆""人口"这类词，一直被归入补充式一类，其实，归入陈述式一类更为可取。（5）支配式，两个语素之间有支配和被支配的关系，前一个语素表示动作或行为，后一个语素表示动作或行为所支配的对象，如"吹牛""顶针""失望"。

所谓派生法是指将一个自由语素或准自由语素和一个粘着语素组合到一起构成一个新词的方法，由这种方法构成的词叫"派生词"。派生词中的粘着语素又叫词缀，有的只能出现在自由语素或准自由语素之前，有的只能出现在它们之后，如"老鹰""椅子"中的"老""子"。类派生法是介于复合法和派生法之间的一种构词方法，它指的是将自由语素或准自由语素与类词缀组合到一起构成新词的方法，如"初恋""学者"等。类词缀具有这样两个特点：有一定的语素意义，但它在合成词中的位置固定。这两个特点使它既不同于准自由语素，又不同于词缀。和准自由语素相比，它虽有一定的语素意义，但位置是固定的；和词缀相比，它的位置虽然固定，但它还保留一定的语素意义。类词缀的这种性质使它有时与准自由语素或词缀产生一定的瓜葛。

现代汉语中的合成词，有的是由三个语素组合而成的，这就有可能存在组合的层次问题。就一个由三个语素构成的合成词（ABC）来说，组合的可能性只有两种：A－BC 或者 AB－C。要判断哪两个语素先组合（AB 或者 BC），可采取以下两种方法：一是看这两个语素组合到一起时有没有意义，如果一种组合有意义，另一种组合没意义，那么后一种组合是错误的，如"电视机"中的"视机"；二是，如果这两种组合都有意义，这就要看其中的语素组合后是不是符合它在整个复合词中的意义，如"小儿科"并不是"小的儿科"，因此，"小－儿科"这样的组合是不对的。

具有两个或者以上层次的合成词，可以称为"多层合成词"。要判断一个多层合成词是复合词，还是派生词或者类派生词，这就要看最后一次组合时的语素属于哪一类，如果最后组合的语素是词缀，整个合成词就是派生词；如果最后组合的语素是类词缀，整个合成词就是类派生词；否则，整个合成词就是复合词。

与构词法不同，造词法是就词的表义方法而言的。从严格的意义上说，造词法所说的表义的方法应该是某个词的初始意义的表示方法。与此相关的是，造词法是就新造的词而言的。不过，从语言事实的复杂性来看，对造词法所说的意义做广义的理解似乎更为可取，这种广义上的"意义"包括"旧瓶装新酒"现象。这样，对一个多义词来说，就同一个语音形式与不同的义项之间的关系来看，它可能使用了不同的造词法。

现代汉语的造词方式可以分为：直义造词、比喻造词（隐喻造词）、借代造词（转喻造词）和拟声造词。所谓直义造词，是指通过一定的语音形式直接表示某种意义这一方式来造词，如"病危"。比喻造词是指通过比喻表示某种意义这一方式来造词。通过这种方式造出来的词有两种情况：一是本体语素和喻体语素都出现的情况，二是只出现喻体语素的情况。语素和语素之间存在本体和喻体的关系，或者几个语素在一起共同构成一个喻体，前者如"车流"，后者如"鸡眼"。所谓借代造词是指通过相关联想来表示意义的一种造词方式。借代的方式有多种，可以通过相关的特征、材料或工具、动作、部分来表义，如"须眉""笔墨""开关"等。拟声造词是一种比较特殊的造词法，它通过模拟自然界的各种声音来表示相关的意义，如"嘀嗒"。

　　造词法和构词法是从不同角度说的，因而两者之间是有区别的。单纯词不存在构词法问题，但仍然有造词法问题。就合成词来说，造词法和构词法之间不存在一定的对应关系。就一个多义词来说，其构词法只有一种，但其不同义项可能使用了不同的造词法。

第四章

现代汉语词义

第一节　词义及其性质

一、词义的不同说法

翻开《现代汉语词典》，在任意一个词条后面都有一段文字说明，如"壁画"后面的说明是"绘在建筑物的墙壁或天花板上的图画"，这就是"壁画"这个词的词义。这样看来，什么是"词义"的问题似乎很简单。其实，对于什么是词义的问题一直众说纷纭，莫衷一是。比较普遍的说法主要有以下几种：①

一是"事物说"，认为词的意义就是词所指称的事物。这种把词义与事物画等号的说法，其问题显而易见。比如，汉语中的词历来有实虚之分，虚词之所以"虚"，就是因为它不能指称事物，如"和""了""虽然""吗"，等等；再说了，实词里的动词、形容词、数词等也不指称任何事物；就是名词也不是都指称事物，如"思想""方面""龙""麒麟"等指称什么事物呢？难道它们就都没有意义了吗？

二是"概念说"，认为词义是词所表达的概念。"概念"是什么

---

① 有关词义的种种不同说法，可参阅张志毅、张庆云《柏拉图以来词义说的新审视》，载《中国语文》2000 年第 2 期。

东西？《现代汉语词典》是这样解释的："思维的基本形式之一，反映客观事物的一般的、本质的特征。人类在认识过程中，把所感觉到的事物的共同特点抽象出来，加以概括，就成为概念。"概念说同样无法解释下列现象：客观世界中并不存在的事物，如"神""鬼"，等等；语言中的抽象词语，如"思想""爱情""微妙""细腻"，等等。

三是"用法说"，认为词的意义就是词的用法。从词典编纂的角度来看，词的义项的确立是以词的用法为基础的，但问题是，在一个特定的语言环境中，人们为什么会用这个词而不用另外一个词？这就涉及一个哲学问题：是意义决定用法，还是用法决定意义？再说，在实际的语言运用中，我们凭什么说"××词"在这儿用得不恰当？如果是用法决定意义，我们只能说这个词的意义概括得还不完全。用法说本身也比较含糊，一个词的临时用法应不应该归到意义中去？

我们姑且这样来理解词义：词义是一定的语音形式所负载的人们对客观世界中的事物、现象、行为、状态以及关系等的概括认识。是"认识"，就有认识上偏离的可能，因而语言中出现"鬼""麒麟""地狱"等词语也就不足为奇了。

二、词义的性质

传统对词义的看法基本上是客观主义的。"事物说"也好，"概念说"也好，都是如此。我们说词指称客观事物的时候，实际上是指词义与客观事物的关系。词义、词的语音形式及客观事物之间的关系可以三角形来表示（参见图4-1）：

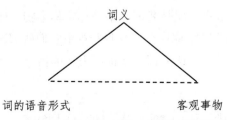

图4-1 词义与词的语音形式、客观事物之间关系图

图 4-1 中，实线表示彼此之间的直接联系，虚线表示彼此之间的间接联系。词的语音形式与客观事物之间不是直接联系的，所以用虚线。

词义与客观事物之间的这种联系是客观主义语义学的看法。这种看法的根本特点是词义是对客观事物的直接反映的结果，忽略了认识主体人的作用。

而在认知语言学研究者看来，词义与客观事物之间并不是直接联系的，而是经过人对客观事物认知这一环节。因此，上述三角关系实际上就成了图 4-2 所示：

词音/词义　　　　　　　　客观事物

图 4-2　词义与认知、客观事物之间关系图

从图 4-2 不难看出，词义与客观事物之间的联系是间接的。与客观事物直接联系的是人们对客观事物的认知，这种认知的结果就是词义的内容，这些内容通过一定的语音形式固定下来，就形成了词。由于词义和词的语音形式这两方面是不可分割的整体，所以我们也可以直接说词义是人们对客观事物认知的结果。我们来看实例：

图 4-3　かぶら（蕪）

图 4-4　だいこん（大根）

图 4-3 和图 4-4 所显示的事物的形状的差异是明显的，在中国人和日本人看来应该是一样的；但在汉语中我们用"萝卜"一词来称呼

它们，而在日语中却用两个不同的词来称呼，前者叫かぶら（蕪），后者叫だいこん（大根）。造成这种差异的原因就是两国人对这两者认识有所不同，中国人把这两者看作一类事物，用一个词来指称，而日本人把这两者看作不同类的事物，所以用两个词来指称它们。换句话说，汉语中"萝卜"一词词义的覆盖范围不同于日语的かぶら（蕪）或だいこん（大根），这些词词义上的差异完全是由认知的不同造成的。

尽管人们对"词义是什么"的问题说法不一，但对词义自身的性质的认识还是比较一致的。词义主要有以下一些性质。

1. 词义的主观性

词义既然是人们对客观世界的认识，那么可以肯定地说，词义不是客观事物本身，它渗透着人的主观性一面。词义的主观性至少体现在以下几个方面：

第一，客观世界中并不存在的事物或现象，语言中却有这样的词语，如上面提及的"神""鬼"之类。这是人们对客观世界的错误认识所致，它典型地体现了词义的主观性方面。

第二，客观世界是共同的，但在不同语言中，词语所负载的内容却不相同，这就是索绪尔（1996：160-161）[①]所说的"价值"的不同。这种不同反映了人们对客观世界的认识所做的概括不同。例如，同样是"把帽子、袜子、鞋、衣服安置到人体的不同部位"这样一些行为，英语中只用一个 put on，而汉语要分成"戴"和"穿"；同样是"父亲的母亲"和"母亲的母亲"，汉语中用"奶奶"和"外婆"这两个词来表示，英语中却只用 grandma 一个词来概括。这些都是词义主观性的体现。

第三，词义也可能随着人们认识的深化而发生变化。如"原子"一词，新旧《辞海》对它的释义就不相同。"云"，《说文解字》的解释是"山川气也"，《现代汉语词典》的解释是"在空中悬浮的由水滴、冰晶聚集形成的物体"。"原子"和"云"等词义的变化，并不是它们本身有什么改变，而是人们对它们的认识发生了变化。

---

① 费尔迪南·德·索绪尔，1996，《普通语言学教程》，商务印书馆。

需要说明的有：一是，我们说词义具有主观性，但并不否定它的客观基础。正因为客观世界是错综复杂的，才可能使人们的认识产生差异；正因为客观事物的多面性，才可能使人们对同一个事物做出不同的词义概括，如"海"，着眼其表面，就有"大"的意思，于是有"海碗"的说法，着眼"海水之多"，就有"广场上的人可海啦"之类的说法。二是，词义虽然具有主观性，但它不是个人的，不可以因个人的不同认识而随意改变。词义的主观性是社会共同的，它反映了言语社团的共同认识。忽略了这一点而随意造一个词或者赋予一个词以新的意义，都不能让人理解。有这么一个故事[①]：苏东坡有一次对他的朋友、大学问家刘贡父说："从前我和弟弟埋头读书，天天都吃'三白'。吃了三白，我们就不相信天底下还有什么更好吃的东西！山珍海味哪抵得上三白啊！"博学的刘贡父从未听说过天底下还有叫作三白的食品，只好虚心向苏东坡请教。苏东坡一本正经地说："三白者，一撮盐，一碟萝卜，一碗饭也。"几天之后，苏东坡收到了刘贡父的请柬，恭请他到刘府去吃"皛饭"。什么是皛饭？苏东坡也不知道。到赴宴那天，苏东坡一进刘府就看见宴席已经摆好，原来是：盐、萝卜、饭。这时苏东坡才知道："皛饭"就是"三白"，这是刘贡父对他的玩笑的一个玩笑式的回答。这个故事说明，个人不能随意地赋予某个语音形式以一定的意义。

2．词义的概括性

现实中的人，有胖，也有瘦；有高，也有矮；有男，也有女；有黄皮肤的，也有黑皮肤的；等等。可我们都可以用 rén 来指称他们。可见用 rén 来指称"能制造工具并使用工具进行劳动的高等动物"的时候，我们并不是用它来指称特定的张三或李四，而是指一切具有这类特征的"高等动物"，个体的种种不同特征在概括"人"这一词的意义的时候已经被舍弃掉了。就一个动作而言也是如此。比如"跳"，不同人，甚至同一个人在不同时候，"跳"的高度、姿势等也不会相

---

① 参阅：王希杰《"三白"和"皛饭"》，载于根元、张朝炳、韩敬体编，1994，《语言的故事》，东方出版社。

同，但是在表示"腿上用力，使身体突然离开所在的地方"的时候，都可以用"跳"。可见，词义是对一类事物或行为等的共同属性的概括认识。这就是词义的概括性。

概括，是人类认知的基本能力之一。不了解词义的概括性一面，就有可能闹出笑话。《韩非子•外储说》中讲了这么一个故事：

> 郑县人有得车轭者，而不知其名，问人曰："此何种也？"对曰："此车轭也。"俄又复得一，问人曰："此是何种也？"对曰："此车轭也。"问者大怒曰："曩者曰车轭，今又曰车轭，是何众也？此女欺我也！"遂与之斗。①

3．词义的模糊性

"模糊"一词，在日常交际中往往会用到，如"这张照片照模糊了"，"他的眼睛近视得很厉害，稍远一点的东西看起来就模糊不清"。不过，语言学中所讲的"模糊"，不是这个意思，它指的是某个词义所反映的事物的边界不明。比如"青年""中年"和"老年"，它们的界限在什么地方，我们无法给个明确的标准，尽管有时我们也会给它们来个人为的规定。同样，我们也不清楚"早晨"和"上午"、"上午"和"下午"的边界在什么地方。如果以吃早饭和吃午饭为标准，不同人的用餐时间，或者同一个人昨天和今天的用餐时间也不可能完全相同；如果以时间为标准，比如8点以前为早晨，12点以前为上午，那么8点01分就一定是上午？12点01分就一定是下午？再比如"秃顶"，头上一根毛没有当然是秃顶，有一根、两根、三根，算不算秃顶？如果算，到底达到多少根头发才不算秃顶？类似的如"高"和"矮"，"胖"和"瘦"，等等，其边界都模糊不清。

我们不要把"模糊性"与"概括性"混淆起来。概括性只是概括的程度不同而已，概括程度高的词，它所指称的对象的范围并不一定不确定。比如"笔"比"钢笔"概括程度高，我们不能因此就说"笔"比"钢笔"词义模糊；其实，"笔"与非"笔"，"钢笔"与非"钢

---

① 任峻华注释，2000，《韩非子》，华夏出版社，第203-204页。

笔"的界限都是明确的。

那么，语言中的词义为什么会有"模糊性"呢？至少与下列因素有关：一是与"概括"有关。假定每个词语在任何场合都标示同一个特定对象，那么也就减少了一部分词语词义的模糊性，例如，没有对"梨""苹果"等的概括词语"水果"，它们本身与"西红柿"的界限是明确的；但一旦做了概括以后，"水果"的边界就不是很清楚了，"西红柿"属不属于水果恐怕因人而异。二是与客观世界一些对象的非"离散性"有关。所谓"离散性"，就是对象与对象之间的界限是明确的，如"桌子""黑板""钢笔""书"等；"非离散性"就是对象与对象之间，或者对象的性质，呈一个连续体状态（逐渐过渡），连续体内部没有明确的分界，如"早晨"和"上午"、"高"和"矮"、"好"和"坏"等。由于客观世界具有这种特性，反映这种特性的词语的意义当然也就有可能是模糊的。我们说模糊与概括有关，但并不是所有概括的词语都是模糊的，"笔"是对各种各样、形形色色的"写字画图的用具"的概括，但"笔"与非"笔"的界限是明确的；说模糊与客观世界的连续体性质有关，但并不是所有呈连续体状态的对象在词义上是模糊的，比如"春、夏、秋、冬"，自然界的四季更替没有明显的变化特征，但我国的历法对四季却有明确的规定。

语言中的词义具有模糊性，这未必是坏事。有时，离开了模糊表达就难以达到交际的目的。比如你要找一个人，别人问你这个人长的是什么样，你只需说"个子大约 1 米 8，鼻梁高高的，眼睛大大的，留了一点小胡子的"就可以了；你非要说出鼻梁的具体高度，眼睛的大小程度，胡子的确切根数，那是自找麻烦。别人会认为你是神经病！知道了词义的模糊性一面，我们在使用词语的时候就要认真选择，该明确的时候就不能模糊，只能模糊的时候，不妨模糊一点。

4. 词义的多面性

前面我们说过，词义是人们对客观世界中的事物、现象、行为和状态等的概括认识，这指的是词的"理性意义"（有的叫"概念意义"）。词除了具有理性意义以外，还有情感意义、语体意义和形象意义等，这些意义可以总称为"附加意义"（也有叫"色彩意义"的）。词义的这一性质在本章第六节有比较详细的介绍。

5．词义的民族性

学外语的时候，往往会碰到这样的现象，就是不同语言中相关的词所负载的意义并不完全相同，比如，汉语中的"盒子"就不等于英语中的 box，英语中的 bank，也不等于汉语中的"银行"；uncle 也不等于"叔叔"。这些都是词义民族性的体现。

词义的民族性不仅体现在词语的理性意义方面，也体现在词语的附加意义方面。"狗"在汉语中被认为是贬义的，如"狼心狗肺""走狗""狗东西""狗尾续貂""狗仗人势"以及"狗皮膏药""狗急跳墙""狗嘴吐不出象牙"，等等。英语中的 dog 则是中性的，可以说 He is a lucky dog（他是个幸运儿）。汉语中的"雄心"和"野心"，一个褒义，一个贬义，英语中则是同一个词 ambition。

可见，词义的民族性是由词义的主观性和概括性决定的。

第二节　词义和语素义之间的关系

词，根据其所由组成的语素的性质及数量的多少，有单纯词和合成词之分，合成词又有复合词、派生词和类派生词之分。词义和语素义之间的关系主要体现在复合词上。

关于词义和语素义之间的关系，曾经有人据此把词分为两类：词义明晰词（transparent words）和词义不明晰词（opaque words）。词义明晰词是指那些其意义可由其组成部分的意义确定的词，而词义不明晰词则是指其意义不能由其组成部分的意义确定的词。（Transparent words are those whose meaning can be determined from the meaning of their parts, opaque words those for which this is not possible.）（Palmer，1981：35）①但其中存在一个度的问题。

国内也有人从这一视角研究复合词的语义问题，人们习惯将上述

---

① Palmer, F. R. 1981. *Semantics,* 2nd Edition, Cambridge University Press.

两类词分别译为"透明词"和"不透明词"。①任敏（2012）②根据复合词的意义与语素意义之间的关联程度（透明度）把汉语的复合词分为三类：透明词、不透明词和半透明词。她对这三类的解释是：

（1）透明词。复合词词义同语素义联系比较密切、直接，人们对这类词义的把握、确定完全建立在对语素义的分析、理解的基础上，甚至可以"见素知义"，而且释义词语的结构和复合词的结构也相互一致。如"哀号、道路、撤军、哭泣、窗户"等。

（2）不透明词。复合词的词义和语素义没有任何联系，不能依据通常的语法语义规则由语素义推知词义。如"便宜、东西、功夫"等。

（3）半透明词。复合词的词义和语素义有一定的联系，但不能依据通常的语法语义规则由语素义推知词义，词义和语素义的关系往往需要通过语源探求、深层语义分析或其它手段才能了解，如"无聊、消息、陪酒、吃力、蚕食"等。

从实用的角度来看，词义和其构成成分语素义之间的关系还可以做如下归纳（卢英顺，2021：17-20）③：

（1）词义等于语素义之和。如"莲花、祥和"；

（2）词义等于任意一个语素的意义，构成这个词的两个语素同义。例如"道路、祸患"；

（3）词义只相当于其中一个语素的意义，有人称这类词为"偏义复词"。如"国家、忘记"；

（4）词义比较曲折地与语素义发生关系，主要是通过隐喻或转喻等方式。如"林立、猫眼"；

（5）词义所指是由构成该词的两个语义相对的语素义所体现的语义连续统或其交界处。例如"大小、黎明"。"大小"不是指"大"或"小"，也不是仅仅指"大"和"小"，而是指"从大到小的整个范围"；

---

① 考虑到"透明词"/"不透明词"这种译法本身就不够透明，笔者做了上述较为"透明"的译法。

② 任　敏，2012，《影响现代汉语双音复合词语义透明度的机制研究》，《河北师范大学学报》第 4 期。

③ 卢英顺，2021，《语义理论和汉语语义问题》，上海社会科学院出版社。

"黎明"有所不同，其中的"黎"是"黑"的意思，"明"是"明亮"
的意思，"黎明"并不是指"从黑夜到天亮"整个范围，而是指"黑夜"
与"天亮"之间交界的时候。

第三节　词的单义和多义

　　我们先看看《现代汉语词典》（第 6 版）对下列词语的解释：

A 组

胖：（人体）脂肪多，肉多（跟"瘦"相对）。

妞：（～儿）女孩子。

淡忘：印象逐渐淡漠以至于忘记。

寒暄：见面时谈天气冷暖之类的应酬话。

闷热：天气很热，气压低，湿度大，使人感到呼吸不畅快。

B 组

抛：①扔，投掷；②丢下；③暴露；④抛售。

高：①从下向上距离大；②高度；③三角形、平行四边形等从底
　　　部到顶部（顶点或平行线）的垂直距离；④在一般标准或平
　　　均程度之上；⑤等级在上的；⑥敬辞，称别人的事物。

散漫：①随随便便，不守纪律；②分散，不集中。

手段：①为达到某种目的而采取的具体方法；②指待人处世所用
　　　的不正当的方法；③本领，能耐。

压缩：①加上压力，使体积缩小；②减少（人员、经费、篇幅等）。

上述 A 组中的词语都只有一种解释，因而是"单义"的；而 B 组中的
词语则有两种（或以上）解释，因而是"多义"的。我们把每一种解
释叫作一个"义项"，这样 A 组中的词只有一个义项，B 组中的词则有
两个（或以上）义项。不同义项在词典中是以①②③等标示出来的。
语汇学界称只有一个义项的词为单义词，称有两个（或以上）义项的
词为多义词。

　　语言中的词并不是一开始就是多义的。多义词的产生与语言的交

际功能、语言的经济原则有关。随着社会的不断发展变化，在交际时就必须有相应的词语去表达。解决这一问题的可能途径有：一是创造新词，二是吸收外族语词、方言词，三是采用"旧瓶装新酒"的办法，即在原有词的基础上增加新的义项。但是，无限制地创造新词，会给学习者带来难以承受的负担，这样就不利于人们对语言的掌握；外族语词、方言词的吸收，会遇到与第一种方法同样的问题，而且，对外族语词的吸收还有个"汉化"的过程。比较起来，第三种途径较好，因为它的"形"是人们已经熟悉的，人们所要掌握的只是这个"形"所负载的新的义项而已，况且这新的义项与原有的义项之间是有一定联系的，因而便于记忆、便于掌握。

多义词的不同义项，在使用频率上并不一致。有的义项比较常用，有的则不怎么常用。最常用的那个义项是这个词的"基本义"。比如"消息"这个词有两个义项：①关于人和事物情况的报道；②音信。第①个义项比第②个义项常用，因而第①个义项是基本义。在词典编排时，基本义未必就排在第一。在学习语言的词语时，首先要学习的是基本语汇中常用词的常用义。

我们不能把基本义和"本义"混为一谈。基本义是在共时平面上就一个词的义项的使用频率而言的，而本义则是从历时角度就词的义项产生的先后来说的。严格说来，一个词的本义是指它最初的意义。但是，由于语言的历史比记录它的符号的历史要长得多，词的最初意义到底如何，现在已无法查考；所以，一般把本义定义为"有文献记载的词的最初意义"，如"我是一个兵"中的"兵"，它的本义是"兵器"。基本义和本义，由于是从不同角度命名的，它们并不总是一致的，"兵"就是一例，在现代汉语中，其基本义是"军人"，而不是"兵器"。"走"的本义是"跑"，而现在的基本义是"步行"。当然，基本义和本义也有一致的时候，如"割"的义项之一——"用刀截断"，既是基本义，又是本义。

单义词能否发展为多义词，这根据实际情况而定。并不是所有的单义词都能发展为多义词。"桌子""椅子"就是单义词。一般说来，新造词语是单义的；表示特定的人、地、机构名称的词语是单义的，如"巴金""上海""复旦大学"等；行业用语，尤其是专业术语，是单义的。不过行业用语也有发展为多义词的，如"充电"，《现代汉语词典》（第 6 版）对它的解释是："①把直流电源（应为'交流电源'——笔者）接到蓄电池的两极上使蓄电池获得放电能力"，而现在在日常生活中经常使用的意义是"②比喻通过学习补充知识、提高技能等"。例如：

就业"红娘"上岗要有证

本市首批职业指导员集中充电

这是报纸上的新闻标题，正文的第一段对"充电"做了诠释："职业指导员上岗也要有证书。本市日前开办了首届职业指导人员资格培训班，90 名在劳动就业第一线的专职职业指导员参加了培训。"

单义词发展为多义词之后，多义词各义项之间有没有什么联系呢？如果有联系的话，又是怎样的联系呢？有关这方面的问题，参阅本章"词义的演变"一节。

第四节　词义分析

如前所述，词义大多包括理性意义和附加意义，严格地说，对附加意义的分析也在词义分析范围之内。不过，本节只涉及词语的理性意义方面。

一、义素和义素分析

词典中的词义是以义项设立的，好像义项是最小的词义单位。实际上，义项还可以继续往下分，所得的结果叫作"义素"。①所谓词义分析，就是对词进行义素分析。对实词来说，词义包括理性意义和附

---

　　① 关于义素，杨升初在《现代汉语的义素分析问题》一文中有个特别的理解："本文所说的'义素'，跟一般语言学理论中'义素'的涵义有所不同。它大致相当于字典释义所说的'义项'。但为了将语素意义跟语词意义区别开来，这里我们不说'义项'而说'义素'。'义素'是对语素意义而言，'义项'是对语词意义而言。"（《湘潭大学学报》1982 年第 3 期）

加意义。词义分析实际上只是对词语的理性意义进行分析。

　　我们先看看几个例子。汉语中的"哥哥"，他首先是一个"人"，其次是"男性"，与另外某个人之间还有"同胞""长幼"的关系。由"哥哥"分析出来的"人""男性""同胞"和"年长"，就是组成"哥哥"一词词义的义素。义素一般用方括号"[ ]"来表示，这样上面所提及的这些义素就可以分别表示为：[人]、[男性]、[同胞]、[年长]。同样，"姐姐"这个词的义素分别是：[人]、[女性]、[同胞]、[年长]。由于客观世界中事物与事物之间有对立的一面，比如"人"，一般情况下，不是"男性"，就是"女性"，所以，为了简化义素的数量，同时为了更清楚地看出相关词义之间的联系与区别，我们可以用"＋"号或"－"号来标示某词是否具有某项义素，在义素前加"＋"号的，表示这个词具有这项义素，反之，在义素前加"－"号的，表示不具有这项义素。"＋"号一般作为默认值省掉。这样，"哥哥"和"姐姐"这两个词的义素可以分别标示为：

　　哥哥：[人]、[男性]、[同胞]、[年长]

　　姐姐：[人]、[－男性]、[同胞]、[年长]

通过义素分析，我们对"哥哥"和"姐姐"之间的意义差别就会一目了然：其意义之间的差别只在"性别"方面。通过类似分析，"弟弟"和"堂兄"的义素分别为：

　　弟弟：[人]、[男性]、[同胞]、[－年长]

　　堂兄：[人]、[男性]、[－同胞]、[年长]

经过比较不难发现，"哥哥"和"弟弟"在意义上的不同，只表现在"年龄"方面，"哥哥"和"堂兄"在意义上的不同，只表现在是否有"同胞"关系。

　　为了一目了然起见，我们在分析一组相关词的意义差别时，可以运用矩阵的方法。比如上述几个词的意义分析可列矩阵如下：

	[人]	[男性]	[同胞]	[年长]
哥哥	＋	＋	＋	＋
姐姐	＋	－	＋	＋
弟弟	＋	＋	＋	－
堂兄	＋	＋	－	＋

二、义素分析的方法及义素分析法的优缺点

那么，我们为什么要对词义（确切地说，应该是对词的某一义项）进行义素分析呢？换句话说，对词义进行义素分析有哪些好处呢？

第一，运用义素分析法，可以比较清楚地看出相关词语意义之间的联系和区别，如上例。不妨再举一组例子（其中的"±"号表示某义素可有可无）：

	[人类]	[女性]	[生育关系]	[成年]	[长辈]	[抚养关系]	[授乳关系]
母亲	＋	＋	±	＋	＋	±	±
生母	＋	＋	＋	＋	＋	±	±
养母	＋	＋	－	＋	＋	＋	±
乳母	＋	＋	±	＋	±	±	＋

第二，运用义素分析，可以解释某些语法现象。比如：

（1）那棵树死了。

（2）*那根电线杆死了。

（3）他是一位律师。

（4）*他是一位妈妈。

为什么例（1）、例（3）能说，而例（2）、例（4）不能说？因为，当"死"理解为"失去生命"的时候，与它搭配的名词一定是"有生命"的，就是说，必须具有[生物]这一义素。"树"具有这一义素，而"电线杆"不具有，所以例（1）能说，而例（2）不能说。例（3）、例（4）中的"他"具有义素[男性]，"律师"可以具有这一义素，也可以不具有这一义素，所以例（3）能说；而例（4）中的"妈妈"则具有[女性]，或者说是具有[一男性]义素，这样就和"他"的义素发生冲突，所以不能说。从语法的角度来看，严格地说，这里所说的"义素"应该称为

"语义特征"，"义素分析"则是"语义特征分析"。大致说来，"义素、义素分析"是就脱离句法组合的特定的词而言的，而"语义特征、语义特征分析"是就句法组合中相应词语的语义特点而言的。①

第三，义素分析有助于自然语言的计算机处理。语言研究的成果要为计算机所掌握，必须形式化。义素分析法能使语义描写形式化，因而有助于计算机识别语义并做出反应，从而有助于自然语言的计算机处理。

既然义素分析法有种种好处，我们就应该掌握这种分析法。那么，我们应该怎样进行义素分析呢？可以采用比较的方法。

以现代汉语中的"鞋""靴子"和"袜子"为例。（参阅贾彦德，1999：64-65）②"鞋"和"靴子"的共同意义因素是"走路时着地"，而"袜子"和"鞋""靴子"不同，"走路时不着地"；"袜子"和"靴子"也有共同的意义因素，都"有筒"，而"鞋"和"袜子""靴子"不同，它"没有筒"；不过，"鞋""靴子"和"袜子"有一个共同的意义因素——都是"穿在脚上的东西"。这样，这三个词的义素分析结果就是：

鞋：［穿在脚上的东西］，［－有筒］，［走路时着地］

靴子：［穿在脚上的东西］，［有筒］，［走路时着地］

袜子：［穿在脚上的东西］，［有筒］，［－走路时着地］

运用比较法，可以借助较为详细的词典中的释义，对其释义部分进行分解，然后得出义素。例如"黄毛丫头"，《现代汉语词典》（第6版）对这个词的解释是"年幼的女孩子（含戏谑或轻侮意）"，其中的"含戏谑或轻侮意"属于附加义，可以不管。这样"黄毛丫头"的意义可分解成如下几个义素：［人］、［－男性］、［－成年］。需要说明的是，词典中的释义也只是借助而已，这是因为词典中的释义需要简洁，所以一些可以从常识中推导出来的义素一般不会在词典的释义中出现，

---

① 这两个角度分析的结果不一定完全相同，但有很多重合之处，如"面包"一词，在做义素分析时有［食物］这一意义要素，在做语义特征分析时也有［食物］语义特征。所以，了解义素及义素分析，有助于学习语法学中所说的语义特征和语义特征分析。

② 贾彦德编著，1999，《汉语语义学》，北京大学出版社。

"黄毛丫头"义素中有[人]这一项，而词典中并没有直接提及，但我们可以从"女孩子"这一意义推导出来；因此，在给"黄毛丫头"做义素分析时，[人]这一义素必须补出来，这对自然语言理解非常重要，因为计算机是不会像人那样去推导的。

义素分析法有它的可取之处，然而有没有什么不足呢？回答也是肯定的。主要有以下几点不足：

第一，对一个具体的词来说，到底应该分析到何种程度，没有一个明确的说法。比如，同是"单身汉"，有人列出八个义素：[人]、[成年]、[男性]、[未结过婚]、[头发]、[胡须]、[不能变]、[固体]；有人认为只要前面四个义素就够了；有人主张删掉[未结过婚]这个义素；有人却认为这个义素不能删；等等。前面所举的"哥哥""姐姐""堂兄""弟弟"，都含有[人]这个义素，其实，就这几个词的词义对比而言，[人]这个义素完全可以省略。不过在更大的范围内做义素分析时，[人]这个义素还是必需的。不管怎么说，在做义素分析时，似乎应该区别相关对象的本质方面和非本质方面，比如"有没有胡须"对"单身汉"来说，并不是本质方面。

第二，义素的数目难以确定。在给某种语言的词语进行义素分析时，到底需要多少个义素才能满足分析的需要？义素分析法显然是受到音位的区别特征分析法的启发。问题是，每种语言的语音系统是封闭的，其音位也是封闭的，因而其发音特征也是封闭的，所以运用区别特征分析一种语言的音位是可行的，也是彻底的。义素分析则不然，任何语言的语汇都是开放性的，因而词义也是开放性的，所以很难用有限的义素来分析语言中的词义。

第三，义素分析法的适用范围比较窄。迄今为止，还没有看到运用义素分析法分析某种语言中所有的语汇。同时，义素分析法分析的也只是词语的理性意义方面，而没有对附加意义进行分析。

第五节　词义之间的关系

　　词义之间的关系，准确地说，是词的义项与义项之间的关系。词义之间的关系是错综复杂的，它们互相补充，互相制约，形成一个语汇系统。因此，词义之间的关系一定是特定的语言系统内的词的义项与义项之间的关系。我们现在在讨论现代汉语语汇学，因此，这里所说的词义之间的关系是指现代汉语普通话语汇系统中词义之间的关系，主要是大众语汇这个子系统中不同语汇成员词义之间的关系。

　　常见的词义之间的关系主要有以下几种：同义关系、近义关系、反义关系和上下义关系。

一、同义关系

　　同义关系指的是在特定语言的语汇系统中两个（或以上）的词在意义（主要是理性意义）上的相同或基本相同。[①]具有这样关系的几个词在一起构成一组同义词。例如：

　　计算机——电脑　　　维生素——维他命　　　站台——月台
　　演讲——讲演
　　医生——大夫　　　　母亲——妈妈　　　　　诞辰——生日
　　故乡——家乡

　　同义词中，意义完全相同的词是等义词，如"维生素"和"维他命"，"演讲"和"讲演"等。实际上，任何语言中，意义完全相同的词在数量上是极其有限的，因为这除了给学习者增加不必要的负担外，没有任何好处。因而它们是规范的对象。等义词的存在只是暂时

---

　　① 同义关系，语汇学界多理解为"意义相同或相近"，比如胡裕树（1987：264）就是这样认为的："语言中用不同的语音形式表示相同或相近的意义，就产生了词的同义现象。凡是意义相同或相近的词，就叫作同义词。"刘叔新（1990：277）主张区别同义和近义。我们认为，"相近"的说法比较模糊，近似度可大可小，这样，有些词是否同义词就很难定夺。所以我们采用了刘的观点，将同义关系和近义关系分开。

的现象，它们的存在，一是因为词还没有最后定型，如"演讲"和"讲演"；二是因为造词时所考虑的角度不同，如"计算机"着眼于这种机器的"运算"功能，而"电脑"则着眼于这种机器的"会思考"功能；三是因为在吸收外族语词时所采用的方法不同，如"维生素"和"维他命"都是对英语 vitamin 一词吸收的结果，前者采用了意译的方式，后者采用的则是音译的方式。

语言中的同义词，尽管理性意义相同，但在附加意义上可能有这样或那样的差异。这种差异，或表现在语体风格上，或表现在感情色彩上，或表现在搭配习惯上，等等。"妈妈"与"母亲"，前者为口语词，后者的书面色彩较浓，因而"失败是成功之母"不能说成"失败是成功之妈"，因为"之"是个文言词，选用"妈"或"妈妈"在语体上就不协调。"故乡"与"家乡"相比，前者的书面色彩更浓。"逝世"和"死"，两者都有"（生物）失去生命"的意思，但前者比较庄重，后者为中性词；从搭配上看，"逝世"的总是"人"，而"死"的不仅仅是"人"，还可以是动物甚至植物。"抚养"和"赡养"的差异属于搭配上的，"抚养"的是"小孩儿"，"赡养"的是"老人"；"交流"和"交换"在搭配对象上也是不同的。

上面所说的"特定的语言语汇系统"至少有两层意思：一是，是共时的而非历时的。不同时代的词，尽管其理性意义相同或基本相同，它们也不能算作一组同义词，"目"和"眼睛"就是一例。"目"是古代汉语中的词，在现代汉语普通话中它已不能作为一个词独立运用，它只作为构词的语素，或保留在成语中，如"目光""目不转睛""目不暇接""目中无人"等。再比如"箸"和"筷子"，古代汉语中的"箸"就是现代汉语"筷子"的意思，但它们不能构成同义关系，因为这里涉及历时的问题。二是，就是在共时平面上，不同语汇系统之间的词，尽管理性意义相同或基本相同，也不能算同义词。如果说的是现代汉语普通话中的同义词，那么未被普通话吸收的方言词，就不能和普通话中相关的词构成同义关系。粤方言中的"细佬哥"虽然指的是"小孩儿"，但它们不是同义词；北京话中的"老爷儿"也不能与普通话中的"太阳"构成一组同义词；同样，"月婆""太阴""月亮帝儿"和"月娘"也不能与"月亮"构成同义关系。

现代汉语语汇中还有这样一对对的词：

石灰——氧化钙　　　盐——氯化钠　　　汞——水银
肺病——肺结核

这一对对词，它们的意义都是相同的，所指称的都是同一事物，不过前者都是比较通俗的称法，后者是专业术语。它们之间能不能构成一对对同义词呢？这得看情况而定。就"盐"和"氯化钠"而言，没学过化学的人，并不知道它们之间的同义；"肺结核"则不然，对普通人来说，他们知道它和"肺病"是同义的。不妨把后者看作一对同义词。之所以如此处理，是因为如前所述，"肺结核"已经从行业词语拷贝转化为大众语汇。

正因为同义词之间还存在着这样或那样的不同，所以我们学习、运用任何一种语言都要注意同义词之间的种种差异。

怎样辨别这些差异呢？从大的方面看，同义词之间的差异表现在意义、色彩和用法方面。就意义方面而言，有词义重点的不同（A 组），词义轻重的不同（B 组），个体集合的不同（C 组），范围大小的不同（D 组），等等。试比较：

A 组

宠爱：着重指偏爱，在众多的对象中，特别喜爱其中的一个或一部分。

溺爱：着重指无原则地喜爱。

队伍：着重指有组织的集体，是就集体内成员之间的共性来说的。

队列：指队伍的行列，着重于队形。组成队列的成员之间是否有共性无关紧要。

B 组

爱好：对某种事物具有浓厚的兴趣；喜爱。

嗜好：特殊的爱好。

优良：（品种、质量、成绩等）十分好。

优异：特别好。

C组

河：天然的或人工的大水道。

河流：对江、河的总称。

书：装订成册的著作。

书籍：对装订成册的著作的总称。

D组

边疆：指远离内地靠近国界的大片领土。

边境：指紧靠国界的地区。词义所指范围比"边疆"小。

边界：指地区和地区之间的界线。词义所指范围比"边境"还要小。

时期：一段较长的时间。

期间：某一时期里的一段时间。

时间：所指时间范围比"期间"更小。

就色彩方面而言，有感情色彩、语体色彩和形象色彩的不同。前两者上文已涉及。后者如"捧腹"和"喷饭"，都是形容大笑，但给人的联想不一样。就用法方面而言，除了上面提到的搭配对象不同以外，还有组合能力、使用频率等的不同。

在本节开头，我们就已指出，同义关系严格地说是指义项之间的关系。而现代汉语中的词有很多是多义的，因此我们认为：

第一，在辨析同义词时只需将相关的义项辨析清楚就行了，没有必要把不相关的东西拿来比较。比如我们在"含脂肪多"这个义项上辨析"胖"和"肥"之后，没有必要指出"肥"还有"肥沃""肥大"的意义。

第二，同一个多义词在不同义项上与不同的词发生同义关系。例如"深"，在不同义项上，它可以分别和"很"（深表同情）、"厚"（他俩的关系很深）、"浓"（这衣服的颜色太深）等构成一对对同义词。

汉语中的同义词十分丰富，掌握一定数量的同义词对语言的表达相当重要。主要表现在以下几个方面。

第一，恰当地运用同义词有助于准确地反映人物的身份或表明自己的态度。例如：

（1）"刚才，四老爷和谁生气呢？"我问。

"还不是和祥林嫂？"那短工简捷的说。

"祥林嫂？怎么了"我又赶紧的问。

"老了。"

"死了？"我的心突然紧缩，几乎跳起来，脸上也大约变了色。（鲁迅《祝福》）

（2）他这个人**雄心**勃勃。

例（1）中，同样是表达祥林嫂的"死"，短工用的是"老"，"我"用的是"死"，短工鉴于他的特殊身份，尤其是在"祝福"的时候，说话要有所忌讳；"我"则不然，"我"是有文化的、见过世面的，在说话时也就少有禁忌，特别是为这突如其来的消息而震惊的时候。例（2）中，"雄心"的同义词是"野心"，它们都可以表示不断地向上追求，但前者是赞扬的口气，后者则是蔑视的态度。

第二，恰当地运用同义词，可以使语言富于变化，避免单调感。例如：

（3）我们以我们的祖国有这样的英雄而**骄傲**，我们以生在这个英雄的国度而**自豪**。（魏巍《谁是最可爱的人》）

（4）它是**站在**海岸遥望海中已经看得见桅杆尖头了的一只航船，它是**立于**高山之巅远看东方已见光芒四射喷薄欲出的一轮朝日，它是躁动于母腹中的快要成熟了的一个婴儿。（毛泽东《星星之火，可以燎原》）

例（3）中的"骄傲"与"自豪"，如果换用其中的一个，就显得重复单调。例（4）中的"站"和"立"、"在"和"于"、"遥望"和"远看"，它们的使用也为了求得变化。

第三，恰当地运用同义词可以使表达更加准确、到位。老舍在谈到写作的选词时曾经这样说过：

我写一句话要想半天。比方写一个长辈看到自己的一个晚辈有出息，当了干部回家来了，他拍着晚辈的肩说："小伙子，'搞'的不错呀！"这地方我就用"搞"，若不相信，你试用"做"，用"干"，准保没有用"搞"字恰当、亲切。假如是一个长辈夸奖他的子侄说："这小伙子，做事认真。"在这里我就用"做"
字，你总不能说"这小伙子，'搞'事认真。"要是看见一个小
伙子在那里劳动的非常卖力气，我就写："这小伙子，真认真干。"
这就用上了"干"字。像这三个字："搞""干""做"都是现
成的，并不谁比谁更通俗，只看你把它搁在哪里最恰当、最合适
就是了。（《关于文学的语言问题》）

第四，同义词的连用还可以增强语势。例如：

（5）另外一位老人和幽灵一样浮现了出来，那便是反动派的商山
四皓之一的吴稚晖。那个**庞大**、**臃肿**、**肮脏**、**龌龊**的"虚伪"的形象
化！（郭沫若《洪波曲》）

（6）我心里感到非常不舒服。你想想，他（斜眼者赵正中）面对
着你时眼睛却看着别处，他面向着别处时眼睛却看着你，你心里舒服
吗？这不是**乜斜**的目光吗？这不是**不屑**的目光吗？这不是**蔑视**的目光
吗？这不是讥讽的目光吗？（刘学林《乡事》）

例（5）中，"庞大"和"臃肿"、"肮脏"和"龌龊"的连用，
加强了对国民党极右分子吴稚晖的憎恶之情。成语"家喻户晓""东
奔西走""谨小慎微""左顾右盼"等也是通过同义连用的方式形成
的。例（6）中的"乜斜""不屑"和"蔑视"实际上成了一组同义词，
都是"蔑视"的意思，它们的连用有力地表达了斜眼赵正中看"我"
时给"我"的不舒服的感觉。试想一想，这三句如果只用其中的一句，
或者，这三句都用"蔑视"或"不屑"什么的，效果又会如何呢？

二、近义关系

所谓近义关系指的是在特定语言的语汇系统中两个（或以上）的
词在理性意义上的相近。因近义关系而聚合在一起的词，互为近义词。
近义关系与同义关系的区别在于，同义词之间在理性意义上要大部分

相同，而近义词之间在理性意义上只需很小一部分相同就可以了。可简单示意如下：

 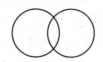

同义关系　　　　近义关系

例如，"撤退"和"逃跑"，只在"离开"这一点上相同，其他方面差异很大。从适用范围上看，"撤退"一般限于军事方面，它是指"（军队）放弃阵地或占领的地区"，而"逃跑"的适用范围要大得多；即便就军事方面而言，"撤退"是作战的一方为战略战术上的需要，主动地、有目的地离开所占的地方，而"逃跑"是指为对方武力所逼，不得不急速地离开对方。可见，"撤退"和"逃跑"只能看作一对近义词。类似的如"口味"和"滋味"，"极力"和"努力"，等等。

　　由于近义词之间只需一小部分意义相同即可，而不同的近义词之间在不同方面相近，所以，多个近义词之间在意义上的差异就有可能很明显，例如"阅读"与"泛读"相近，"泛读"与"浏览"相近，"浏览"与"观看"相近，"观看"与"观察"相近，"观察"与"视察"又有点关系，"阅读"与"视察"之间在意义上就没有什么联系了。

　　从理论上来说，根据两个词之间意义相同部分的多少来区别同义词和近义词还是比较容易的，但实际操作起来，有时会遇到麻烦，比如"英勇"和"神勇"，有的认为是同义关系，有的认为是近义关系。这种现象的发生主要在相同部分接近50%的情况下。尽管如此，区别同义关系和近义关系还是有必要的。比如，"精读"和"泛读""默读"之间，在"读"这一点上是相同的，然而也仅此而已。把它们看作同义词吧，好像不太妥当；不把它们看作同义词吧，它们在意义上还有点联系。这时就比较为难。如果在词义关系中引进近义关系，这个问题也就迎刃而解了。

由于近义词之间在意义上有较多的不同，所以掌握一定数量的近义词有助于准确地表达自己。比如"支持"和"支援"，如果我们只是从道义上、精神上给予别人鼓励、帮助，那就只能选用"支持"，如果从物质上给予鼓励、帮助，则选用"支援"。试比较：

（1）他用柔和的眼光看着李四光说："我们**支持**你。"

（2）我们有义务尽自己的力量**支援**灾区。

三、反义关系

词的反义关系指的是两个（或以上）的词在意义上相反或相对立。这种对立可以是性质方面的，也可以是关系方面的和方向方面的。比如"生"和"熟"、"大"和"小"是性质方面的，"丈夫"和"妻子"是关系方面的，"来"和"去"是方向方面的，等等。具有这种关系的一组词在一起彼此构成反义词。能构成反义词的也必须是特定的语言语汇系统内的词。

现代汉语中的反义词，从音节来看，有单音节的，也有多音节的。例如：

活——死　真——假　对——错　动——静　好——坏
长——短

陈旧——新颖　　出席——缺席　　伟大——渺小
笨重——轻巧

从词性上看，有的是动词，有的是形容词，有的是名词等。例如：

出——入　收——放　统一——分化　拥护——反对
进攻——退却

厚——薄　轻——重　吝啬——慷慨　虚伪——真诚
痛苦——欢乐

天——地　功——过　天堂——地狱　主人——奴隶
原因——结果

先——后　经常——偶尔　逐渐——突然

反义词，根据其意义之间关系的不同，可以分为绝对反义词和相对反义词。所谓绝对反义词，指的是这样一组词，肯定甲就必然否定乙，否定甲就必然肯定乙，中间没有第三种可能。如"动"和"静"，是"动"，就不是"静"，不是"动"，就是"静"，不存在"不动不静"的情况。类似的如"有"和"无"，"真"和"假"等。相对反义词指的是这样一组词，肯定甲就否定乙，否定甲却并不必然肯定乙，甲乙之间有第三种可能存在，如"大"和"小"之间还有"不大不小"、"轻"和"重"之间还有"不轻不重"；肯定是"黑"的，当然不是"白"的，但否定是"黑"的，不一定就肯定是"白"的，因为还有"灰"的、"蓝"的、"红"的等。

反义词之间并不是在意义上完全相反或相互对立，它们往往有一个共同的论域（即属于同一语义场）为前提，如"黑"和"白"都指颜色，"大"和"小"都与体积有关。事实上，没有共同论域的两个词往往难以构成反义关系，如"小"和"好"，"细心"和"美丽"。

反义词，由于它们经常成对地使用，所以两个反义词之间在音节上最好相称，[①]单音节对单音节，双音节对双音节；单音节和双音节词之间，要么不能构成一对反义词，如"活"和"死亡"，要么就失去了对称美，如"丑"和"漂亮"等。此外，反义词之间一般要求词性上的一致，这是因为不同词性的词难以对称使用，所以"聪明"和"傻瓜"不能互为反义词，"瘦"和"胖子"也不能互为反义词，等等。

反义关系的形成有一定的客观基础，因为客观事物之间存在着这种相反或相对立的关系；但客观现实中的事物或现象并不是都有相反或相对的一面，所以，并不是所有的词都有反义词，如"树""笔""飞机"等。不过，词的反义关系毕竟是一种语言现象，因此，语言中的反义词并不是客观现实的照相似的反映，因而它们之间有时并不一致。客观世界相反或相对立的事物在语言上不一定表现为反义词，如"狼"和"羊"，此其一；其二，客观世界并不构成相反或相互对立的事物之间也有可能构成反义词，如"丈夫"与"妻子"并不是某两个人之间的对立，而是一种关系的对立。

和同义词一样，我们说某个词与某个词互为反义词，只是一种方

---

① 在没有对称要求的情况下，似乎不必受音节的限制。

便的说法，严格地说，应该是某个词的某个义项与某个词的某个义项互为反义。所以，当某个词是多义词时，它就有可能在不同义项上与不同的词构成反义词。例如"深"，在下列各句中就有不同的反义词：

（1）这衣服的颜色太**深**了。（淡）

（2）这条沟挖**深**了。（浅）

（3）这篇课文**深**了。（容易）

（4）夜已经很**深**了。（早）

类似的如，"老"的反义词有"新""幼"和"嫩"；"正"的反义词有"歪""斜""反""副"和"负"。了解这一点很有必要。某学生在做反义词作业时，把"进"的反义词写成"退"，老师说："错了！应该是'出'。"其实，这位学生说"进"的反义词是"退"，没有错，老师说是"出"，也没有错，他们是从不同的义项上说的。

词的反义关系是一种语言现象，因此，在言语交际中出现的临时反义现象，彼此之间不能构成一对反义词，例如：

（5）敌人一天天**烂**下去，我们一天天**好**起来。

（6）不作风前的**杨柳**，要作岩上的**青松**。

（7）我惭愧：我终于还不知道分别**铜**和**银**；还不知道分别**布**和**绸**；还不知道分别官和民。（鲁迅《狗的驳诘》）

上述例子中的"烂"和"好"、"杨柳"和"青松"、"铜"和"银"、"布"和"绸"都是临时的对比使用，不具稳定性，因而不能构成反义词。类似的有"公理"和"婆理"，"促进"和"促退"，"阔人"和"狭人"等。当然，有的临时对比的词，因反复出现而使人产生联想，也会形成一对反义词。

由于反义词所表达的是成对的相互矛盾对立的概念，经常能够更鲜明地揭示出事物的两个对立面，更清楚地暴露矛盾事物的对立性；因此，反义词的使用有如下作用：

第一，恰当地运用反义词能够起到对比、映衬的作用，从而能增强话语的说服力。例如：

（8）**虚心**使人**进步**，**骄傲**使人**落后**，我们应当永远记住这个真理。

（9）**真**的、**善**的、**美**的东西总是去同**假**的、**恶**的、**丑**的东西相比较而存在，相斗争而发展的。

（10）学如逆水行舟，不**进**则**退**。

第二，反义词的连用往往可以构成一种表面上的矛盾，饱含哲理，耐人寻味，发人深省。例如：

（11）世界上最**快**而又最**慢**，最**久**而又最**短**，最易被人忽视而又最易令人后悔的，就是时间。

（12）有的人**活**着，他已经**死**了；有的人**死**了，他还**活**着。

例（11）中"快"和"慢"、"久"和"短"是相互矛盾的，用来说明时间可谓至理名言。对那些终日无所事事、碌碌无为的人来说，他们不是度日如年吗？而对那些惜时如金、勤奋学习或工作的人来说，他们不是觉得时间过得太快、时间太短了吗？例（12）中的"活"和"死"也是相互矛盾的，就一个生物体人而言，如果是活的，他就没有死；如果是死的，他就不是活的。但人不仅是一个生物的人，更重要的，他还是一个社会的人。有的人虽然活着，但如果他对社会冷漠无情、对别人麻木不仁，这样的活人与死人还有什么区别呢？相反，如果一个人为革命鞠躬尽瘁、对人民满腔热忱，这样的人虽然死了，但他们还永远活在人民的心中。臧克家这几句诗，虽然表面矛盾，其内涵又是何等的丰富！

四、上下义关系

我们知道，词义是对客观世界认识的概括，这样就存在一个概括程度的问题，具有不同概括程度的相关的词就构成上下义关系，概括程度较高的是"上义词"，概括程度较低的是"下义词"，因此，上义词和下义词往往只是相对而言的。比如"松树""榆树""柳树""槐树"等可概括为"树"，因此，"树"相对"松树""榆树"等来说，就是上义词，"松树""榆树"等相对"树"来说是下义词。同样，"花"相对"牡丹""菊花"等，它是上义词，反之，"牡丹""菊花"相对"花"，它们是下义词。"树"和"花""草"等在一起又可概括为"植物"，因此"植物"又是它们的上义词。"牡丹"又可分为"红牡丹""黑牡丹"，相对它们来说，"牡丹"又是上义词。
可示意如下：

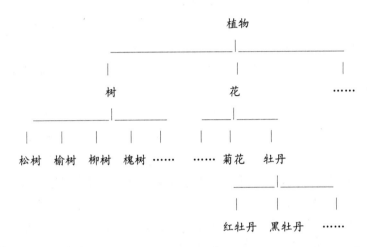

  词的上下义关系反映的是逻辑上的属概念和种概念之间的关系，
上义词反映的是属概念，下义词反映的是种概念。如"水果"和"香
蕉"，前者在逻辑上是属概念，在词义上表现为上义词；后者在逻辑上
是种概念，在词义上表现为下义词。但不能反过来说，表示属概念的
是上义词，表示种概念的是下义词；因为逻辑上的概念不总是用词来
表示的，也可以用短语来表示。

  上义词和下义词在语言的表达中有一定的作用，我们不知道所要
表达的事物的具体称法时，就可以用它的上义词来表达，比如，我们
只知道一种花是"菊花"，但不知道是哪一种菊花，这时就可以说"这
是菊花"。当然，要想表达准确，掌握一定的下义词是必要的。从认知
角度来看，上义词和下义词之间关系的利用是表达认知的一种方式。
小孩儿第一次看到花的时候，总是具体的花，或"荷花"，或"桃花"
"菊花"等，不知这具体的"花"为何物，问你"这是什么？"的时候，
你没有必要说出具体的花名，只告诉他"这是花"就行了，因为小孩
儿辨别事物的能力有限，说得太具体反而不利于他对外在事物的掌握。

  语言中，并不是所有的词之间都存在上义词和下义词这样的关系。

现代汉语中，有"伯父""叔父""姨父""舅父"和"姑父"，它们却没有一个共同的上义词。有"雪"这样的词，却没有它的下义词。不同语言之间，上义词和下义词也不是对应的。现代汉语中的"钢笔""圆珠笔""毛笔"等有一个上义词"笔"，而英语中则没有和"笔"对应的词；英语中的 brother 和 sister，有一个上义词 sibling（兄弟姐妹），而现代汉语中的"哥哥""弟弟""姐姐"和"妹妹"则没有一个共同的上义词。

　　上义词和下义词往往表示类与次类的关系，如"学生"和"小学生""中学生""大学生"，这种关系也可以看作整体与部分的关系，比如"小学生"只是"学生"的一部分。但并非所有的整体与部分的关系都是上义词与下义词之间的关系，如"房子"与"门""窗"的关系。这种不同的整体与部分的关系，鉴别起来也很简单，可以用"a 是 A"或者"a 是 A 的一种"格式检验，能进入其中一个格式的，是下义词与上义词关系，否则就不是。例如，我们可以说"小学生是学生""荷花是花的一种"，但不能说"*门是房子"或"*门是房子的一种"；所以"小学生""荷花"是下义词，"学生""花"分别是其上义词，而"门"不是"房子"的下义词。

第六节　词义类别

　　词义从不同的角度可以分为词汇意义和语法意义、理性意义和附加意义。

一、词汇意义和语法意义

　　从词义本身的特点以及词语在组词成句的功能方面看，词义可分为词汇意义和语法意义。传统对词汇意义和语法意义的理解似乎出于直觉对词义的感知，就像我们对"花""树"、"跑""吵闹"等意义的理解一样，不是通过对它们的定义去理解的。

　　在汉语学术界，一般都把词分为"实词"和"虚词"，并且认为，实词只有词汇意义没有语法意义，而虚词则相反，它只有语法意义而没有词汇意义。葛本仪（2014：110-111）则认为，"每个词都有它的词汇意义，实词是这样，虚词也是这样"，"每个词也都具有一定的语法意义"。"词的词汇意义是指词所表示的客观世界中的事物、现象和关系的意义。如'装订成册的著作'就是'书'一词所表示的词汇意义。""词的语法意义是指词的表示语法作用的意义。词的语法意义是语言中词的语法作用通过类聚之后所显示出来的，所以它是一种更抽象更概括的意义。"①这样说自有其道理。因为词汇意义也好，语法意义也好，它们都是意义；实词也好，虚词也好，它们在句法结构中都承担一定的句法功能。不过，这里有两个问题需要澄清。一是，说虚词没有词汇意义并不意味着"虚词没有词义"，"词义"与"词汇意义""语法意义"之间是上义和下义的关系，后两者之间是平级关系；二是，说实词在句法结构中充当一定的句法成分，所以它有一定的语法意义。这样说似乎没有多大意义，因为从语法意义来说，我们只能说"书、电脑、茶杯、爱情"等是名词，可以在句法结构中充当主语和宾语等。"书"和"电脑"，我们可以说出它们的词汇意义差别却说不出其语法意义的差别，所以在语汇学中就不必谈论实词的语法意义了。我们认为，保留传统对"词汇意义"和"语法意义"的理解是有必要的。

我们认为可以从实词和虚词的分类入手来给"词汇意义"和"语法意义"下定义。如果认真审视一下汉语的实词和虚词分类，就会发现，实词和虚词的意义的形成基础是不同的："实词"的词义形成基础是**除语言以外**人们对现实世界和心理世界种种事物、现象、行为、状态、关系等的概括认识；而"虚词"的词义形成基础则是**语言本身**②句法结构成分之间的句法关系和语义关系以及说话人的语气等。基于这样的事实，"词汇意义"和"语法意义"可定义如下：**词汇意义**是指人们对现实世界和心理世界种种事物、现象、行为、状态、关系等的认

---

① 葛本仪，2014，《现代汉语词汇学》（第3版），商务印书馆。
② 卢英顺在《语言作为认知对象及其对相关现象的解释》（《汉语学习》2023年第3期）一文中认为，语言自身可以作为一种认知对象，就像我们对树、花等的认知一样。

识进行概括以后所赋予一个词的意义。**语法意义**①是指人们（主要是语言研究者）从语言结构本身对连接实词的词或者附着在实词之上的词，以及表示句子、说话人语气等词所做的概括认识后所赋予的意义。（卢英顺 2021：37-41）②

纯粹从意义上看，实词中的"实"其实存在一个"度"的问题，有的词的词汇意义非常实在或比较实在，有的词的词汇意义比较空灵或非常空灵；虚词中的"虚"也存在一个"度"的问题，有的词的语法意义比较虚，而有的词的语法意义还是比较"实"的。我们这里所说的实词或虚词，无论其虚实程度如何，其区别在于词义的形成基础，而不是纯粹的意义本身；这与学界的普遍看法是不一样的。

二、理性意义和附加意义

"理性意义"和"附加意义"的区分主要是"词汇意义"的下位区分。理性意义是人们对现实世界和心理世界种种事物、现象、行为、状态、关系等的认识进行概括以后所赋予一个词的最基本的意义。附加意义是指一个词语在理性意义之外的，或者说是附加在理性意义之上的其他种种意义，包括各种感情态度方面的感情色彩、语体色彩、时代色彩、地域色彩、民族色彩和形象色彩等。

1. 词语的感情色彩

现实世界的事物千千万万，不可胜数；现实世界的现象千奇百怪、举不胜举；现实世界的行为也多种多样、不计其数。面对这形形色色的事物、现象和行为，我们的态度，我们的感受，也各有不同，绝非单一。因此，在使用现代汉语进行交际时总要选择一些恰当的词语来表达自己特定的态度、特定的感受，或赞美，或贬斥，或喜爱，或憎恶，或喜悦，或悲伤，等等；这实际上就是在选择具有特定感情色彩的词语。这些不同的感情色彩依附于特定的词上时就使这个词具有了感情色彩。过去在谈到词语的感情色彩时，一般只谈及褒义和贬义，

---

① 我们这里所说的"语法意义"是指"词"的语法意义；但具有"语法意义"的不限于词，句法结构中成分的顺序也具有语法意义。

② 卢英顺 2021，《语义理论和汉语语义问题》，上海社会科学院出版社。

其实这是比较笼统的说法。

人类的感情是复杂多样的，因而体现在词中的感情色彩也应该是丰富多彩的。"学者""导师""大师""先生"等，给人以敬重之感；"巴结""妓女""守财奴""瘪三"等表达了鄙视之意；"瑰丽""诚实""璀璨""勤奋"等，给人以赞美之情；"汉奸""走狗""色鬼""缺德"等，表达了憎恶之意。用"高兴""欣喜"等词，可见喜悦之情；用"失恋""落榜"等词，可会痛苦之意。"骷髅""棺材""绞刑"等词让人产生恐惧；"乞讨""流浪""白发"等词让人油然而生悲凉；等等。

必须注意的是，词语的感情色彩是依附于词的义项的，因此，对一个多义词来说，它可能会随义项的不同而具有不同的感情色彩。"骄傲"这个词，《现代汉语词典》（第6版）给的义项有三个：①自以为了不起，看不起别人；②自豪；③值得自豪的人或事物。很显然，义项①是贬义的，义项②③是褒义的。正是因为这个缘故，章炎（1983）[①]在谈到词语的感情色彩时，建议在原有的褒义词、贬义词、中性词的基础上，再增加一个"褒贬词"。由于该文没有清楚地认识到词语的感情色彩依附于词的义项这一点，没有触及问题的本质，所以再增加一个褒贬词仍然解决不了问题。比如"手脚"，它有两个义项：①指举动或动作；②为了实现某种企图而暗中采取的行动。不难看出，前一个义项是中性的，后一个义项是贬义的。这样看来，是不是再增加一个"中贬词"，甚至"中褒词""中褒贬词"呢？显然没有必要。只要记住一点就行：我们平常习惯说某某词是褒义词或贬义词，是就这个词的某一义项说的。

正因为词语的感情色彩是依附于义项的，所以，当一个词的意义发生变化时，其感情色彩也往往会发生变化。"幌子"原先的意义只是"商店门外表明所卖商品的标志"，这时其感情色彩是中性的；后来又获得了"进行某种活动时所假借的名义"这一意义，从而带上了贬义的色彩。"勾当"在古代汉语中是"事情"的意思，呈中性色彩，发展到现代多指"坏事情"，明显带有贬义色彩。

---

① 章　炎，1983，浅谈词语的感情色彩，《辽宁大学学报》第5期。

　　词语的感情色彩除了随词义的变化而可能发生变化以外，还会随着人们认识的不同而发生变化。"贞节"在封建社会里带有褒义色彩，随着人们对妇女道德要求的变化，原有的褒义色彩已不复存在。"小姐"在文化大革命时期被用来指称带有"资产阶级情调"的年轻女性，明显带有贬义色彩，这种贬义色彩现在已经消失。

　　词语的感情色彩是就比较恒定的情况，或者说是就静态情况而言的。在动态运用过程中，感情色彩的运用也有"错位"的情况，比如在应该用甲色彩词的地方用了乙色彩词，在应该用乙色彩词的地方用了丙色彩词，这就是修辞学上所说的"反语"和"易色"的一种。例如：

　　（1）有人向他介绍女朋友，他不感兴趣。我就猜着了，他是在等我。我在心里骂王群：非得要人找你这个**死鬼**？《金光大道》拍中集，我又要离开南京了，于是我去找他，提出要跟他结婚。你看，他就是硬逼着人家先说。王群就是**狡猾**得厉害！(《王馥荔求婚》，载《文摘周刊》1985年4月28日)

　　（2）几十年过去了，72岁的王永浚一直保持着这光荣的传统，对自己很"刻薄"。

例（1）中的"死鬼""狡猾"原本都是贬义词，这里却用来描述她心爱的人，显然是正话反说；否则，她怎么会主动提出跟他结婚呢？"刻薄"原义为"（待人、说话）冷酷无情，过分苛求"，是个贬义词。在例（2）中它实际上是"刻苦""俭省"的意思，可见这是贬义词的褒义用法。

　　2. 词语的形象色彩

　　语言中的一部分词语，除了具有一定的理性意义之外，还同时含有关于该对象的某种形象感，如"猫头鹰"使我们想到这是一种头像猫的鸟，"蝙蝠衫"使我们想到形状像蝙蝠的衣服，这就是词语的形象色彩。

　　词语的形象色彩带给人的联想是多方面的，有视觉上的，也有听觉上的；有触觉上的，也有味觉上的；还有嗅觉上的。①

---

　　① 关于词语的形象色彩，不同的人在分类上不尽相同。武占坤、王勤《现代汉语词汇概要》（1983：63-64）把它分为"动态感、形态感、色象感"和"音象感"。杨振兰《现代汉语词彩学》（1997：96-101）分别从感觉体验方面、从形象色彩与词汇意义的关系方面对其进行分类。

视觉方面的如：蒜泥　蘑菇云　漆黑　雪白　草绿　桃红　麦浪

听觉方面的如：咣当　乒乓球　嗖嗖　噼啪　松涛　哈哈　哎哟

触觉方面的如：冰冷　软绵绵　油滑　热乎乎

味觉方面的如：甜蜜　辣乎乎　甜丝丝　淡巴巴

嗅觉方面的如：香喷喷　臭烘烘　臊乎乎

我们知道，词语的理性意义是对现实世界中各种对象、行为、关系等的概括认识。特别是名词，有很多是指称现实世界各种具体可感事物的，如"山""桌子""电视机""狗"等，似乎它们也都具有形象色彩。因此有人认为："词义的形象色彩是客观事物的形象直接作用于我们的感官，反映在大脑中所产生的心理印象以及由此而产生的关于客观事物形象的联想。"（孙维张，1981）[1]我们不否认词语的形象色彩与该词语所指称的客观事物自身的形象有一定的联系，但这种联系并不是必然的。词语的形象色彩是词语意义的一部分，归根结底是一种语言现象，有一定的社会性。因此，客观事物有形象，指称该事物的词语未必就有形象色彩。"猫头鹰"和"鸱鸺"指称对象相同，但前者具有形象色彩，而后者没有；"下海"和"经商"说的都是从事商业行为，但也是前者具有形象色彩，而后者没有。相反，客观对象看上去没有形象的，指称该对象的词语也未必就没有形象色彩。"香""臭"等作为一种气味，其本身并没有形象可言，但"香喷喷"和"臭烘烘"却能给人以形象之感，前者让人感到一缕缕香气扑鼻而来，后者让人感到一股股臭气滚滚而至。

为什么指称同样的客观对象的词语有的具有形象色彩而有的没有形象色彩呢？为什么客观对象本身没有形象的而指称该对象的词语却可能具有形象色彩？这就不得不从词语的构成要素和构成方式上寻找原因了。那么，到底是什么样的词语具有形象色彩呢？

第一，通过比喻方式造出来的词具有形象色彩。例如：

龙灯　金字塔　蘑菇云　狐疑　林立　蚕食　冰冷　鸡冠花

猴头菇　蜂拥

---

① 孙维张，1981，略论词义的形象色彩，《吉林大学学报》第 5 期。

麦浪 松涛 车流 林海 雨丝 地球 夜幕 鸡眼 雀斑
龙眼 鸡胸

这些词中，有的采用了明喻的方式，有的采用了借喻的方式；采用明喻造出来的词，有的喻体在前，有的喻体在后。比如，"蘑菇云"是指形状像"蘑菇"的云，喻体是"蘑菇"；"车流"形容车辆像"流水"一样，源源不断，喻体是"流（水）"；"鸡眼"并不指称"眼睛"，不是像"鸡"一样的眼睛的意思，而是指样子像"鸡的眼睛"一样的"脚掌或脚趾上角质层增生而形成的小圆硬块"，可见"鸡眼"是用借喻造出的词，整个"鸡眼"是喻体，本体"小圆硬块"并没出现。

第二，运用借代方式造出来的词具有形象色彩。例如：

菜篮子 乌纱帽 白领 蓝领 爬格子 须眉 墨水 喷饭
捧腹

现在经常听到的"菜篮子工程"当然不是指"制作菜篮子的工程"，其中的"菜篮子"是个借代的说法，代替与菜篮子有关的蔬菜、肉蛋类。"白领"不是指"白色的领子"，而是借指脑力劳动者，因为这些人多在办公室工作，穿着整齐，衣领洁白，与从事体力劳动者，如"清洁工"的"蓝领"阶层形成鲜明的对照。以"墨水"代称有一定文化水平也是非常形象的，等等。

第三，一些不是通过比喻方式来说明事物或行为某一特征的词也具有一定的形象色彩，比如：

向日葵 卷心菜 鸡血石 金钱豹 云梯 喷泉 长颈鹿 转椅
点射 闪烁 喷洒 晃荡 沸腾 翻滚 沉浮 拱手 敲边鼓

上面这些词语都不是通过比喻方式造出来的词；但这些词语中因为有说明事物或行为特征的语素，反映了相关事物或行为等某方面的认知属性，因而同样具有形象色彩。比如"云梯"能使我们想到这种梯子之高，"转椅"能使我们想象出椅子转动的情景，"沉浮"能使我们想象出上下浮动之状，"拱手"能使我们想象出两手合抱之势。

此外，拟声词由于是模拟自然界各种声音的，因而也具有形象色彩；由重叠方式构成的词也往往具有形象色彩。

词语的形象色彩也是依附于义项的，因此，就一个多义词而言，它有没有形象色彩，会随着义项的不同而可能存在一定的差异。"包袱"有四个义项：①包衣服等东西的布；②用布包起来的包儿；③比喻某种负担；④指相声、快书等曲艺中的笑料。这四个义项中，只有后两个义项具有形象色彩，而前两个义项则不具有形象色彩。"包办"有两个义项：①一手办理，单独负责；②不和有关的人商量、合作，独自做主办理。它们都没有形象色彩。正因为如此，有些词的意义在随着时间的流逝而发生变化以后，其形象色彩也会发生变化。"包袱"在比喻义固化为它的义项之前，它没有形象色彩。相反，"标兵"的初始意义是"阅兵场上用来标志界线的兵士"，这时它是具有形象色彩的，可是这一意义现在很少使用，现在我们经常使用的是它的比喻义"可以作为榜样的人或单位"，这样，原有的形象色彩就不复存在了。一些由典故或故事而来的词，在初始阶段是有形象色彩的，随着时间的推移，这些典故或故事已不被人知晓，因而也就失去了形象色彩，如"推敲"。

词语的形象色彩固然与词的构造要素有关，但这并不是说，所有使用它的人都能体验到它的形象性；这是因为，具有形象色彩的词只是给我们提供一个想象的可能，激活我们的想象，但最终能否激活，还要看我们有没有相关的生活经验。对没听到过"涛"声的人来说，他无法体会到"松涛"的形象色彩；对没见过"乌龟"的人来说，他也体会不了"龟缩"的真正意味。

具有形象色彩的词语，由于都揭示了它们所指称的事物或行为某一方面的特征，所以，这些词语有助于我们对现实世界的认识。即使我们没见过"长颈鹿"，但只要我们知道"长颈鹿"这个词，也就知道在我们这个世界上还有一种"鹿"，脖子是很长的；尽管我们没见过"响尾蛇"，但通过"响尾蛇"这个词，我们也能知道，自然界中还有一种蛇，摆动时尾巴处能发出声音；等等。

3. 词语的语体色彩

在日常交际中，只要我们稍微留意一下，就会发现：有的人说起话来，听上去文绉绉的；有的人说话，听起来随随便便的。为什么会有这样的感觉？其中一个很重要的原因是所使用的词语不同，这些不同的词语带有不同的附加意义。这样的附加意义就是词语的语体色彩。

语体的两极是书面语体和口头语体，介于两者之间的可称为中性语体。为了适应这些不同语体的需要，语言中的词语也带有不同的语体色彩。例如：

具有书面语体色彩的：母亲 观看 逝世 出恭 教唆 惊诧 吝啬 内子 用餐

具有口头语体色彩的：妈妈 瞧 翘辫子 解手 害怕 小气 老婆 搁 抽筋儿

具有中性语体色彩的：看 死 教 妻子 吃饭 写 跑 眼镜 电视 电话 卖

书面语体又有科学语体、政论语体、文艺语体和公文语体的分别，语言中的一部分词由于经常出现在某一特定的书面语体中而带有相应的语体色彩。例如：

带有科学语体色彩的：月球 氯化钠 电流 氧化 晶体 压强 磁场

带有政论语体色彩的：炮制 叫嚣 死党 徇私 恣意 抨击 接管

带有文艺语体色彩的：广袤 邂逅 浩瀚 袅袅 袅娜 驰骋 奇葩 瑰丽

带有公文语体色彩的：审核 批示 批准 免除 为荷 此致 抄送 转发

前面我们已指出过，感情色彩、形象色彩是依附于义项的，它可能会随着义项的不同而有所变化。比较起来，语体色彩对词义的依赖性就不明显，词语的语体色彩是靠它们经常出现的环境而形成的。因而，就一个多义词而言，语体色彩不会随着义项的不同而发生明显的变化。比如，"乖舛"有两个义项：①谬误，差错；②不顺遂，不管是哪个义项，它都带有书面色彩。

词语的语体色彩与词语的类别有一定的联系，不过这不是绝对的。从方言语汇中吸收到普通话中的方源词语，明显地带有口头语体色彩，如"瘪三""瞧"等；从古代汉语中沿用到现在的带有文言色彩的词语，如"之""言""此"等，明显地具有书面语体的色彩；带有文言色彩之外的单音节词，往往口头语体色彩比较强，或者呈中性语体色彩，这点从意义相同或相近的单音节和双音节词的对比中可以看得一清二楚，如"看"和"观看"，"读"和"阅读"，"玩"和"玩耍"，等等。基本语汇中的成员多带口头语体或中性语体色彩，一般语汇中的成员往往带有书面语体色彩。原因很简单，带有口头语体或中性语体色彩的词语能够在更为广泛的范围内使用，因而具有较大的普遍性；而书面色彩较浓的词语，相对说来，使用范围要窄些，因而普遍性要差些。值得一提的是，口头语体色彩与中性语体色彩之间，中性语体色彩与书面语体色彩之间，其界限有时并不是十分清楚的。

4．词语的其他色彩

语言中的词语除了具有上述几种色彩以外，还具有其他一些色彩。

（1）词语的时代色彩

对文化大革命时期或之前出生的人来说，一听到"大跃进""拔白旗""公社"这样的词语，马上就会想到"大炼钢铁"的年代；一听到"最高指示""走资派""红卫兵""万岁""万万岁"这样的词语，立即就会勾起对十年浩劫的回忆。为什么会出现这种情况呢？这跟词语的时代色彩有关。那么，什么是词语的时代色彩呢？词语的时代色彩是指词语所体现出来的特殊的时代氛围和时代气息，是社会历史变化的发展在语言语汇中打下的烙印。

具有时代色彩的词语往往是特定时代高频使用的词语，它往往不是孤立地存在的，而是具有一定的词群，如带有文化大革命时代色彩的词语，除了上面所举的例子以外，还有"文斗""武斗""阶级斗争""串联""最高统帅""舵手""忠字舞""语录""红宝书"，等等；带有改革开放时代色彩的词语有"下海""承包""特区""脱贫""致富""扶贫""信息""搞活""改革"，等等。透过语言中语汇的时代色彩，我们能在一定程度上观照到特定时代使用这种语言的民族的思想意识和精神风貌。从"阶级斗争""最高指示""走资派""臭老九"等词语中，我们能体会到当时"左"的思想的严重、个人崇拜的极致，以及知识分子地位的低下。从"脱贫""致富""特区""知识经济""知识产权""人才"等词语中，我们能看到全国上下群策群力，大力发展经济，重视知识，重视人才的可喜景象。

具有时代色彩的词语当然与特定的时代有关，但是需要注意的是，并不是所有产生于特定时代的词语都带有时代色彩；也不是只有产生在特定时代的词语才带有那个时代的色彩。"桌子""椅子""书""手"等等词语不是从天上掉下来的，它们的产生总有一定的时间，但我们看不出这些词语有什么时代色彩。"舵手""语录""万岁"虽然不是文化大革命时期产生的，它们却带有文化大革命时代的色彩。可见，只有那些使用频率高、反映特定时代社会主流的词语才能带有时代色彩。

（2）词语的外来色彩和地方色彩

有些词语，如"巧克力""卡拉 OK""洋火"等，一听就会感觉到它们与"桌子""树"等词语有着不同的意味，它们带有"洋"味，这就是词语的外来色彩。外来色彩是根据词语的来源或概念的来源而产生的一种色彩。

词语的外来色彩突出地表现在音译的外来词语和音义兼译的外来词语中，如"瑜伽""歇斯底里""嬉皮士""比萨""汉堡包""酒吧"等。有些词语虽然没有音译的成分，但却打上了外来的印记，外来色彩也很明显，如"洋火""洋油""洋钉"表明这些词语所指称的事物不是出自本土。还有一些词语，既没有音译的成分，也没有打上任何外来的印记，但它们所反映的是外民族的文化习俗和生活方式，因而也明显地带有外来色彩，比如"夜总会""交谊舞""热狗""白领""蓝领""超市""快餐""做爱""健美""减肥"，等等。

词语的外来色彩受时间因素的影响比较大。随着时间的推移，有些词语的外来色彩逐渐淡化，如"巧克力""沙发""啤酒"等，还有一部分词语，由于吸收到汉语中的时间比较久远，很多人根本感觉不到它们的外来色彩，如"胡椒""胡琴""葡萄"等。

有些词语，由于它们所指称的事物或现象反映的是特定地域的气息情调和文化氛围，从而带上了地方色彩。"汾酒"产于山西，"云烟"出自云南；说起"二人转"，我们就会想到东北，提起"宣纸"，我们就会想到安徽宣城；"长城""故宫"能让我们想起北京，"孔府""孔庙"能让我们想起山东；等等。

（3）词语的民族色彩

语言中的一部分词语，由于它们所指称的事物或现象等反映的是特定民族的生活气息、文化习俗等，从而带有特定民族的色彩。"泼水节""孔雀舞"包含傣族人生活的韵味；"中药""中医""针灸""春节""端午"体现了汉民族的文化习俗；"华尔兹""迪斯科""白兰地"展示了欧美风情；等等。

词语民族色彩的形成跟特定民族特有的观念，跟特定民族的信仰、历史文化、传统习俗、思维方式等有很大的关系。现代汉语中的"爷爷""奶奶"和"外公""外婆"，"伯父""叔父"和"姑父""姨父"，"哥哥""弟弟""姐姐""妹妹"和"堂兄""堂妹""表姐""表弟"等，跟汉民族的嫡庶分明长幼有序不无关系。就单个的"爷爷"或"哥哥"来看，似乎看不出它们有什么民族色彩，但是，如果把现代汉语中的称谓系统与其他民族语言的称谓系统进行比较，上述这些词语的民族色彩则会一目了然。再比如，"红豆"一词，由于汉民族的特定文化背景，它才可能让人联想到相思，其他语言中相对应的词未必就有这样的附加色彩了。

词语的民族色彩跟特定的语言系统也有一定的关系。"鱼"在特定的背景下能让汉族人联想到"年年有余"的"余"，这显然与现代汉语这个语言系统有关，因为在这个系统中，"鱼"和"余"是同音的。"八"于"发"的联想，"四"于"死"的联想，则是音近的关系。其他语言也就未必如此了。

5．附加色彩的重合性

前面我们提到的词语的附加色彩都是单一的，这是为了叙述的方便。其实，我们所说的"感情色彩""形象色彩""语体色彩"等是从不同角度说的，因而就同一个词而言，它可能同时具有多种附加色彩，这就是附加色彩的重合性。

"令尊""令堂"等既有尊重的色彩，也有书面语体的色彩。"白兰地""迪斯科"等既有外来色彩，也有民族色彩。"走资派""臭老九"等既有时代色彩，也有鄙视的色彩。"蹬腿儿"既有形象色彩，也有口头语体色彩。"秋波"既有形象色彩，也有书面语体色彩。这些都是兼有两种附加色彩的例子。有的词语甚至集三种附加色彩于一身。例如，"铁饭碗"既有口头语体色彩，又有形象色彩，还有羡慕的色彩。

值得一提的是，我们说词语的附加色彩具有重合性，这并不是说每个词都具有所有这些附加色彩。

6. 附加色彩与词语的运用

词语的理性意义，我们会给予足够的重视，因为它是最基本的，不掌握词语的理性意义就无法运用它来交际。但我们往往忽略了词语的附加意义。其实，从交际的角度来看，词语的附加意义和词语的理性意义同等重要。如前所述，词语的感情色彩有褒贬的不同，有尊重、鄙视等的差别；指称同一事物或现象的词语，有的有形象性，有的没有；有的词语只适合口头交际，有的词语只适合书面交际；等等。既然如此，我们在使用这些词语时就应该充分考虑到这一点，以便在特定的场合选用恰当的词语，准确地、生动地表达自己的意思。

具体地说，以下几个方面值得注意。

第一，根据特定的语境，选择合适的感情色彩词语。对感情色彩词语的选用，不仅反映了词语使用者遣词造句的能力，也反映了词语使用者的立场、爱憎等态度，这正是表达语言主观性的重要方面，所以选择合适的感情色彩词语至关重要，否则很有可能事与愿违。比如一个女士比较胖，与"胖"同义的有"丰满""肥"，如果是当面说她，是选用中性色彩的"胖"，还是选用具有褒义倾向的"丰满"，抑或选用具有贬义色彩的"肥"，会有不同的交际效果：对她说"你挺胖的"，她听了，虽说不上愉快，但也不至于反感；对她说"你挺丰满的"，她听起来比较容易接受；但是，如果对她说"你挺肥的"，她可能要骂你个狗血喷头！

我们再来看看下面几个例子：

（1）他差不多想来一个动作了，但不幸他们背后的扁柏丛中忽地起了一阵屑屑索索的声音，范博文全身一震，那**野心**便又逃走了。（茅盾《子夜》）

（2）吴荪甫那样辣硬的话并不能激发杜竹斋的**雄心**；吴荪甫皱了眉头……（茅盾《子夜》）

（3）放下电话耳机以后，吴荪甫苦笑一下，他只能冒险试用这屠维岳，而且只好用自己的一双眼睛去查察这可爱又可怕的年青人，而且他亦不能不维持自己的刚毅果断，不能让他的手下人知道他也有犹豫动摇的心情——既拔用了一个人，却又在那里不放心他。（茅盾《子夜》）

上述几例所用的"野心""雄心""果断"反映了说话人的立场。

第二，根据交际的需要，尽可能选择带有形象色彩的词语，做到栩栩如生。我们在表达时，总希望自己的语言生动形象，让人读了有如闻其声、如临其境之感。注意选用具有形象色彩的词语就是一种有效的手段。例如：

（4）"忽如一夜春风来，千树万树梨花开。"霎时间，东西长安街成了**喧腾**的大海。从北京的车间矿井，平原山村，军营学校，大街小巷，**涌**来了无穷无尽的**人潮**，卷起了无边无际的**旗浪**。锣鼓声，鞭炮声，口号声，欢呼声，在这里汇成**滚滚洪涛**，又**翻腾冲击**着散向四面八方。就像大坝突然开放闸门，**满满一水库**的春水，白浪如山，**呼啸**着从泄洪道**奔泻**而下；就像沉寂多年的火山口突然**喷火**，蕴藏在地心深处的**通红滚烫**的岩浆汹涌地**飞迸**……。

红旗如潮，歌声如海。十月长安街上，奔涌着的是千千万万人压抑、积郁了十年之久的难以平静的**心潮**啊！（袁鹰《十里长安街》）

例（4）描写的是粉碎"四人帮"之后，北京长安街的欢庆场面，形象生动，这与作者袁鹰对具有形象色彩的词语的选用是分不开的。

在运用语言时如果不考虑词语的这一特点，就会使我们的语言干巴巴的，像个瘪三。试比较：

（5）a ……炮弹和枪弹就像从筛子眼漏下来一样，把这段地方打出一片**火**……

b ……炮弹和枪弹就像从筛子眼漏下来一样，把这段地方打出一片**火海**……

（6）a 这个骗局把我们抬得非常之高，结果却使我们弄得非常之窘；骗子从中得到了好处，还要**在旁边暗暗地好笑**。

b 这个骗局把我们抬得非常之高，结果却使我们弄得非常之窘；骗子从中得到了好处，还要闪在旁边暗暗地好笑。

例（5）、例（6）分别是刘白羽、叶圣陶对自己作品的修改（a句为原句，b句为修改句）。比较之后，不难发现，修改句更具形象性。

第三，具有不同语体色彩的词语，如果使用不当，则会闹成笑话。有则故事叫《斯文扫地》，说的是一朱姓人家，家里请了个喂猪的。主人告诉他说，我姓朱，所以你在我面前不能说 zhū，只能说"自家老爷"或"老爷"。"吃饭"不说"吃饭"，要说"用餐"；"睡觉"不说"睡觉"，要说"就寝"；"生病"要说"患疾"；当然了，"死"要说成"逝世"，但对犯人就不能说"逝世"，要说"处决"。有次，猪患瘟病，猪倌来汇报说："老爷，老爷，自家老爷**患疾**了，叫它**用餐**它不用餐，叫它**就寝**它不就寝，不如把它**处决**了吧。"老爷听了差点儿气死。猪倌急忙改口说："要是你不愿意处决它，就让它**逝世**吧。""患疾""用餐""就寝"这些词语，虽然文雅，但用在猪身上，显然不合它们的语体要求，因而才有这样的笑话。

此外还需注意的是，具有不同时代色彩或地域色彩的词语，不能随意乱用，否则会显得荒唐可笑，甚至造成理解上的混乱。

第七节　词义的演变

对很多人来说，阅读古籍不亚于读外文；对部分人来说，能顺利地阅读外文，却读不懂一篇古文。这是为什么？这里固然与我们对古代的某些文化习俗不了解有关，但主要原因还是汉语部分词语的意义发生了变化。远的不说，就是《红楼梦》中一些词语的意义与今天的意义也有所不同。例如：

这秦业现任工部营缮郎，年近七十，夫人早亡。因当年无儿女，便向养生堂抱了一个儿子并一个女儿。谁知儿子又死了，只剩女儿，小名唤可儿，长大时，生的**形容**袅娜，**性格**风流。因素与贾家有些**瓜葛**，故结了亲，许与贾蓉为妻。（第八回）

其中的"形容""性格"和"瓜葛"不是我们现在所使用的意义，

特别是"瓜葛"，现在一般用于"与不好的事情之间的牵连"，如"他们之间有些瓜葛"。上述例子中的"瓜葛"显然没有这层意思，否则秦业也不会把女儿许配给贾蓉了。可见，汉语中的词，意义从古代到现代是发生了变化的。

那么，词义为什么要演变？词义演变的内容是哪些？它是以怎样的方式演变的？演变的结果又如何呢？

一、词义演变的原因和内容

1. 词义演变的原因

如果语言中的词从古至今意义保持不变，我们阅读古籍的障碍就小多了。既然这样，词义为什么又要变化呢？这跟语言的交际职能和信息存储职能相关。

众所周知，语言是随着人类社会的产生而产生，也随着人类社会的发展而发展的。可是在远古时代，人们的生活非常单调，人与人之间的交往远没有现代频繁和复杂，加上当时人类思维水平的限制，不难想象，在这样的社会背景下，交际对语言的要求是非常低的；因而用来交际的语汇一定十分贫乏，也许根本就没有语法，即使有也是极其简单的。但是，随着人们社会生活的不断丰富发展，随着人类思维水平的不断提高，人类所使用的语言也应该随之发展变化，否则就不能满足交际的需要。在语言的变化中，语汇的变化是十分重要的一个方面。

那么，为什么语汇的变化会引起词义的变化呢？这部分跟语言的经济原则有关。我们知道，语言是一种符号系统。所谓"经济原则"是指在不影响表义明确的前提下，语言的编码尽量趋简。就语汇而言，为了使交际能顺利地进行，为了能表达自己所要表达的意思，就必须借助一定的语音形式；这种语音形式的选择不外乎两种：一是选用新的语音形式，另一是利用原有的语音形式。从表义的效果来看，这两种语音形式是一样的；但是从学习者的接受角度来看，如果每表示一种意义都要用一种新的语音形式，这就会给学习者带来很大的记忆负担，从而会给交际带来一定的负面影响；所以在一定程度上选用原有的语音形式来表义是一种行之有效的方法。

从词语的使用来看，我们在交际过程中如果要表示新事物、新现象，并没有现成的语音形式可以表示，这往往需要通过一定的途径对原有的词语进行合理的引申，这种引申并非杂乱无章，而是有一定的认知规律的，因而也就易于理解和记忆。此后，人们在表示同样的意义时也就愿意用同样的方法去表达。这样，新的用法与原有的语音形式之间就慢慢地建立了联系，所以这原有的语音形式比先前承载了更多的语义内容，使这个词的词义发生了变化。"红娘"，从专有名词到泛指一般的婚姻介绍人，再到今天的为企业与企业之间，或者部门与部门之间牵线搭桥的人或者机构，就是一个很好的例子。

词义的变化还有一个重要的原因，那就是随着社会的发展变化和外在因素的影响，语汇的成员也会发生变动，变动的结果之一是，原有的语音形式消失了，但这种语音形式所承载的语义内容还需要保留，这就会产生意义的再分配问题。这好像遗产的继承，假如一位老人的遗产分配给他的三个子女之后，又发现了一批新的遗产，这批新的遗产又面临如何分配的问题。这批新遗产就相当于因语音形式消失而遗留下来的意义。这种"意义的再分配"必然会引起原有词语意义的变化。（有关这方面的内容可参看本书第九章）

2．词义演变的内容

词义的演变体现在哪些方面呢？总的来看体现在词的理性意义和附加意义这两个方面。其中，理性意义的变化又具体体现在：（1）原有词的义项的增减，（2）原有词义项本身理性意义的变化。（这方面内容参看本节第三部分"词义演变的结果"）

词义除了理性意义之外还有附加意义或者说是色彩意义，色彩意义又有感情色彩、形象色彩、语体色彩和地域色彩等的不同；因而原有词义项本身色彩意义的变化也体现在这诸多方面。比如"爪牙"，在古代汉语中，除了表示"兽类的脚爪和牙齿"外，可以比喻"武臣、重臣"，还有"亲信"的意思，这后两个义项褒义的倾向比较明显；而在现代汉语中，"爪牙"则比喻"坏人的党羽"，明显地带上贬义色彩。"葡萄""苹果""石榴"等实际上是外来词，现在有多少人能感觉到它们的外来色彩呢？"艾滋病""B 超"都是医学上的术语，可现在使用之频繁已大大超过医学界，它们的行业色彩正在逐渐淡化。

正因为词义会随着时间的推移而可能发生变化，所以我们在使用词语的时候要密切注意这方面的变化，否则会给交际带来麻烦，严重的甚至会惹来一场官司。"邂逅"一词，《现代汉语词典》（修订本）的解释是"偶然遇见（久别的亲友）"，而现在人们使用这个词时，"邂逅"的对象往往不限于"久别的亲友"，根本不分故旧与新交。有位访问者却因没注意"邂逅"意义的这种细微变化而惹了一场官司。情况是这样的：一位访问名人的编辑在访问记中，写名人（女士）同一男士"邂逅"同居。访问者被名人控告损毁名誉，有辱人格，因为偶然遇见一男士便与之同居，岂不作风有问题吗？访问者却认为按"邂逅"的传统用法，"邂逅"的是久别的亲人，所以与之同居也不为怪，双方各执一词，只好由法庭解决。①

值得注意的是，词义的演变，无论是理性意义方面，还是色彩意义方面，都属于历时范畴。词的理性意义和色彩意义都是相对稳定的意义。因此，词语在共时平面因语境的影响而获得的临时意义的变化都不能算作词义的演变。例如：

（1）婉觉得自己的"硬件"质量比同学们都差。"硬件"指的是外表条件。婉曾偷听到过另一位老师私下里对张老师如此议论她这一届文秘专业的学生："上一届还有一些英俊男生漂亮女生呢，怎么一届不如一届啊？**硬件**先天不足，他们将来怕是要在社会上到处流浪了啊！"（梁晓声《婉的大学》）

（2）为了救自己，别人同样年轻的生命转眼间**交待**了！死得闹着玩儿似的！（梁晓声《婉的大学》）

（3）小车一停稳，刘书记和万乡长就率先迎了上去，率先跟省里首长握手……这瞬间的场面，小高文书快捷地按下快门，将瞬间永恒地定格下来。之后，刘书记万乡长去跟专员、县委书记县长握手时，

① 参见：李行健，1995，《词义演变漫议》，载《词汇学新研究——首届全国现代汉语词汇学学术讨论会选集》，语文出版社。

小高文书都"永恒"了，看刘书记万乡长就一脸的满意。(阙迪伟《一亩二分地》)

上述例子中的"硬件"临时用来指人的"外表条件"；"交待"指"死"；"永恒"表示"照相"，等等。这都是这些词的临时意义，不能看作词义的演变。上述词义的临时变化都是词的理性意义方面。下面再看看色彩意义临时变化的例子：

(4) 在自然界中，云彩随风**飘浮**，树木枝叶在微风中**婆娑摇曳**，海上浪花**飞溅**；小鹿**奔驰**，燕子**翻飞**，鸟雀**啁啾**，无限风光，令人陶醉。(杨振兰 1997 例)

(5) 流氓欺乡下老，洋人打中国人，教育厅长冲小学生，都是善于克敌的**豪杰**。(鲁迅《冲》)

(6) 第二天下午，我们哥俩先商量好"**谈判**"的"**程序**"，邀上爸爸一起到后院老屋内。爷爷还是坐在那儿打草鞋。……

……　……

爷爷嚎啕大哭，父亲也抹起眼睛。老人们的哭和孩子们的哭一样，是一种武器。我们弟兄没辙，悻悻地走出老屋。"**谈判**"没有成功。(韶华《团圆年》)

例(4)中的"飘浮""摇曳""飞溅"等本身并没有喜爱的色彩，但这些词语集中用来描写大自然时便获得了喜爱的色彩；例(5)中的"豪杰"本身是褒义词，但在这里是反语用法，临时获得了贬义色彩；例(6)中的"谈判""程序"书面色彩很浓，但整个语境口语色彩较强。这些词语在上述例子中所获得的色彩都是临时性的，因而不能看作它们本身的色彩意义。

二、词义的演变方式

词义演变是语言发展过程中的现实，它体现在旧义的消失和新义的产生上，其中，新义的产生又体现在新词的出现和原有词义项的增加或词义的转移上。旧义的消失和新词的出现这两种情况并不涉及词义的演变方式问题，因此，只有原有词义项的增加和词义的转移这两种情况才存在词义的演变方式问题。

什么是"词义的演变方式"呢？所谓词义的演变方式就是指词义是通过什么样的方式来进行演变的。那么，词义的演变到底有哪几种方式呢？归纳起来，大致有以下三种情况。

1. 原有词义的直接推衍

所谓"直接推衍"是指在原有词义某义项的基础上直接做出某种引申，从而获得新的义项。

例如"引"，《现代汉语词典》（第6版）对它的解释有"牵引""引导""伸着"等。其实它的本义是"开弓"。"开弓"和这些意义有什么联系呢？我们知道，要开弓，就必须把箭搭在弦上往后拉，于是就有了"牵引"的意义，在这个基础上又进一步获得"引导"的意义。

"明"的本义指日月的光亮，由光亮又引申为"照亮""明亮"；因为"明亮"就看得见，所以"明"又可指人的"视力"；因为"明亮"就可以看得清楚，所以"明"又有"看清楚"的意思。

再看看"亡"。本义是"逃亡""逃跑"，"逃跑"的人或动物也许再也不回来了，于是就有了"丢失"的意义；东西"丢失"了，也就看不见了，这样就有了"消亡、消失"的意义；人或动物死了以后就从人们的视线中消失了，因而"亡"也可以表示"死亡"的意思。

2. 原有词义的比喻引申

所谓"比喻引申"，就是在原有词义某义项的基础上通过比喻的方式来引申，从而获得新的义项。比喻引申在认知语言学理论中被称为"隐喻引申"。

例如"桥梁"，原义为"架在水面上或空中以便行人、车辆等通行的建筑物"，这个意义通过比喻的方式引申为"能起沟通作用的人或事物"。之所以能做这样的引申，是因为"桥梁"在原义中"连接"的是一个地方与另一个地方，而在比喻义中，它"连接"的是一个人与另一个人，或者一个机构与另一个机构，或者人与机构，等等。不管以什么方式连接，也不管连接的对象是什么，它们在"连接"这一点上是相似的，这是"桥梁"从原义到比喻义引申的前提。

再比如"脚"，其本义是小腿，后通过直接推衍获得"人或动物的腿的下端，接触地面支持身体的部分"这一意义，在此基础上又获得

"东西的最下部"的意思。这是因为人或动物的脚是在身体的最下部，东西的最下部与此相似。

3. 原有词义的借代引申

所谓"借代引申"，就是在原有词义某义项的基础上通过借代的方式来引申，从而获得新的义项。借代引申在认知语言学理论中被称为"转喻引申"。

"红领巾"原指"红色的领巾"，后来通过借代的方式引申出"少先队员"这一意义；这是通过特征来代的，因为"红领巾"是少先队员的标志。"铁窗"原义为"安上铁栅的窗户"，转而代指"监牢"也属这一类。"红娘"原为专有名词，因她促成了崔莺莺和张生的婚事，从而获得"媒人"这一意义，这是通过特称来代的。"江""河"由长江、黄河转而指一般的"江""河"也属这一类。"丹青"原是两种绘画颜料，后来引申出"绘画"的意义，这是通过材料来代的。凡此种种，不一而足。

这些词义演变方式有没有什么认知经验基础？我们将在"现代汉语语汇研究"一章讨论。

以上我们从不同角度描述了词义演变的方式，其实，就某个词的义项演变的不同阶段来看，它可能采用了不同的演变方式。"包袱"原义为"包衣服等东西的布"，由这个意义引申为"用布包起来的包儿"，采用的是借代的方式；"包袱"还可以用来表示"某种负担"，可以用来指"相声、快书等曲艺中的笑料"。它们都是在"用布包起来的包儿"这一意义的基础上通过比喻的方式引申出来的，由具体的东西变为抽象的东西；但是比喻的相似点不同，前者是"包袱"给人的"压力"，后者是"包袱里的东西"。

我们在讲造词法时曾提到过"比喻造词"和"借代造词"，它们和这里所说的"比喻引申"和"借代引申"是从不同角度来说的，因而是有区别的。词义演变方式是从较早的义项与较后的义项之间的联系来说的，而造词法是从语素义与词义之间的关系来说的。对一个从产生时就是单义而其义一直没有变化的词来说，它不存在词义演变的问题，但它仍然存在造词法的问题。比如"熊猫"，它从产生时起意义并没有发生变化（现在不时看到一些比喻用法），所以不存在词义演变方式问题；但它还存在造词法问题，从造词法上看，它是比喻造词。

三、词义演变的结果

所谓词义演变的结果，是就当前词义的义项与早期义项之间的关系来说的。这里，"当前"不能片面地理解为"现在"，其所指是"相对"的，如果我们着眼于"现在"的词义与早期词义的关系，那么这个"当前"就是指"现在"；如果我们着眼于"唐代"某个词的词义与早期词义的关系，那么这个"当前"就是指"唐代"；其余类推。词义演变的结果大致有以下几种。①

1. 词义范围的扩大

我们知道，"江""河"的本义是指"长江"和"黄河"，现在泛指一般的江、河，"江""河"的义项所指范围明显扩大了。"诗"也是这种情况，本义指"诗经"，现在泛指一般的诗歌。再看看"风云"，本义是"风和云"，其所指范围至今并没有发生变化，但是其义项有所增加，现代汉语中，"风云"除了具有上述意义外，还可用来比喻"变幻动荡的局势"，从词义的角度来看，范围也是扩大了。可见，词义范围的扩大有两层意思：一是义项所指范围的扩大，二是义项的增多。

2. 词义范围的缩小

与上述情况相反，词义范围的缩小是指义项所指范围的缩小。比如"瓦"，它的本义是指"用土烧成的器物"，现代汉语中则指"用泥土烧成的、盖在房顶上挡雨的建筑材料"，其所指范围明显地缩小了。"党"原指一切政党，现在一般指中国共产党，也属于这种情况。

除上述这种情况外，词义范围的缩小还可指曾经有过的义项数的减少。词在它刚产生的时候，其意义总是单一的，即它是单义词，这时不会有义项减少的情况；所以义项减少是指这样一种情况：某个词的词义在演变过程中曾经有过两个（或以上）的义项，但是在进一步

---

① 词义的扩大、缩小和转移，不少语汇学论著把它们说成是"词义演变的方式"，这是不确切的。需要注意的是，我们这里所说的扩大和缩小，不仅指义项所指范围方面，还包括义项的增加和减少。

演变之后，其义项比曾经有过的又少了。"售"，其义在演变过程中曾有"卖"和"买"这两个义项，例如：

（7）吾**售**之，人取之，未闻有言。（刘基《卖柑者言》）（卖）

（8）问其价，曰："止四百。"余怜而**售**之。（柳宗元《钴鉧潭西小丘记》）（买）

在现代汉语中，"售"不再有"买"这一义项，因此，就这两个义项而言，"售"的义项减少了，可见其词义范围缩小了。

再比如，"管"在古代汉语中曾经有过"钥匙"这一义项，例如："郑人使我掌其北门之管，若潜师以来，国可得也。"（《左传》）"管"的这一义项在现代汉语中已经消失了。"稍"在古代汉语中有"逐渐"的意思，如"项羽疑范增与汉有私，稍夺其权。"（苏轼《范增论》），"稍"的这一义项在现代汉语中也不复存在了。

3. 词义范围的转移

词义范围的转移，是指词义在经过一段时间的演变之后，其义项所指范围与先前相比已经完全不同了。"涕"的本义是"眼泪"，后来转而指"鼻涕"，所指范围明显发生了转移。"闻"原来是"听"的意思，"耳闻目睹"中的"闻"就是此义，现代汉语中，除了少数情况下保留这一意义以外，一般都是"嗅"的意义，词义所指范围也发生了转移。《儒林外史》中有这样的例子：

（9）（秦老）"你尊堂家下大小**事故**，一切都在我老汉身上替你扶持便了。"（第一回）

其中的"事故"并不是我们今天所理解的"意外的损失或灾祸"，而是一般所说的"事情"的意思，词义也发生了转移。

词义转移的机制，可能与通感有关，如"涕"；也可能与多次引申有关，当我们没有注意到中间环节时，就不容易看到早期的意义与后来的意义之间的联系，如"刻"。英语中的 silly，在古英语中意为"高兴的"，到中古英语时期是"幼稚的"意思，到近代英语才是"愚笨的"

意思①。

4．词义的弱化

词义的弱化，是指原有词汇意义到当前已基本不用，而只是用来表示一定的语法意义。比如"被"，在古代有"被子""覆盖""施加""遭受"等义，作动词用的"被"到了现代已经完全虚化，只表示"被动"这一语法意义。"被动"义是从"遭受"义来的，可见，"被"的词义已经弱化。类似的有"－了""－着"等。

5．附加意义的变化

上述几种词义演变的结果是就词的理性意义方面说的。词除了具有理性意义之外，还有附加意义（或者叫"色彩意义"）。词义在演变的过程中，附加意义也有可能发生变化；词的附加意义的变化主要表现在三个方面：一是附加意义的转移，二是附加意义范围的缩小，三是附加意义范围的扩大。

例如，"爪牙"在古代汉语中是"武臣、重臣""亲信"的意思，当然具有褒义色彩，但在现代汉语中专门用来比喻"坏人的党羽"，显然具有贬义色彩；"爪牙"从古代到现代附加意义发生了转移。"勾当"在古代泛指一般的"事情"，一直到近代用的还是这样的意义，《儒林外史》第一回中就有这样的例子："老师前日口气，甚是敬他，老师敬他十分，我就该敬他一百分。况且屈尊敬贤，将来志书上少不得称赞一篇，这是万古千年不朽的**勾当**，有甚么做不得！"《红楼梦》第十八回有这样的句子："他如何背做这等**勾当**"。两个"勾当"，前一个用于好的方面，后一个用于不好的方面。可见，"勾当"的附加意义是中性的。但在现代汉语中，"勾当"一般用于"坏的事情"，贬义十分明显。两相比较不难发现，"勾当"的附加意义范围缩小了——从中性（即无所谓褒义和贬义）到贬义。"骄傲"的早期意义是"自以为了不起，看不起别人"，显然具有贬义色彩，但后来又可用于褒义，表示"自豪"或"值得自豪的人或事物"；可见"骄傲"附加意义随着其义项范围的

---

① 参阅：维多利亚·弗罗姆金等，1994，《语言导论》，沈家煊等译，北京语言学院出版社，第 336 页。

扩大而获得了褒义色彩。

我们把词义演变的结果分成上述几种，只是为了表述的方便，实际上，从词义的演变过程来看，情况是十分复杂的。就同一个词而言，可能既有义项的增加，同时也有义项的减少，还有义项所指范围、附加意义的变化，等等。

第八节　词义与词典编纂

一、词典与词典编纂

词典是收集普通词语或专门术语、按照一定方式排列起来并加以解释以供人检查参考的工具书。根据不同的用途，词典可以分为语文词典和专科词典两大类。语文词典是为人们学习使用某种语言而编的，我们所熟悉的《现代汉语词典》就是一种语文词典。语文词典，根据被解释的对象（词条）与解释语所用语言的异同又可分为单语词典和双语词典，单语词典，被解释的对象与解释语所用的语言相同，《现代汉语词典》是用现代汉语解释现代汉语中的词语，所以它是一种单语词典；双语词典，被解释的对象与解释语所用的语言不同，比如《英汉大词典》，其被解释的对象是英语，用来解释的语言却是汉语，所以它是一种双语词典；《汉英词典》的被解释对象是汉语，用来解释的语言是英语，它也是一种双语词典。

专科词典，根据其所收词语涉及学科门类的多少，又可分为单科词典和百科词典。单科词典所收的词条只涉及某一学科门类，如《语言学词典》和《哲学大词典》等；百科词典所收的词条涉及多门学科，它是一种综合性的辞书，如《中国大百科全书》。

无论是语文词典还是专科词典，根据不同的用途和使用对象，在收词的范围、解释的详略、规模的大小上都有所不同。

编纂语文词典和专科词典时，在具体操作上会有所不同。但是它们有个共同的、一般的编纂原则，这就是：规范性、科学性、知识性、稳定性和实用性。其中，规范性体现在收词、注音、释义、资料和表述诸方面；科学性不仅体现在解释用语的准确性上，还要反映新的认识和新的研究成果；稳定性是就能经得起一段时间考验来说的，特别是语文词典，有些词昙花一现，对这样的词语语文词典就不宜收入，因为它们不具稳定性。随着计算机的广泛应用，语料库的建设越来越受到人们的重视，这为语文词典的收词提供了有效的参考依据。

有关词典方面的知识，过去是放在语汇学里介绍的。其实，词典编纂涉及的范围很广，现在已经成为一门独立的学科，所以下面我们只涉及与词典编纂有关的词义问题。

二、词典编纂中的义项确立

在语文词典的编纂过程中，词条选定以后，就应该考虑如何释义这一问题了。释义的关键是义项的确立。义项的确立一般要遵循三个基本原则：概括性、区别性和稳定性。

1. 概括性

义项的概括性是指义项的确立是以众多的语料为基础，从中抽象、概括出一些共同的东西，而不是以某一特定的、具体的语句为基础。例如：

（1）王老五昨天晚上死了。

（2）那只小花猫被狗咬死了。

（3）那棵大树枯死了。

上述例子中的"死"，搭配对象各不相同：例（1）表示人失去生命，例（2）表示动物失去生命，例（3）表示植物失去生命。我们不能因此将"死"的意义分为三个义项。其实这三例有一个共同的东西，就是"王老五""小花猫"和"树"都是有生命的；这样我们就可以把这三个例子中"死"的意义归并为一个义项：（生物）失去生命。假如我们收集到的语料只是上述例子中的一类，那么在概括词义的时候必然要以偏概全。

再比如"灵魂"，有的词典所列其中的两个义项是：①古时不科学的说法。指能够离开人的形体而存在的精魂；②宗教迷信用语。指附在人的躯体内主宰一切的一种非物质的东西。灵魂离开躯体后人即死亡，但灵魂不灭。其实这两个义项可以归并为一个义项。

我们说义项的确立要有概括性，这并不是说义项越概括越好。过于概括会失去它的实用性。可见，概括还存在一个"度"的问题。

2．区别性

义项的概括性要求把相同或非常相近的意义合并为一个义项。义项的区别性则要求把同一个词有明显区别的意义分为不同的义项。请看下列例子：

（4）他这个人就是嘴硬，**死**不认输。

（5）这是一沟绝望的**死**水。

如果我们把例（4）、例（5）中的"死"和上述例（1）至例（3）中的"死"放在一起，归并为一个义项，这就不容易了，因为这两例中的"死"，意义和上述三例有着明显的区别，就是例（4）和例（5）之间，"死"的意义也很不相同。因此，我们有必要把这两例中"死"的意义分列为不同的义项：例（4）中的"死"表示"坚决"，例（5）中的"死"是"固定、不活动"的意思。

义项的区别性，原则上要求我们把同一个词的不同意义，义界分明地区分开来，避免义项之间的交叉和重复。但实际上，由于词义的引申并不是任意的，后起的意义与较前的意义之间总是存在着这样或那样的联系，加上词在实际使用中又具有一定的灵活性，所以有的时候，词的义项与义项之间的界限并不是十分清楚。例如：

（6）这群敌人是从主峰上**下来**的。（李存葆《高山下的花环》）

（7）就凭这，不到万不得已，你梁三喜得活**下来**。（李存葆《高山下的花环》）

（8）当时我不会吸烟，也吸了起来，很快就把过滤嘴咬了**下来**。（王小波《白银时代》）

（9）他的胸脯很厚，很宽，粗粗地**下来**，没有腰，腰和腹部还是肥肥的，壮壮的。（柯云路《东方的故事》）

这些例子中的"下来"，例（6）和例（7）都能在《现代汉语词典》中找到相应的义项，但例（8）、例（9）中"下来"的意义就难以找到相应的义项了。

关于义项的合（概括性）和分（区别性），下面两段话值得参考：

所谓引申，好比是从某一地点伸张到另一地点。既是引申，就不免或多或少地和原义有类似之点；如果太近似了，虽然实际上发生了变化，一般人总会马马虎虎地忽略了过去，以'差不多'为满足。这样，在许多地方都不会看得出变迁的真相来。"（王力，1990）[①]

义项的建立是否齐全合理，一方面取决于语言资料是否详尽完整，另一方面取决于编者的分析概括能力。因为资料缺乏，往往就有可能遗漏义项。因为编者的分析概括不当，义项划分就有可能失之粗疏或烦琐。"（吴崇康，1996）[②]

3. 稳定性

义项的稳定性是说，义项的确立必须以词在共时平面相对恒定的意义为基础，词在特定语境中的偶发意义不能作为义项确立的基础；词语使用者个人临时赋予的意义也不能作为义项确立的基础。请看下列例子：

（10）林嫂十九岁那年就嫁给了林自立。林家在小车庄是独门，又是一线单传，她攒着劲想给林家生儿子，谁知一连生出两个毛丫头，第三胎让计划生育给"**计划**"了。总不能让林家绝后呀！唯一的办法就是招女婿。（刘学林《乡事》）

（11）黄达洪喝了瞿林敬的酒，直说这小伙子朴实，难得难得。朱怀镜听了就知道瞿林给黄达洪的印象太死板了。《现代汉语词典》早该修订了，很多语言再不是原来的意义。**朴实**就是死板，**老实**就是愚蠢，**谦虚**就是无能，**圆滑**就是成熟，**虚伪**就是老成。（王跃文《国画》）

（12）"曹书记，我不是说了，我们这次下来有原则：不准打牌，不准跳舞，不准陪客……"……（曹书记）"什么叫'原则'？'**原则**'

---

① 王 力，1990，《新训诂学》，载《王力文集》第十九卷，山东教育出版社，第178页。

② 吴崇康，1996，《浅析多义词的义项划分》，载《〈现代汉语词典〉学术研讨会论文集》，第232页，商务印书馆。此引文转引自朱楚宏《成语语义超常引申新探》，语文出版社，2010年，第43页。

嘛，就是给咱留有一定的灵活性。"(刘学林《乡事》)

例（10）中的"计划"表达的是"人工流产"的意义，但这只是临时的用法，因此不能据此在"计划"词条后加上一个义项"人工流产"。例（11）中，对"朴实""老实""谦虚""圆滑"和"虚伪"的解释，例（12）中对"原则"的解释，则是个人的言语现象，更不能作为义项确立的依据。

义项的稳定性与某种意义使用的广泛性是密切相关的，这种"广泛性"体现在该意义为不同的人所使用，或者为同一个人在不同的场合所使用。因为，只有稳定的意义才有可能被不同的人所使用，也只有稳定的意义，才有可能使同一个人在不同的场合使用；反过来，某种意义只有在不同场合、被不同人使用，才能获得稳定性。可见，稳定性和前面所说的概括性是相辅相成的。

我们说义项的确立不能以临时的、偶发的意义为依据，这并不是说词语某义项的获得与它的偶发意义毫不相干。事实上，词语的相对稳定意义的获得是以偶发意义为先导的，有些偶发意义用得好，其他的人也仿效着用，随着使用人数和使用场合的不断增加，这种偶发意义也就慢慢地成为相对恒定的意义，因而可成为一个独立的义项，多义词的产生就与此有关。

三、词典的释义

词的义项确立以后，还需要对不同的义项进行释义。用来释义的语言应该简明、准确，这可看作词典释义的总的原则。除此之外，语文词典和专业词典在释义的方式上也会存在一定的差别，这是由词典的性质决定的。我们这里只涉及单语语文词典的释义问题。除上述总的原则外，还需要考虑以下因素：

1. 要考虑使用对象的因素

同是语文词典，针对母语使用者和针对外语学习者，在具体的释义方式上应该有所讲究。《现代汉语词典》对母语使用者来说是部不错的词典，但对外语学习者来说则未必。《朗文当代英语词典》①在这方面做得很好，把释义用的词语尽可能限定在 3000 个出现频率比较高的词之内，只要掌握了这 3000 个词，就比较容易看懂对相关词条的释义。这点值得针对外族人学习汉语的词典编纂者借鉴。

另外，不同的词，词义的性质可能不同。张志毅和张庆云在《语文性辞书的语义学原则》②一文中把义位分为"普通义位"和"学科义位"，不同的词在这方面的表现有所不同。见表 4-1：

表 4-1 词的义位表

词项	义位（类别）		例词
	普通义位	学科义位	
A	+	—	筷子
B	—	+	光年
C	+	+	水

那么，针对 C 种情况，该如何释义呢？不妨比较一下《朗文当代英语词典》对 water 的解释和《现代汉语词典》对"水"的解释：

water: the clear liquid without colour, smell, or taste that falls as rain and that is used for drinking, washing etc.

水：最简单的氢氧化合物，化学式 H_2O。无色、无味、无臭的液体，在标准大气压（101.325 千帕）下，冰点 0℃，沸点 100℃，4℃时密度最大，为 1 克/毫升。

可见，《现代汉语词典》对"水"的解释涉及了水的化学性质和物理性质，我们认为，对一般使用者来说，大可不必。《朗文当代英语词典》对 water 的释义更容易为一般人理解。施春宏《词义结构的认知基础及释义原则》（2012）③一文认为：

---

① *Longman Dictionary of Contemporary English*，1978 年初版，后多次修订，外语教学与研究出版社出过该词典的英英、英汉双解版。

② 载张志毅、张庆云，2007，《词汇语义学与词典编纂》，外语教学与研究出版社，第 368-369 页。

③ 原载《中国语文》2012 年第 2 期；又见：施春宏，2015，《词义结构和词语调节的认知研究》，北京语言大学出版社。

在一般语词性辞书中，像动植物名称、化学名称等，跟日常经验相关的释义内容往往显得'科学'有余而'常识'不足，这在一定程度上造成了词义认知的障碍。作为语词性辞书，应该尽可能基于日常经验的认知来确定释义的角度，安排释义的内容，选择相应的用例。

我们赞同这一看法。

2. 要考虑到该词（语素）在其他词语中的释义要求

词义，特别是对名词性词语的解释，往往与对该词语相应的事物的认知联系在一起，即一般所讨论的词义与百科知识的关系。很显然，我们不可能把对事物认知的方方面面都纳入到相应的词的意义里。其中就存在如何取舍的问题。具体如何取舍，学界可以讨论。但有一点必须要考虑，即对某词所进行的解释要便于理解其他包含该词（语素）的词语的意义的理解。

施春宏《词义结构的认知基础及释义原则》（2012）一文还指出，《现代汉语词典》（第5版）对"驴"的解释存在不足之处：

驴：哺乳动物，比马小，耳朵竖长，面部长而瘦，胸部稍窄，毛多为灰褐色，尾端有毛。多用作力畜。

按照这种解释，人们难以理解"驴打滚""驴肝肺"等词语的语义理据，也不能很好地理解"驴脾气"的意义。因此，他主张将"驴"的释义修改如下：

驴：哺乳动物，比马小，耳朵竖长，面部长而瘦，胸部稍窄，毛多为灰褐色，尾端有毛。**性温顺，富忍耐力，但颇执拗**。多用作力畜。

按照修改后的解释，我们理解上述惯用语时就比较方便。

3. 不要把语境中的意义作为所释词条的意义

我们对词语意义的解释总是基于该词的具体用法，其中就掺杂着语境因素的影响。比如《现代汉语词典》（修订本）把"风度"解释为"美好的举止姿态"，不妥。因为我们可以说"看风度，不像是个精明干练的政治家，倒有几分农民气息。"很显然，这里的"风度"就不是

"美好的举止姿态"。再比如"穿小鞋"，《现代汉语词典》（第 5 版）对其解释是"比喻**受人**（多指有职权者）暗中刁难、约束或限制"。其实，其中的被动义是语境中获得的。所以在第 6 版中改为"比喻暗中**对人**进行刁难或施加约束、限制等"。这样的释义才符合实际。

4. 语义场观念下选择合适的释义方式

从系统论的角度来看，语汇就是一个系统。这个系统就是层次不同、语义有别的语义场。有了明确的语义场观念，我们在对词条进行释义时对不同的语义子类的词进行抽象概括，找到它们的共性和差异，再有意识地根据这些共性和差异进行释义。谭景春《用品类名物词的释义方式》（2005）[①]所提供的释义方式可资参考。从认知上看，用品类词语可以激活用途、材料、形状这些要素。如何在释义中体现这些要素而又要解释出同类词的语义差别呢？他把用品词分为三个层级：

A 类：家具、餐具、卧具、农具……

B 类：床、柜子、碗、筷子、犁、耙、锄头……

C 类：书柜、衣柜、碗柜、饭碗、茶碗、脸盆、澡盆……

从所举的例子来看，这三类之间似乎存在上下义关系[②]，如 A 类中的"家具"是 B 类中"床"和"柜子"等的上义词，B 类中的"柜子"又是 C 类"书柜、衣柜"的上义词，这种不同层级就构成了不同层级的语义场。他认为，A 类用品词释义方式可以概括为：表示用途的词语 ＋（东西、用具、器具、工具等）类词语，并列举数个下位词。如"坐具"可以解释为"供人坐的用具，如椅子、凳子等"。B 类用品词的释义方式可以概括为：表示用途、形状、材料的词语 ＋（在 A 类词中选择的）类词语。如"椅子"可以解释为"有靠背的坐具，主要用木头、竹子、藤子等制成"。C 类词的释义方式可以概括为：表示用途（形状或材料）的词语 ＋（多由 B 类词充当的）类词语。如"书柜"可以解释为"放置书籍的柜子"。这种释义方式值得重视、参考。

---

① 谭景春，《用品类名物词的释义方式》，载沈家煊主编，2005，《现代汉语语法的功能、语用、认知研究》，商务印书馆。

② 但又不完全如此，如 A 类中的"家具"和"坐具、卧具"之间也存在上下义关系。但它们的共同点都有一个构词语素"具"，从认知上看，这也是一种语义类别。

本章小结

词义是我们十分熟悉的。什么是"词义"的问题似乎很简单，但实际上这个问题在语汇学界一直众说纷纭，比较普遍的说法有事物说、概念说、用法说等。我们是这样理解词义的：词义是一定的语音形式所负载的人们对客观世界中的事物、现象、行为、状态以及关系等的概括认识。

词义具有以下一些性质：（1）主观性。它体现在多方面。说词义具有主观性，但并不否定它的客观基础。词义的主观性不是个人的，因而不可以因个人的不同认识而随意改变；词义的主观性是社会共同的，它反映了言语社团的共同认识。忽略了这一点而随意造一个词或者赋予一个词以新的意义，都不能让人理解。（2）概括性。词义是对一类事物或行为等的共同属性的概括认识。（3）模糊性。它是指词义所反映的事物的边界不明。不要把模糊性与概括性混为一谈，概括性只是概括的程度不同而已，概括性程度高的词所指称的对象的范围并不一定不确定。不过，模糊性与概括性也有一定的关系，但不能反过来说，所有概括的词语都是模糊的。造成词义模糊的另一个原因是它所反映的客观世界一些对象具有非"离散性"。所谓离散性，就是对象与对象之间的界限是明确的，如"桌子"；非离散性就是对象与对象之间，或者对象的性质，呈一个连续统状态（逐步过渡），连续统内部没有明确的分界，如"高"和"矮"。词义具有模糊性并非坏事。有时，离开了模糊表达就难以达到交际的目的。（4）多面性。词义除了具有理性意义之外还有种种附加意义。（5）民族性。它不仅体现在理性意义方面，也体现在附加意义方面。词义的民族性是由主观性和概括性决定的。

词义和语素义之间的关系，有人根据透明度把汉语的复合词分为三类：透明词、不透明词和半透明词。从实用的角度来看，词义和其构成成分语素义之间的关系还可以做如下归纳：（1）词义等于语素义之和；（2）词义等于任意一个语素的意义，构成这个词的两个语素同义；

（3）词义只相当于其中一个语素的意义，有人称之为"偏义复词"；（4）词义比较曲折地与语素义发生关系，主要是通过隐喻或转喻等方式；（5）词义所指是由构成该词的两个语义相对的语素义所体现的语义连续统或其交界处。

词有单义和多义的不同，只有一个义项的词是单义词，具有两个（或以上）义项的词是多义词。语言中的词并不是一开始就是多义的。多义词的产生与语言的交际功能、语言的经济原则有关。多义词的不同义项，在使用频率上并不一致，其中最常用的那个义项是这个词的基本义。基本义不同于"本义"，基本义是在共时平面上就一个词的义项的使用频率而言的，而本义则是从历时角度就词的义项产生的先后来说的。严格说来，一个词的本义是指它最初的意义；但是由于语言的历史比记录它的符号的历史要长得多，词的最初意义到底如何已无法查考，所以，一般把本义理解为"有文献记载的词的最初意义"。基本义和本义有时一致，有时不一致。词在产生的时候都是单义的；单义词能否发展为多义词，这根据实际情况而定，并不是所有的单义词都能发展为多义词。

词典中的词义是以义项设立的，好像义项是最小的词义单位。实际上，义项还可以继续往下分成"义素"。所谓词义分析，就是对词进行义素分析。比如"哥哥"可以分成［人］、［男性］、［同胞］、［年长］。为了简化义素的数量，同时为了更清楚地看出相关词义之间的联系与区别，可以用"＋"号或者"－"号来标示某词是否具有某项义素，"＋"号一般作为默认值省掉。进行义素分析可以采用比较的方法。义素分析有优点，也有缺点。

词义之间，准确地说是词的义项与义项之间的关系是错综复杂的，它们互相补充、互相制约，形成一个语汇系统。因而，词义之间的关系是特定的语言系统内的义项与义项之间的关系。常见的词义之间的关系有：（1）同义关系。指的是在特定语言的语汇系统中两个（或以上）的词在意义（主要是理性意义）上的相同或基本相同。具有这种关系的几个词在一起构成一组同义词。同义词之间的差异表现在理性意义、附加意义和用法方面，辨别同义词可以从这几方面着手。不过需要注意的是：辨析同义词时只需将相关的义项辨析清楚就行了，没有必要把不相关的东西拿来比较；同一个多义词可以在不同义项上与不同的词发生关系。（2）近义关系。指的是在特定语言的语汇系统中两个（或以上）的词在理性意义上的相近。因近义关系而聚合在一起的词，互为近义词。近义关系与同义关系的区别在于，同义词之间在理性意义上要大部分相同，而近义词之间在理性意义上只需很小一部分相同就可以了。（3）反义关系。指的是在特定语言的语汇系统中两个（或以上）的词在意义上相反或相对立。具有这种关系的词在一起彼此构成反义词。根据意义之间关系的不同，反义词可以分为绝对反义词和相对反义词。反义词之间并不是在意义上完全相反或对立，事实上，它们必须有一个共同的论域（属于同一个语义场）为前提。反义关系的形成有一定的客观基础，但它毕竟是一种语言现象，因而，客观世界相反或相对立的事物在语言上不一定表现为反义词，反之，客观世界并不构成相反或相互对立的事物在语言上却有可能构成反义词。对一个多义词来说，同一个词可以在不同义项上与不同的词构成反义关系。（4）上下义关系。词义具有概括性，具有不同概括程度的相关的词就构成上下义关系，概括程度较高的是上义词，概括程度较低的是下义词，如"树"和"柳树"之间的关系。上义词和下义词往往只是相对而言的。语言中并不是所有的词之间都存在上义和下义的关系。了解语言中词义之间的种种关系，对表达十分重要。

词义从不同的角度可以分为词汇意义和语法意义、理性意义和附加意义。**词汇意义**是指人们对现实世界和心理世界种种事物、现象、行为、状态、关系等的认识进行概括以后所赋予一个词的意义。**语法意义**是指人们（主要是语言研究者）从语言结构本身对连接实词的词或者附着在实词之上的词，以及表示句子、说话人语气等词所做的概括认识后所赋予的意义。"理性意义"和"附加意义"的区分主要是"词汇意义"的下位区分。理性意义是人们对现实世界和心理世界种种事物、现象、行为、状态、关系等的认识进行概括以后所赋予一个词的最基本的意义。附加意义是指一个词语在理性意义之外的，或者说是附加在理性意义之上的其他种种意义。附加意义又叫色彩意义。词语的色彩意义多种多样，有感情色彩、形象色彩、语体色彩、时代色彩、外来色彩、民族色彩和地方色彩等。色彩意义往往和特定的义项联系在一起的，因而同一个词在不同义项上就可能具有不同的色彩。词语的这种种色彩是从不同角度来说的，因而同一个义项也可能具有不同的色彩，这就是附加色彩的重合性。附加色彩对语言的表达也十分重要，运用时需要注意。

　　一个词具有什么样的意义是就其比较稳定的情况而言的，不过，随着时间的推移，词义也会发生变化。词义演变跟语言的交际职能和信息存储职能有关。词义的演变体现在理性意义和附加意义这两个方面，理性意义的变化具体体现在：（1）原有词的义项的增减，（2）原有词义项本身理性意义的变化。词义的演变，无论是理性意义方面还是附加意义方面，都属于历时范畴，词语在特定语境中获得的临时意义的变化不能算作词义的演变。词义的演变是通过一定方式进行的，这些方式归纳起来有：（1）原有词义的直接推衍，就是在原有词义某义项的基础上直接做出某种引申，从而获得新的义项。（2）原有词义的比喻引申（隐喻引申），就是在原有词义某义项的基础上通过比喻的方式来引申，从而获得新的义项。（3）原有词义的借代引申（转喻引申），就是在原有词义某义项的基础上通过借代的方式来引申，从而获得新的义项。词义演变，就其结果而言，主要有以下几种情况：（1）词义范围的扩大，包括义项所指范围的扩大和义项的增多；（2）词义范围的缩小，包括义项所指范围的缩小和义项的减少；（3）词义范围的转移，义项所指范围与先前相比已经完全不同了，词义转移的机制可能与通感有关，也可能与其多次引申而看不到其中间环节有关；（4）词义的弱化，是指原有的词汇意义到当前已基本不用，而只是表示一定的语法意义；（5）附加意义的变化。词义的演变过程十分复杂。

　　词典是收集普通词语或专门术语、按照一定方式排列起来并加以解释以供人检查参考的工具书。词典有语文词典和专科词典之分，其编纂的一般原则是：规范性、科学性、知识性、稳定性和实用性。词典的编纂涉及诸多方面，就词义来说，词典义项的确立一般要遵循三个原则：概括性、区别性和稳定性。义项的确立不能以词语的临时的、偶发的意义为依据，而应该以比较恒定的意义为依据。词语释义的总原则是，用来释义的语言应该简明、准确。此外，还需要考虑以下因素：（1）要考虑使用对象的因素、（2）要考虑到该词（语素）在其他词语中的释义要求、（3）不要把语境中的意义作为所释词条的意义、（4）最好能在语义场观念下选择合适的释义方式。

第五章

现代汉语中的熟语

熟语，指的是由词或语素构成的现成用语。从范围上来说，它包括成语、惯用语和歇后语。其总的特点是：结构上具有定型性，意义上具有整体性。但不同类型的熟语在形式特征和意义特征方面都不尽相同。

第一节 成 语

我们在日常言语交际中，无论是口头上的还是书面上的，文化程度高的或者是较低的，都或多或少地用一些成语，有的人甚至出口成章。但是，我们对成语的方方面面并非都很清楚，而了解这一点对正确理解和运用成语都有裨益。

一、成语的特征

成语的特征体现在形式和意义两个方面。

1. 成语的形式特征

成语在形式上一个最明显的特征就是"四字格"，如"鹤立鸡群""杯弓蛇影""朝秦暮楚""销声匿迹"，等等。虽然有的成语不是"四字格"，如"百闻不如一见""万变不离其宗"等，但这类成语在整个成语中所占的数量不大，因而不足以否定成语的"四字格"这一特征。

"四字格"虽然是成语的最明显的特征，但它不是成语的本质特征，所以不能说"凡四字格的都是成语"，如"公共厕所"。因而不能单纯凭这一点把它与非成语区别开来。成语在形式上的本质特征是指其结构的定型性。成语结构的定型性主要体现在以下两个方面：

第一，结构成分的固定性。就是说，组成成语的各个成分既不能被意义相同或相近的词替换，也不能随意增减某个成分。前者如，"上行下效"中的"行"不能用"做"替换说成"上做下效"，"雁过拔毛"中的"雁"不能用"鸟"替换说成"鸟过拔毛"；同样，"半壁江山"不能说成"半墙江山"，"失之交臂"不能说成"丢之交臂"，"含辛茹苦"不能说成"含辛吃苦"，"认贼作父"不能说成"认贼作母"，等等。后者如，"胸有成竹"不能说成"胸口有成竹"或者"胸口有根现成的竹子"，"穷则思变"不能说成"穷则思变革"；"受宠若惊"不能说成"受宠惊"，"守口如瓶"不能说成"口如瓶"，等等。

第二，结构关系的固定性。成语的构成成分不止一个，这样不同成分之间就必然存在着一定的结构关系，成语原有的这种结构关系也是不可改变的。例如，"耳濡目染"不能说成"濡耳染目"，"异曲同工"不能说成"曲异工同"等，此其一。其二，成语结构关系的固定性还表现在构成成语的两个直接成分的位置一般也不可随意掉换。例如"垂涎三尺"不能说成"三尺垂涎"，"守株待兔"不能说成"待兔守株"。并列关系的成语，两个直接成分之间的语序，有的可以互换，如"百孔千疮"可以说成"千疮百孔"，"瓦解冰消"可以说成"冰消瓦解"。但是并非所有的并列关系都能做如此变换，如"人云亦云"不能说成"亦云人云"，"见异思迁"不能说成"思迁见异"。不能做这种变换的原因是，两个直接成分所表示的行为动作存在先后关系，如"见异思迁"，首先是"见异"，然后才"思迁"。

有的非并列关系的成语，两个直接成分之间的语序也可以变换，但在做这种变换之后，成语的结构关系也随着发生变化，例如"泰然处之"可以说成"处之泰然"，但前者是偏正关系，后者是主谓关系；"茅塞顿开"可以说成"顿开茅塞"，但前者是主谓关系，后者是动宾关系。

2．成语的意义特征

成语除了具有形式上的定型性特征以外，在意义上也具有自己的特征，这种特征体现在理性意义和附加意义两个方面。

成语的理性意义表现为"整体性"特征，就是整个成语的意义一般不是构成成语的各个成分意义的简单相加。"奴颜婢膝"并不是"奴隶脸上的表情和婢女的膝盖"的意思，而是用来形容"卑躬屈膝奉承巴结"的样子；"目不识丁"并不是字面上"眼睛不认识'丁'字"的意思，而是用来形容人根本不认识字。如果说这两个成语的意义与其构成成分的字面意义还有联系的话，那么像"杯弓蛇影"这样的成语我们就根本无法从"杯""弓""蛇"和"影"这四个语素推断出它的真正意义：比喻疑神疑鬼，枉自惊慌。

有些成语，特别是后起的成语，我们能比较容易地从其构成语素的意义看出整个成语的意义。这类成语如"千辛万苦""饥不择食""厚颜无耻""高官厚禄"，等等。

不同成语的附加意义可能不尽相同。"无微不至""踌躇满志""守口如瓶"等具有褒义色彩，"厚颜无耻""鼠目寸光""哗众取宠"等则具有贬义色彩；"怒发冲冠""遍体鳞伤""危如累卵"等具有形象色彩；等等。但是，所有成语都有一个共同的附加意义特征，那就是书面色彩很浓。从古代汉语中继承下来的成语在这方面表现尤为明显，如"沉鱼落雁"，从句法语义上看保留着古代汉语的使动用法，从字面上看就是"使鱼沉到水底、使在天上飞的雁掉落到地上"。

二、成语的来源

现代汉语成语的来源大体上有三：历史的继承、新成语的创造、对外族语的借用。

1．历史的继承

我们今天所用的成语，大部分是从浩如烟海的古籍中沿用下来的。具体地说有四方面的来源：一是寓言故事，二是神话传说等，三是历史事实，四是作品中的名言。

我国的文献记载了丰富的多姿多彩的寓言故事，这些故事虽然是虚构的，但它们能给人以深刻的认识。所以人们就用简单的固定短语将这些寓言故事概括出来，相继沿用，从而成为成语。比如"刻舟求剑"，说的是这样一个故事：楚国有个人在过江时把剑掉在水里，他立即在船帮上刻上一个记号标示剑掉落的地方，想等船停下从刻记号的地方下水找剑。船已行了，而剑没有行，其结果可想而知。于是后来就用"刻舟求剑"来比喻"不知道根据情势的变化而改变看法或办法"。"朝三暮四""螳螂捕蝉""叶公好龙"等也属这类。

与寓言相似的是神话传说。有些神话因为表义的需要而用成语的形式固定了下来。比如"精卫填海"说的是，炎帝的女儿在东海淹死，化为精卫鸟，每天衔西山的木石来填东海。后来就用这个成语来比喻有深仇大恨，立志必报；或者比喻不畏艰难，努力奋斗。类似的成语有"夸父逐口""世外桃源"等。

像"完璧归赵""负荆请罪""破釜沉舟""毛遂自荐""初出茅庐"等成语都来自历史事实。

来源于上述三种的成语都有一定的典故。而来源于作品中名言的成语则不然，它或是对名言的直接援用，或对其略加改造。比如"水落石出"这一成语就援用苏东坡的《后赤壁赋》："江河有声，断岸千尺，山高月小，水落石出。""见仁见智"则是对"仁者见仁，智者见智"的改造。

2. 新成语的创造

语言中的语汇从来就是为交际服务的，因而必然会随着社会的发展而发展。作为语汇成员之一的成语当然也不例外。当原有的成语不能满足社会交际需要的时候，就会创造出新的成语。这里所说的"新"是与从古代汉语中继承下来的成语相对而言的，与"新造词语"中的"新"不完全相同。属于这类的成语有"趁热打铁""一穷二白""求同存异""另起炉灶"等。

成语一般为四字格，但对后起的四字格是否就是成语，不同的人会有不同的看法。有的人把"包办代替""刻苦耐劳""迎头痛击""说

东道西"看作成语，徐耀民（1997）①则认为这些不能看作成语。有的
人甚至把"七长八短""七歪八扭""诱敌深入""从头到尾""反面教
员""可有可无"等也视为成语，这未免失之太滥。与此相反的是，刘
叔新（1990）把"身体力行""煞费苦心""微不足道""不胜枚举""唯
命是从""直截了当"等都逐出成语之列，这未免又过于苛刻。②

3．对外族成语的借用

词语的借用是语言的一种普遍现象，对一个开放社会来说尤其如
此。从汉语来看，对普通词语的借用比较普遍，成语的借用相比之下
就少得多。这可能与下列因素有关：一是成语的民族性比较强，成语
的翻译不能直接按"源成语"（姑且这样称外族语中相当于汉语成语的
词语）的字面意义进行，这就给成语的借用带来了不便；二是受语汇
系统的制约，有的源成语虽然有可能翻译过来，但表达同样的意义汉
语中已有现成的表达法。属于后一种情况的，即便借用过来，人们的
看法也不一。

例如，汉语中现在不时地看到"一石二鸟"这一说法，它来源于
英语的 Kill two birds with one stone。这种蒙太奇的翻译方法与源成语
比较接近，似乎可以接受。但问题是，汉语中已有与此相类似的说法，
那就是"一箭双雕"。于是见仁见智，有的认为不该借用，原因有二：
一是汉语中已有"一箭双雕"这一成语，二是，如果不了解"一石二
鸟"的出处，不大容易理解它的意义；赞成者则认为，汉语中虽有"一
箭双雕"表示相同的意义，但借用之后可以丰富汉语的表达，使语言
的表达多样化。

成语的借用虽然不如普通词语借用那样方便，但还是可以借用的。
我们现在所熟悉的"五体投地""聚沙成塔""不可思议""一尘不染"
等成语就是从佛经里借用来的，可我们现在根本就感觉不到这一点。

---

① 徐耀民，1997，《成语的划界、定型和释义问题》，《中国语文》第 1 期。

② 这与他在确定成语时所使用的标准有关。他认为："意义的双层性是汉语成语的区别性特
征，据此可把成语同其他固定语单位区别开来，特别是同惯用语区别开，从而能以具有明确的个
性而确定下来。"（《汉语描写词汇学》，第 127 页）

成语的借用和词的借用①有相似的一面，就是要根据汉语的特点对被借用的对象进行改造，就成语的借用而言，要尽可能使源成语符合汉语的四字格特点。但成语的借用和词的借用又有不同的一面，就是词的借用方式可以多种多样，如音译、意译、音译兼意译等；而成语的借用只能是意译，我们不可能用音译的方式把 Kill two birds with one stone 借用过来。

三、成语的可变性

前面我们说成语在结构上具有定型性，在意义上具有整体性，这并不是说成语在结构和意义上就绝对不能变。其实，世界上的任何事物，变化总是绝对的，不变是相对的。成语也不例外，这是成语的可变性一面。成语的可变性大而言之有两个方面：一是历时性的变化，二是共时性的变化。无论历时方面的变化还是共时方面的变化都存在结构形式和意义两方面的变化。

1. 成语的历时变化

现代汉语中的很多成语是从古代汉语中继承下来的，或者是书面上的继承，或者是口头上的继承。成语从古代到现代，从形式上看往往有逐步定型的过程。我们今天所说的"分道扬镳""同床异梦""家喻户晓"和"骨瘦如柴"，在以前分别说成"分路扬镳""同床各梦""家至户晓"和"骨瘦如豺"。这是结构成分方面的变化。结构成分方面的变化有的是因为原有成语中的个别语素今天看来比较冷僻，不大容易理解，因而换用其他语素，如"揠苗助长"中的"揠"改为"拔"，结果成了"拔苗助长"；"屡教不改"的前身是"屡戒不悛（quān）"，其中的"悛"就比较冷僻。除了结构成分的变化以外，成语的成分顺序和结构关系也可能发生变化，例如"丰衣足食"和"衣丰食足"，"焦头烂额"和"头焦额烂"，现代汉语中一般只用前者，后者极少使用。

成语的意义也可能发生历时的变化。如"不求甚解"，较早的意义是指"读书只领会精神，不在一字一句的解释上多花工夫"。陶潜的《五

---

① 关于词的借用后面有专章介绍。

柳先生传》中有这样的句子："好读书，不求甚解。"明代朱国桢《涌幢小品·己丑馆选》："读书不求甚解，此语如何？曰静中看书，大意了然。惟有一等人，穿凿求解，反致背戾、可笑。故曰：解是不解，不解是解。"①这个成语今天多指"只求懂得个大概，不求深刻了解。"这是成语理性意义的变化。成语的附加意义也可能发生变化，比如"走马看花"，原义为骑在马上看花，形容得意、愉快的心情；现在比喻粗略地观察事物，有贬义色彩。"衣冠禽兽"与此类似。

2．成语的共时变化

成语的共时变化是指我们在使用成语时的临时变化。这种临时性的变化是以表达的需要为前提的。成语的意义虽然具有整体性特征，这一整体性又表现为稳定性；但是在特定的语境中，如果原封不动地搬用成语，有时就显得不那么贴切，这时就需要对相应的成语做适当的改造。比如，要想表达"较长时间地深入实际，进行调查研究"这一意义，用"走马看花"显然是不确切的，于是将它改为"下马看花"。如果我们想买一本书，而这本书的价格又特别贵，尽管想买，但买不起；这时如果要用"望洋兴叹"来形容也未尝不可，不过总觉得有点儿别扭。如果在这里说成"望书兴叹"②岂不是更妙？这些都是因表义的需要而引起结构成分的变化。

成语的意义在共时平面也有可能发生临时的变化，这主要是为了达到一定的修辞目的。例如：

（1）在一个座谈会上，有几位同志为鬼戏鸣不平，说是神戏上演了，所谓妖也上舞台了，唯独鬼戏未见登台。一位同志脱口而出："这叫作'**神出鬼没**'"，妙语解颐，举坐生风。（《文汇报》1979 年 2 月 10 日）

（2）这样一来，就打破了区别词类所运用的标准的一贯性，就使得代词"**逍遥法外**"（"法"指语法），和其他词类的区分标准在理论上就尖锐地矛盾起来，在实践上也会带来致误的后果。（《中国语文》1960

---

① 王涛等，1987，《中国成语大辞典》，上海辞书出版社，第 106-107 页。
② "望洋兴叹"中的"望洋"到底怎样理解，说法不一。比较流行的看法是，它是联绵词。但也有人认为，"洋"是"阳"的假借字，"望洋"就是"望视太阳"，这样"望洋"就成了动宾关系的短语。参见徐耀民（1997）附注（5）。

年第 6 期第 285 页）

"神出鬼没"原本用来比喻变化巧妙迅速，或一会儿出现，一会儿隐没，不容易捉摸。而在例（1）中它指的是"神戏出现了，鬼戏没有上台"。"逍遥法外"原指犯法的人逃避法律之外而无人追究。在例（2）中显然不是这一意义，其中的"法"是语法而不是法律。

成语的可变性给我们一个启示：在编成语词典或进行成语规范时，必须考虑到成语在历时和共时方面的变化；不能把定型前的形式或者临时的结构变化看作共时的变体，不能把临时的意义看作某成语的稳定意义而作为一个新的义项。

四、成语的运用

成语有很多是对寓言神话、历史事实的高度概括，所以运用成语不仅能起到言简意赅的作用，而且往往能给人以联想从而获得生动的效果。正因为运用成语能取得这样或那样的表达效果，我们在日常交际中都不时地用上一些成语。不过，成语的运用并不是随心所欲的，这要受它自身特点的制约。所以，在运用成语时，我们要注意以下几个方面：

第一，由于成语在意义上多具有整体性特点，所以在使用或理解成语时首先要真正理解成语的意义，包括理性意义和附加意义，不能望文生义。某报上曾有一篇文章说运动员很想参加某项比赛什么的，用了"蠢蠢欲动"这一成语，这显然不妥。《现代汉语词典》（第 6 版）对它的解释是："指敌人准备进行攻击或坏分子策划破坏活动"，可见这条成语具有很强的贬义色彩；用来描写我们的运动员当然不妥，可以换用"跃跃欲试"。

第二，部分成语在现行阶段有不同的写法，它们在表义上并没有什么差别，应该是规范的对象。这些成语一般其中一个比较常用，另一个则不常用，在使用时最好选用常用的那个。比如"失之交臂"和"交臂失之"，"争风吃醋"和"争锋吃醋"，"师道尊严"和"师严道尊"，前者常用，而后者不常用。

第三，由于成语在结构上具有定型性，所以在使用成语时不要随意做任何改变，除非为了一定的修辞目的。

第四，同样与定型性有关，在书写成语时不能写别字，写别字往往与对成语的意义没有真正掌握有关。比如，"墨守**成规**"不能写成"墨守**陈规**"，"病入膏**肓**"不能写成"病入膏**盲**"，"再接再**厉**"不能写成"再接再**励**"，等等。

第五，很多成语是从古代汉语中继承下来的，其中的语素不仅继承了古代的意义，在读音上也比较特别，虽然部分语素的读音已根据现在的习惯做了修订，但还有不少语素仍保留以前的读音；因此我们在口头使用成语时要注意这些语素的特殊读音。比如"叶公好龙"中的"叶"，以前读 shè，今天改读为 yè；但"否极泰来"中的"否"仍然读 pǐ，不读 fǒu，"博闻强识"中的"识"读 zhì，不读 shí；等等。

第二节　惯用语

惯用语在日常交际中也经常使用，它和成语一样，也有自己的一些特点；因此，了解惯用语的有关知识对语言运用也是有帮助的。

一、惯用语的特征

惯用语[①]的特征也体现在形式和意义两个方面。

1. 惯用语的形式特征

惯用语在形式上一个比较明显的特征，就是很多惯用语是以三个语素组成的"三字格"形式。如"开小灶""穿小鞋""泼冷水""挖墙脚"等。据周荐（1998）的统计，三字格的，在徐宗才等人的《惯用语例释》中约占 68.97%，在施宝义等人的《汉语惯用语词典》中约占

---

① 刘叔新（1990：125-126）给惯用语下的定义是："固定语中，凡充分具有结构成分固定的特点，但是不具意义的双层性，其涵义体现成类事物的一般概念而非个别事物概念或专门概念的，就是惯用语。"如"唯命是从""进退两难""自给自足""痛哭流涕""怨天尤人"等。（参阅第136-137页）相反，他把人们普遍看作惯用语的，如"戴高帽""跑龙套""钻空子"等，看作成语。这种仅仅根据意义来确定是否惯用语的方法具有明显的不足，比如，很多词也具有意义的双层性。因而这种观点难以为人接受。

84.40%。①当然不是所有的"三字格"都是惯用语，如"含羞草""喇叭裤""高跟鞋"等都不是惯用语。不过并非所有的惯用语都是"三字格"，如"赶鸭子上架"由五个音节组成。尽管如此，三字格还是惯用语的典型形式。对这两种现象，大家的看法比较一致。②

　　而对像"砸锅"这种只有两个音节的单位来说，是否惯用语，看法就不尽相同了。一般认为，惯用语至少是"三字格"，"两字格"的往往被看作词。关于这一点，吕冀平等（1987）从理论上进行了阐述："从理论上说，只要承认现代汉语还有单音节词，就必须承认有双音节的词组（'固定'与否不能绝对化），因而也就不能排除双音节的惯用语。"从理论上说，我们确实不能排除两字格作为惯用语的可能，但这在实践上会遇到很大的麻烦：惯用语的意义固然不能从字面上去理解，而且很多惯用语的意义都是通过比喻的方式获得的，但是，众多的词的意义也具有这样的特点，如"龙眼""包袱""佛手"等，此其一；其二，虽然有两个单音节组成的短语，但作为自由短语，其意义比较容易从构成成分的字面意义中获得，而且词与词之间的结合并不像词的内部语素与语素之间结合得那样紧，而惯用语的意义是不能从构成成分的字面意义直接获得的。所以我们主张，从音节的多少上来看，惯用语至少应该是三音节的。像"吹牛""拍马"这种形式，不妨看作惯用语"吹牛皮""拍马屁"的词化结果，正如"劳动模范"词化为"劳模"、"科学研究"词化为"科研"一样。词化之初，作为"词"的形式和作为"语"的形式共存是不足为怪的。我们不能因为"劳模""科研"的意义与"劳动模范""科学研究"相同就一定要说它们是短语，同样，我们也不必因"吹牛""拍马"的意义与"吹牛皮""拍马屁"相同就一定要说它们仍然是惯用语。

　　可见，区别惯用语和非惯用语光靠是否"三字格"是行不通的，

---

　　① 三字格在高歌东等人的《汉语惯用语大辞典》中约占 57.42%，不过值得注意的是，该辞典把以下这些也看作惯用语："过路财神""癞蛤蟆想吃天鹅肉""明知山有虎，偏向虎山行""你走你的阳关道，我走我的独木桥"，等等。由于各家对惯用语的认识不尽相同，收词范围不同，三字格在不同词典中所占的比例也就有所差异。但总的看来，三字格占多数还是可以肯定的。

　　② 不过周荐在《惯用语新论》一文中认为，惯用语应该排除三字格部分，因为三字格与词纠缠不清，而惯用语首先是语，而不能是词。参见《语言教学与研究》1998 年第 1 期，第 137 页。

必须依据惯用语的本质特征。

惯用语在形式上的本质特征表现为，构成惯用语的各个成分相对稳定，使得惯用语的结构具有相对定型性。所谓"相对定型性"是指，与自由短语相比，其结构形式一般比较稳定；与成语相比，它的定型性又要差些。

和成语一样，惯用语的定型性主要表现为结构成分的固定性。就是说，组成惯用语的各个成分一般不能被意义相同或相近的词替换。例如，"拍马屁"不能说成"摸马屁"或者"拍牛屁"，"绿帽子"不能说成"黑帽子"或"灰帽子""红帽子"。

2. 惯用语的意义特征

惯用语在意义上也呈现出整体性特征，就是说，惯用语的意义也不能通过构成成分的字面意义而获得。比如"泼冷水"，并不是"把冷水而不是热水泼向某人"的意思，而是用来指"打击人的热情"，这一意义我们无法从"泼"和"冷水"意义的简单相加能够获得的。同样，"穿小鞋"也不是真的穿一双小号的鞋，而是"比喻暗中对人进行刁难或施加约束、限制等"。

我们说惯用语的意义不是其构成成分意义的简单相加，这并不是说惯用语的意义和构成成分的意义毫不相干。实际上，惯用语的意义是通过比喻、借代等方式对构成成分的字面意义进行引申而获得的。例如，"踢皮球"的字面意义是踢球的双方你把球踢给我，我把球踢给你，这样踢来踢去。作为惯用语，它的意义是"互相推诿，把应该解决的事情推给别人"，可见这一行为与"踢皮球"的行为非常相似。再如"换脑筋"，它的实际意义是"改变思想"，而"思想"是与"脑子"相关的。正是这个缘故，我们才不能从字面上去理解惯用语的意义。

惯用语的附加意义特征是，它的口语色彩非常浓。这一点，只要我们把它与意义差不多的成语做一番比较就一目了然。如"拍马屁"和"阿谀奉承"、"摆架子"和"装腔作势"、"穿连裆裤"和"狼狈为奸"、"随大流"和"随波逐流"，等等。

正因为惯用语在形式和意义上具有自己的特征，所以在判断一个短语是不是惯用语时，我们就得综合考虑上述这些特征。

二、惯用语的可变性

尽管惯用语在结构上具有定型性，但这种定型性只是相对的，惯用语在形式上的变化比成语更为灵活。

惯用语，从成分之间的结构关系来看，绝大多数是动宾关系，"泼冷水""穿小鞋"都是这种关系。惯用语的这一特点决定了众多惯用语的变化形式。众所周知，就一个动宾关系的自由短语而言，动词后面可以带补语，动词的宾语之前可以有修饰语；换句话说，动词和所带宾语之间可以插入其他成分。另外，动词的宾语在运用过程中还可以放到动词的前面。动宾关系的惯用语同样具有这些特点。例如：

（3）这家伙大概没有**碰过钉子**吧？

（4）要我找他帮忙？得了吧！我**碰过**他几回**钉子**了。

（5）小王这种人给她**碰碰钉子**也好。

（6）他自以为和张华关系不错，找他办这么点事很有把握，可万万没有想到，第一次就让他**碰了一个大钉子**。

（7）在几年的实际工作中，**钉子是碰了**不少，但是我也熟悉了不少我过去不熟悉的东西。

再看看"兜圈子"：

（8）他说话总喜欢**兜一个大圈子**。

（9）有时候说话就得**兜兜圈子**，不能直截了当。

（10）**圈子兜**了这么大，原来就为这件事啊！

（11）我跟你说话，什么时候**兜过圈子**？

类似的如："摆架子"可以说成"摆什么臭架子"，"翘尾巴"可以说成"尾巴不要翘得太高"，等等。比较起来，非动宾关系的惯用语就少有变化，这跟它们自身的结构性质有关。

惯用语的可变性除了上述情况之外，还体现在部分惯用语的构成成分可以用相近或相关的词语来替换，这点跟成语有较大的不同。例如："泼冷水"——"浇冷水"、"兜圈子"——"绕弯子"、"拆墙脚"——"挖墙脚"、"拉后腿"——"拖后腿"，等等。

需要注意的是，惯用语无论它在形式上怎样变化，它的基本意义不会改变，可谓万变不离其宗。

惯用语的可变性除了体现在共时运用上的变化以外，还体现在历时方面。历时方面的变化既表现在成分的替换上，也表现在惯用语与非惯用语的相互转化上。

三、惯用语的来源

现代汉语中的惯用语有很多来源于日常生活的各个方面，尽管如此，一旦作为惯用语来用的时候，它就有其特定的意义。例如，"打预防针"原为医疗用语，是指通过注射某种药品以达到对某种疾病的免疫效果；而作为惯用语，它并不是真的要注射什么药品，而是指使某人提前做好思想准备等。其他的如"踢皮球""走下坡路""拿手戏"等。

有的惯用语来源于典故传说。"空城计"来源于《三国演义》。蜀将马谡失守街亭以后，魏将司马懿率兵直逼西城，诸葛亮无兵迎敌，但沉着镇定，大开城门，自己在城楼上弹琴。司马懿怀疑对方设有埋伏，遂引兵退去。诸葛亮趁机退出西城，安然回到汉中。所以后来就用"空城计"泛指用计掩饰自己力量的空虚以骗过对方，或者指空无一人。其他的惯用语如"灌迷魂汤""鬼门关""紧箍咒"等也属此类。

还有一部分惯用语是从方言中吸收来的。"打牙祭"原为四川方言，指每逢月初、月中吃一顿有荤菜的饭。后来泛指偶尔吃一顿丰盛的饭。"打马虎眼"来源于北方方言，用来指故意装糊涂蒙混骗人。

有的惯用语的来源显然与汉民族的相关文化有关。例如"八字还没一撇"就与汉字文化有关。写"八"的时候，第一笔写撇（"丿"），然后再写捺。所以后来用以指事情还没有眉目。如"你什么时候结婚？结婚？八字还没一撇呢。""不管三七二十一"是说不顾一切后果。这与汉民族的文化观念有关。在汉民族看来，偶数象征吉祥，奇数则意味着不吉祥。所以，除了出生、死亡无法选择日期外，其他重要的事情一般都选择偶数日（但"四""十四""廿四"除外，因为"四"与"死"谐音），如结婚日期、造房子时的动工日期等。

四、惯用语的运用

和成语一样，惯用语的意义不是构成成分意义的简单相加，而是在字面意义的基础上通过比喻等方式做了引申，因而具有形象性特点；惯用语多来源于日常生活，因而口语色彩很浓；惯用语也具有言简意赅的特点。正是这些缘故，惯用语一直是人们乐意接受和使用的，无论在日常口语中，还是文学作品里，都是如此。在运用惯用语时，我们需要注意以下几个方面：

第一，在理解惯用语时，不能望文生义；同时还要注意惯用语的感情色彩，惯用语中有不少是具有贬义色彩的，如"背黑锅""戴高帽""穿连裆裤""唱对台戏"等。

第二，由于惯用语多来源于日常生活，有的惯用语地域色彩太浓，使用范围窄，这样的惯用语就不宜选用；如果是出于文学表达的需要非用不可时，也要加以解释。

第三，由于惯用语的口语性特点，部分惯用语存在着多种形式并存的局面，在使用时要选用常用的形式。

第四，惯用语在使用时尽管有一定的灵活性，但也不能随意乱用，任何形式的变化都应该以不影响相应的句法特点为前提。

第三节 歇后语

熟语，除了成语和惯用语之外还有一类，那就是歇后语。歇后语之所以称为"歇后"语，是因为这类语言现象与修辞学上所说的"藏尾"非常相像。[1]歇后语在日常交际中也是经常用到的，如形容某人喜欢管不该管的事时，往往会用上歇后语"狗拿耗子——多管闲事"。因此，了解歇后语的有关内容，对我们正确运用歇后语很有必要。

---

① 藏尾是藏词的一种，另一种是藏头。据说，过去有个穷人，过年时贴的春联是："二三四五"，"六七八九"，横批是"南北"。这副春联藏去的是"一""十"和"东西"。"一"和"衣"谐音，"十"和"食"谐音；因此整副春联的意思就是"无衣无食"和"无东西"。

一、歇后语的特征

1. 歇后语的形式特征

从形式上看，歇后语的整体特征，也是最明显的特征，那就是，它有前后两部分，这两部分之间往往用"——"号隔开，有时也用"，"号。例如：

（1）外甥打灯笼——照舅（旧）

（2）黄鼠狼给鸡拜年——不安好心

（3）孕妇走钢丝——挺（铤）而走险

（4）懒婆娘的裹脚——又臭又长

歇后语的前半部分多半是主谓短语，单独看就是一个句子，如上述例（1）—例（3）的前半部分；也有的是名词性偏正短语，如上述例（4）。歇后语的后半部分多为谓词性短语，上述各例都是；有的也可以是名词性短语，例如：

（5）猪八戒的脊梁——悟能（无能）之辈

（6）三花脸照镜子——鬼相

歇后语后半部分的这种特点是由其前后两部分的关系决定的。

与成语和惯用语相比，歇后语在结构上的定型性要差些。主要表现在相同的后半部分可以有不同的前半部分，或者是相同的前半部分可以有不同的后半部分。例如：

（7）老鼠钻进风箱里——两头受气

老鼠钻进风箱里——两头受气

老鼠钻到风箱里——两头受气

风箱里的老鼠——两头受气

（8）水中捞月——一场空

竹篮子打水——一场空

（9）狗咬吕洞宾——不识好人心

狗咬吕洞宾——不识好歹人

（10）老虎头上捉虱子——好心不得好报

老虎头上捉虱子——找死

2. 歇后语的意义特征

从意义上看，歇后语的真正意义是在它的后半部分。比如"兔子的尾巴——长不了"这个歇后语，其意义不在"兔子的尾巴"上，而在"长不了"上；前者只是起着"引发"后者的作用。

根据歇后语后半部分与其所表意义之间的关系来看，歇后语的表义方式可以分为两种：一是直义表义，二是谐音表义。所谓"直义表义"，是指歇后语的意义是通过其后半部分的字面意义表示出来的，或者是对字面意义稍加引申。例如：

（11）西瓜皮擦屁股——没完没了

（12）三十晚上喂肥猪——来不及了

（13）懒婆娘的裹脚——又臭又长

（14）马路上的电线杆——靠边站

上例（11）、例（12）歇后语的意义就是"没完没了"和"来不及了"的字面意义，而例（13）、例（14）的意义则是在字面意义的基础上做了引申，比如"又臭又长"中的"臭"并不是真的指气味上的难闻，"靠边站"比喻离开职位或失去权力。尽管如此，这些引申意义并不是相关词语的临时意义，而是词语的一个义项。

谐音表义则不是通过歇后语后半部分的字面意义或由此引申出来的意义来表示歇后语的意义的，而是通过其中某个（些）词的谐音而联想到相关的词语，从而达到表义的目的。根据谐音情况的不同，谐音表义又可分为完全谐音和相近谐音两种。例如：

（15）旗杆顶上绑鸡毛——好大的掸（胆）子

（16）孔夫子搬家——尽是书（输）

（17）两手进染缸——左也蓝（难），右也蓝（难）

（18）守着厕所睡觉——离屎（死）不远

比如，例（15）中"好大的掸子"，其字面意义是"一个很大的除去灰尘的用具"，而实际上这个歇后语的意义是"胆子很大"，这里利用的是"掸"和"胆"的谐音，通过"掸子"而想到"胆子"；例（16）要表示的实际上是"只输不赢"，而不是"全是书"的意思，是利用"书"和"输"的谐音；这两例中词的谐音是完全谐音。例（17）和例（18）

则是通过相近谐音来达到表义目的的。"蓝"和"难"、"屎"和"死"的声母不同（在某些方言里它们的声母是相同的），但它们读音相近，容易联想到。

从附加意义上看，歇后语一般都具有形象色彩。需要注意的是，歇后语虽然有褒义色彩的，但多为贬义色彩。例如：

（19）武大郎卖豆腐——人熊货软

（20）铁公鸡——一毛不拔

（21）粪坑里的石头——又臭又硬

（22）七字头上加两点——斗（抖）出弯来了

歇后语的附加意义还表现为浓厚的口语色彩，这跟歇后语的来源有关。

二、歇后语前后两部分的关系

前面我们只介绍了歇后语前半部分和后半部分，那么，这两部分之间的关系是怎样的呢？实际上，了解歇后语前后两部分之间的关系有助于更进一步认识歇后语的特征。

由于歇后语的前半部分多为比喻[①]，因而一般都把它称为"比喻部分"；后半部分是对前半部分的解释和说明，因而又被称为"说明部分"。所以，前后两部分之间的关系就成了"被解释—解释"或者"被说明—说明"的关系。正因为如此，有人建议把歇后语改为"譬解语"。

尽管歇后语的前半部分多为比喻，但这并不意味着所有的前半部分都是由比喻构成的，例如：

（23）七字头上加两点——斗（抖）出弯来了

（24）孔夫子搬家——尽是书（输）

由此可见，把歇后语改成譬解语是不妥的。[②]

---

① 马国凡、高歌东《惯用语》（1998：21）曾说："歇后语的前半部大多是一种比喻，说得夸张些：没有比喻就构不成这类歇后语。"

② 既然"歇后语"这个名称已为人熟知，似乎没有改名的必要。再说，歇后语前后两部分之间的关系细究起来比较复杂，找个合适的名称也不容易。应该把研究的重点放在歇后语的其他方面，而不是它的名称上。

歇后语前后两部分之间的关系可以从两方面去看：一是从前后两部分的意义联系上看；二是从前后两部分的语法关系上看。

1. 歇后语前后两部分的意义联系

歇后语前后两部分在意义上的联系至少可以有以下几个方面。

第一，前半部分叙述一种行为（生活中的，或假想的），后半部分对这种行为的结果或方式加以说明。例如：

（25）肉包子打狗——有去无回

（26）筛子装黄鳝——走的走，溜的溜

（27）骑毛驴看唱本——走着瞧

（28）张果老骑驴——倒着走

例（25），"肉包子打狗"的结果自然是"肉包子"被狗叼去吃了，所以是"有去无回"，例（26）类似；例（27），"骑毛驴看唱本"，其中"骑毛驴"表示"看唱本"的方式，"毛驴"一边走，你一边看，当然是"走着瞧"，例（28）类似。

第二，前半部分说出一种事物，后半部分说明这事物的特征和状态。例如：

（29）铁公鸡——一毛不拔

（30）兔子的尾巴——长不了

（31）破饺子——露了馅了

（32）热锅上的蚂蚁——走投无路

例（29），既然是"铁公鸡"，而不是真的鸡，当然就没有"毛"，所以"一毛不拔"，例（30）类似；例（31），"饺子"一旦破了，自然"馅儿"就"露"在外面，例（32）类似。

这一类中，前半部分有时说出两种事物，后半部分对这两种事物的特征进行概括。例如：

（33）百年老松，十年芭蕉——粗枝大叶

（34）花生的壳，大葱的皮——一层管一层

第三，前半部分叙述一种行为或现象，后半部分对有关这种行为或现象的声音进行模拟。例如：

（35）狗撵鸭子——呱呱叫

（36）高山滚鼓——扑通（不通）

（37）葫芦落水——吞吞吐吐

"呱呱叫"是鸭子被狗撵的时候发出的叫声，"扑通"是鼓从山上滚下来时发出的声响，"吞吞吐吐"是葫芦落进水里时，水往里面灌的情状。

第四，前半部分说出一种现象，后半部分对这种现象进行概括说明。例如：

（38）荷花塘里着火——藕燃（偶然）

（39）草帽子烂了边——顶好

"荷花塘里着火"自然是荷叶在燃烧，故为"藕燃"；"草帽子烂了边"，"顶"并没有烂，所以"顶"是好的。

第五，前半部分以历史上或者神话传说的某一事件或某一人物为基础，后半部分对此进行说明。例如：

（40）徐庶进曹营——一言不发

（41）李鬼劫路——盗名欺世

（42）白骨精给唐僧送饭——假心假意

例（40）说的是三国之事。徐庶为刘备的军师，帮助刘备取得了一些胜利。曹操得知后便将他的母亲软禁起来，以此要挟徐庶投奔自己。徐庶不得已来到曹操这边，但发誓终身不为曹操出谋划策，所以"一言不发"。例（41）中"李鬼"为《水浒传》中的人物，他冒充李逵拦路抢劫，由此引出"盗名欺世"。例（42）中"白骨精"和"唐僧"都是《西游记》中的人物，白骨精为了长生不老，千方百计地想吃唐僧的肉，设出种种骗局，但都被孙悟空识破，阴谋没能得逞。可见白骨精给唐僧送饭不是真心真意的，而是假心假意。

歇后语前后两部分之间在意义上的联系比较复杂，需要进一步研究。

2. 歇后语前后两部分的句法关系

歇后语前后两部分除了具有意义上的联系外，还存在着句法关系。主要有以下两种：

第一，前后两部分构成主谓关系。前半部分是主语，后半部分是对主语的陈述，是谓语。例如：

（43）丈二的和尚——摸不着头脑

（44）梁山的兄弟——不打不成交

（45）背儿媳上山——吃力不讨好

第二，前后两部分构成连动关系，后半部分是连动式的一部分。例如：

（46）外甥打灯笼——照舅（旧）

（47）阎王爷说谎——骗鬼

（48）猪鼻子里插葱——装象（相）

例（46）中，"打灯笼"和"照舅"的都是"外甥"，可见它们共一个主语；因此，"打灯笼"和"照舅"在一起就构成了连动式。后面两例类似。

前面说过，歇后语的后半部分多为谓词性短语，这显然与它在整个歇后语中所作的句法成分有关。有些歇后语的后半部分虽然是名词性短语，但从句法关系来看，还是作谓语，相当于名词性谓语句。例如：

（49）歪嘴巴吹喇叭——一口邪气

（50）土地爷放屁——神气

例（50）中的"神气"，从整个歇后语的意义来看，它是谓词性的；不过，这个谓词性的"神气"是通过转义而获得的。实际上，作为歇后语的后半部分，它是对前半部分的解释，应该是"神（仙）的气"，所以说它是名词性的。

三、歇后语的来源

这里所说的"歇后语的来源"不是指"歇后语"这个名称的来源[①]，而是指歇后语前半部分的取材来源。

歇后语绝大多数来源于人们的社会生活，来源于生活的不同方面。有的是人们对现实生活现象的概括和总结。比如：

---

① 关于歇后语名称的来源，可参阅：武占坤、王勤《现代汉语词汇概要》（1983：306-307）；马国凡、高歌东《歇后语》（1998：1-4）；徐国庆《现代汉语词汇系统论》（1999：164-165）。

（51）秋后的蚂蚱——蹦不了几天

（52）芝麻开花——节节高

（53）茶壶里的饺子——倒不出

有的是以现实中的事物为依据进行想象的结果。例如：

（54）麻布袋上绣花——底子太差

（55）洗脸盆里游泳——不知深浅

（56）高射炮打蚊子——大材小用

此外，有的歇后语来源于历史故事或神话传说。例如：

（57）韩信点兵——多多益善

（58）鲁班门前弄大斧——不自量力

（59）姜太公钓鱼——愿者上钩

四、歇后语的运用

歇后语由于它自身构成的特点，因而具有生动性、形象性、活泼性和风趣性；所以不少人在交际过程中乐于使用，无论口语还是书面语。下面举几个文学作品中的用例：

（60）这是一张空白的《重点考生特别推荐表》，已盖了老同学说的那所高校的鲜亮印章，据说有了这种东西，便等于有了一张高考入学的特别通行证，提档和录取都可以比一般考生降低十分甚至更多，此前，于力凡对这种东西还只是耳闻，得以拜识尊颜还是**大姑娘上轿头一遭**。（孙春平《老师本是老实人》）

（61）这往里捎会喘气的大活人，可是**瞎驴走独木桥，悬到家了**。（孙春平《老师本是老实人》）

尽管如此，歇后语也不能滥用，否则便有油滑之嫌。此外，在使用歇后语时还需要注意以下几点：

第一，由于歇后语来源于社会生活，因而有的歇后语带有浓郁的地域色彩；使用这种歇后语时要考虑是否能为大多数人所理解。下面这条歇后语就难以理解：

（62）青秫秸打箔——一路货

第二，不少歇后语具有贬义色彩，有的甚至是庸俗、低级的，这样的歇后语要尽量避免使用。例如：

（63）老太婆喝稀饭——无齿（耻）下流

（64）老王，你总不能娘子穿衣裳外表风光里面肮脏吧！（许春樵《谜语》）

第三，由于歇后语的真正意义在它的后半部分，所以，如果省略后半部分，就可能造成理解上的困难，这种困难体现在两个方面：一是省略后半部分就可能根本不知道歇后语的意义，比如上述例（64）如果光说"青秋秸打箔"就无法知道它的意义；二是，有的歇后语由相同的前半部分引出不同的后半部分，这时如果省略后半部分，歇后语的意义就不明确，"西瓜皮擦屁股"既可以是"没完没了"，又可以是"黏糊极了"。可见，歇后语的后半部分一般情况下其实是不能"歇"掉的。不过，如果某个歇后语是经常被使用的，或者它本身的意义就比较容易理解，这种歇后语的后半部分则可以省略，如"铁公鸡""懒婆娘的裹脚""黄鼠狼给鸡拜年"等。之所以如此，是因为经常使用的歇后语在认知上已经形成了一种格式塔，即使省略了后半部分，受话者容易将其完形，做整体的理解。①

第四，自造歇后语时必须做到：（1）歇后语的取材来自人民群众的健康生活或历史上的故事、神话传说等；（2）不用人民群众不熟悉的事情或历史典故；（3）不随便使用地方性强的事情或物件；（4）不用深奥晦涩的语言；（5）要使后半部分的意义引得自然、贴切。

本章小结

熟语，指的是由词或语素构成的现成用语。从范围上来说，它包括成语、惯用语和歇后语。其总的特点是：结构上具有定型性，意义上具有整体性。但不同类型的熟语在形式特征和意义特征方面都不尽

---

① 可参阅：卢英顺，2015，《语言学讲义》，复旦大学出版社，第 39—41 页；卢英顺，2005，《语言理解中的格式塔原则》，《修辞学习》第 5 期；卢英顺，2020，《语言问题新探索》，上海社会科学院出版社。

相同。

　　成语在形式上一个最明显的特征是"四字格"（有些成语不止四个语素），但这不是它的本质特征。成语的本质特征体现在形式上就是：（1）结构成分的固定性，即组成成语的各个成分既不能被意义相同或相近的词替换，也不能随意增减；（2）结构关系的固定性，即成语原有的内部结构关系一般不可改变，或者两个直接成分的位置不可随意掉换，如"耳濡目染"不能说成"濡耳染目"，"垂涎三尺"不能说成"三尺垂涎"。成语的意义特征，首先体现在整体性方面，就是整个成语的意义一般不是构成成语的各个成分意义的简单相加，其次它的书面色彩很浓。当然，所有这些特征都不是绝对的。成语也有可变性一面，这在历时和共时两个方面都有所体现。

　　现代汉语成语的来源大体上有三：历史的继承，新成语的创造，对外族语的借用。从继承方面来看，主要来源于寓言故事、神话传说、历史事实和作品中的名言。就借用而言，成语的借用和词的借用有相似的一面，就是要根据汉语的特点对被借用的对象进行改造，就成语的借用来说，要尽可能使源成语符合汉语的四字格特点。但成语的借用和词的借用又有不同的一面，就是词的借用方式可以多种多样，如音译、意译、音译兼意译等；而成语的借用只能是意译。

　　由于成语具有言简意赅等特点，人们在日常交际中经常使用成语。在理解或运用成语时，不能望文生义，不仅要正确理解成语的理性意义，还要弄清它的附加意义；不能随意对成语进行改造；还要注意成语的写法和某些字的特殊读音。

　　惯用语在形式上一个比较明显的特征就是多为"三字格"，而且多为动宾关系；但并非所有的三字格都是惯用语，也不是只有三字格才是惯用语。惯用语的本质特征，在形式上表现为结构的相对定型性，在意义上也呈现出整体性特点。和成语一样，惯用语也具有可变性一面。

　　惯用语多来源于日常生活的各个方面，有的来源于典故传说，还有的是从方言中吸收过来的。

　　惯用语也具有言简意赅的特点，但它的口语色彩很浓。理解和使用惯用语时也不能望文生义；惯用语在使用时虽然具有较大的灵活性，但也不能随意乱用。

与成语、惯用语相比，歇后语在形式上最明显的特征是有前后两部分，歇后语的意义在它的后半部分，前半部分只起个"引发"的作用。根据歇后语后半部分与其所表意义之间的关系来看，歇后语的表义方式可以分为两种：直义表义和谐音表义。所谓"直义表义"，是指歇后语的意义是通过其后半部分的字面意义表示出来的，或者是对字面意义稍加引申；"谐音表义"则是通过其中某个（些）词的谐音而联想到相关的词语，从而达到表义的目的。根据谐音情况的不同，谐音表义又可分为完全谐音和相近谐音两种。

歇后语前后两部分之间的关系，可以分别从前后两部分的意义联系以及语法关系上看。歇后语前后两部分在意义上的联系比较复杂；从语法关系上看，后半部分或作谓语，或作连动式的一部分。歇后语的后半部分多为谓词性短语就与这点相关。

歇后语绝大多数来源于生活的不同方面，有的则来源于历史故事或神话传说。

歇后语具有生动性、形象性、活泼性和风趣性等特点，所以人们乐于使用。但滥用歇后语则有油滑之嫌。此外，要注意避免使用地域色彩浓厚、庸俗低级的歇后语，要考虑到理解的方便。真正能够"歇后"的是那些常用的歇后语，这些歇后语在人们的脑中已经形成了格式塔，"歇后"之后，容易完形。

第六章

语 汇 与 文 化 、 社 会

任何民族的语言都不是单纯的语言问题，因为语言不仅是人类记载自己认识自然界、认识社会所得成果的工具，同时，它又是人类认识的产物；人类对自然界和社会的认识，又不可避免地受到自身观念、信仰等的制约。因此，语言中总是渗透着一定的文化因素。作为语言的重要部分之一的语汇，它与特定民族的文化之间的关系尤为密切。

"文化"一词有广义和狭义的不同，广义的文化泛指各种物质文化和精神文化；而狭义的文化则只指精神文化。每个社会都有自己的文化。社会文化大致可分为物质文化、精神文化、行为文化和制度文化。这些不同类型的文化对语言都有一定的影响。

语汇除了与文化有着密切的关系以外，它与人类社会的发展也有密切的关系。

第一节　文化对语汇系统中成员的影响

文化对语汇系统中成员的影响，体现在特定语汇系统中某些方面的成员异常丰富。

一、宗法制度与汉语的亲属称谓

汉语的亲属称谓之复杂恐怕是其他任何语言都难以企及的。除"爸爸""妈妈"以外，往上有"外祖父""外祖母"与"祖父""祖母"的对立；与"爸爸""妈妈"同辈的，有"舅父""舅母""姑父""姑母"和"姨父""姨母"，"伯伯""伯母"和"叔叔""婶婶"的差别；往下有"儿子""女儿"与"侄儿""侄女"的讲究；还有"哥哥""姐姐"和"弟弟""妹妹"的不同，有"堂兄""堂姐""堂弟""堂妹"的分别。汉语亲属词的这一特点，只要与英语的亲属称谓词比较一下，就会一目了然。汉语中的这些称谓，在英语中只用下列几个词来表示：

father——父亲

mother——母亲

grandfather——祖父，外祖父

grandmother——祖母，外祖母

uncle——伯伯，叔叔，姑父，舅父，姨父

aunt——伯母，婶母，姑母，姨母，舅母

son——儿子

daughter——女儿

brother——哥哥，弟弟

sister——姐姐，妹妹

cousin——堂兄，堂姐，堂弟，堂妹，表哥，表姐，表弟，表妹

nephew——侄儿，侄女

将英语的这些亲属称谓词与汉语的进行比较之后，不难发现：英语的亲属称谓中不分内外，同辈间不分长幼。而汉语在这方面非常讲究。原因何在？这显然与汉民族的文化传统有关。是中国古代的宗法制度、伦理观念在汉语中留下的深刻印记：在亲属关系上，讲究内外有别，长幼有序，男尊女卑。内外有别，则有"祖父"与"外祖父"、"祖母"与"外祖母"等之分；长幼有序，则有"伯父"与"叔父"、"哥哥"与"弟弟"、"姐姐"与"妹妹"之不同；男尊女卑，则孕育出"姑/姨"之别，历来有姑表比姨表亲之说；因为"姑母"是父亲这边的亲戚，而"姨母"是母亲这边的亲戚。

二、饮食文化与其相关的词语

饮食是人类生存所必需的，因而饮食作为一种文化现象，它具有普遍性；但汉族人对饮食文化特别重视。自古以来，无论是生日祝寿、婚丧嫁娶，还是春节团聚、朋友相会，都得很讲究地吃一顿甚至几顿；外宾来访更是离不开吃；许多协议也是在觥筹交错、推杯换盏过程中达成的。这样的饮食文化背景不可能不对语言产生深刻的影响，因而，汉语中与吃有关的词语就异常丰富，这体现在不同方面。

讲究吃首先要讲究烹调的方法，于是汉语中有关烹调方法的词语就会让其他民族的语言望尘莫及：

煮 蒸 熬 炸 烤 烙 烧 煨 炖 烩 焖 卤 腌 拌 汆 ……

烹调的时候总离不开这样或那样的佐料，所以有关这方面的词语也丰富多彩，如：

油类——酱油、豆油、麻油、菜籽油、精制油，等等；

醋类——米醋、陈醋、香醋、白醋、山药醋，等等；

酱类——豆酱、芝麻酱、豆瓣酱、辣酱、甜面酱、果酱、花生酱，等等

有关"吃"这一行为本身也有不同的说法，如"尝、吞、啃、嚼、咽、狼吞虎咽"等。看到美味可口的东西就"馋"，就想"饱"吃一顿；不过，吃饱了就行了，多吃就会"撑"；再好吃的东西，吃多了就会"腻"。

在这种饮食文化背景下，"吃"在汉族人的脑子里可谓根深蒂固。正因为如此，即使与"吃"没有关系的东西也与吃扯上了联系。例如：

欠火候——用来比喻办事情没有达到理想的程度，没有达到既定的标准。

夹生饭——比喻事情没有完成好或达不到标准的产品。

炒鱿鱼——用来喻指被解雇，卷起铺盖离开。

大杂烩——比喻文章或学问很杂，缺乏条理性。也可以比喻在某方面不纯。

其他的如：

咬文嚼字 味同嚼蜡 饱经风霜 垂涎欲滴 等米下锅 如饥似渴 秀色可餐 ……

直接由"吃"构成的词语有：

吃亏 吃苦 吃惊 吃紧 吃透 吃准 吃醋 吃香 吃力 吃定心丸 吃大锅饭 吃闭门羹 吃白饭 吃闲饭 吃老本 吃不了兜着走 吃软不吃硬 坐吃山空 ……

我们汉族人既然对吃这么重视，那么对各种各样的味觉也必然会非常在意。因而，汉语中与味觉有关的词语也不胜枚举，例如：

酸类——辛酸、悲酸、酸痛、穷酸、寒酸、酸溜溜、醋劲儿、半瓶醋；

甜类——甜美、甜头、香甜、甜言蜜语、甘甜、心甘情愿、同甘共苦；

苦类——贫苦、艰苦、辛苦、苦衷、苦闷、诉苦、苦口良药、苦口婆心；

辣类——泼辣、辛辣、毒辣、辣手、心狠手辣

如此等等，不一而足。总之，汉民族的饮食文化在汉语中留下了深刻的印记。

三、佛教文化与相关的词语

佛教传入中国，可谓历史悠久。一般认为是在公元前 2 年传入的，到西晋时代开始流传开来，唐代，佛教的发展盛极而衰。在佛教发展的鼎盛时期，"富户强丁多削发"为僧人；寺院大量侵占民田，扩充庄园，形成巨大的寺院经济。唐睿宗时，"十分天下之财而佛有七八"。佛教在中国影响之大，由此可窥见一斑。佛教传入中国以后，与中国文化相互渗透，形成了具有"中国特色的佛教文化"；这种"汉化"的佛教文化对汉语的语汇产生了深刻的影响。[①]

---

① 佛教对汉语的影响不仅仅表现在语汇方面，它对汉语语法、音韵都有影响。可参阅：郭锦桴，1993，《汉语与中国传统文化》，中国人民大学出版社，第 152-158 页。

　　成语"三生有幸"就来源于佛教的生死轮回学说。[①]"三生"就是"三世"，指前世、现世和来世。据传，唐代有一个叫李源的人，与惠林寺的圆规和尚来往密切，有一次他们同游三峡，圆规和尚指着一个汲水的妇人对李源说："这是我的托生之处，十二年后的中秋之夜，咱们在杭州的天竺寺外相见吧。"当天晚上，圆规和尚便坐化了。12年后，李源如约到了杭州，果然在天竺寺的后山见到了一个牧童，那牧童吟唱道："三生石上旧精魂，赏月吟风不要论。惭愧情人远相访，此身虽异性常存。"原来这牧童就是圆规和尚的后身。人可以投胎转世。可见，"三生有幸"就是非常幸运的意思。

　　佛教文化是一种外来文化，加上其他一些原因，有关佛教方面的很多词语对绝大多数人来说并不熟悉；不过，由于佛教在中国影响深远，不少佛教文化方面的词语已经成为普通词语，人们甚至感觉不到它们的佛源。例如：

　　世界——借自梵文 loka（全称 lokadhātu）。"世为迁流，界为方位。汝今当知，东西南北，东南西北，上下为界，过去、未来、现在为世。"[②]可见"世界"原本既指时间，又指空间；成为普通词语后，它只指空间。其他源于佛教的词语如：

　　实际　觉悟　正宗　刹那　彼岸　本行　本身　烦恼　方便相对　绝对　泡影　解脱　大众

　　五体投地　一针见血　在劫难逃　僧多粥少　不可思议　拖泥带水隔靴搔痒　心猿意马……

四、官本位文化与相关的词语

　　稍微注意一下就会发现：汉语中带"官"的词语异常丰富。例如：

官僚　官员　官衔　官方　官职　官司　官讳　官场　官话官气　官腔　官差　官运　官倒　文官　武官　考官　法官警官　县官　父母官　外交官　司令官　芝麻官　罢官　清官

---

　　① 参阅：郭锦桴，1993，《汉语与中国传统文化》，中国人民大学出版社，第148-149页。
　　② 源自《楞严经》卷四，见：中国佛教文化研究所编，1993，《俗语佛源》，上海人民出版社，第76页。

赃官　官运亨通　一官半职　官样文章　高官厚禄　官逼民反
官官相护　加官进爵　……

为什么会出现这种现象？

两千多年来，汉民族长期受儒家思想和封建意识的影响，产生了官本位的传统观念。做官成为许多人梦寐以求的愿望。在古代，做官似乎是读书的唯一目的，范进得知自己中了举人，竟然高兴得疯了。在当代，有些人为了能当上官，竟然置党纪、国法于不顾，拿钱买官；另有一些人嫌自己的副职官位不够高，居然冒险谋害正职，以便自己能填补空缺。为什么有那么多人对做官情有独钟？俗语所说的"千里做官，为了吃穿""一人当官，鸡犬升天"恐怕是最好的诠释。做了官不仅吃穿无忧无虑，更有千人求、万人求，而且"官"中自有黄金屋，"官"中自有颜如玉，足以光宗耀祖；其得意之心态，谁人可以领略？在这样的文化背景下，汉语中出现大量以"官"为语素构成的词语自然不足为奇了。

第二节　文化对词语形式的影响

文化除了对语汇成员有影响外，对词语的形式也有一定的影响。词语的形式主要体现在音节的多少、多个语素的排列顺序以及单个语素本身的结构等方面。

一、"尚偶"心理对汉语词语音节的影响

汉语词语在发展过程中，一个突出的特点是双音节化趋势。关于汉语词语双音节化的动因，语汇学界有几种不同的说法。王力认为这是汉语语音简化的结果。"双音词的发展是对语音简单化的一种平衡力量。由于汉语语音系统逐渐简单化，同音词逐渐增加，造成信息传达的障碍，双音词增加了，同音词就减少了，语音系统简单化造成的损

失，在词汇发展中得到了补偿。"（王力，1990：2-3）[①]另一部分人认为，词语的双音节化是表义明确的需要。其实，这两种看法实质上是一致的，（语音系统简化后就会影响表义）他们都着眼于语言传递信息的功能。有人对此提出质疑，从文化的角度解释汉语词语双音节化的动因。

杨琳（1996：197-199）指出，在古代文献中，有大量运用衬音助词、简缩音节、连类而及、同义连文等现象。之所以会这样，是因为"汉民族自古以来在讲话作文时（尤其是在作文时）惯于以两个音节为一节拍，喜欢成双作对地使用词语，而语言工作者在确定词的身份的时候也以双音作为十分重要的原则，客观使用与主观认同两相结合，就有了汉语词汇复音化的结果。"究其根源，喜欢对称均衡是人类的普遍心理，而"华夏民族自古以来对成双作对的现象有着比其他民族更为强烈的崇尚和追求，以偶俪对称为美的观念可以说早已成为华夏民族的文化'基因'，深入人心，代代相传。"[②]

必须指出的是，汉语词语双音节化的动因应该是多方面的，"尚偶"文化心理可能是个很重要的原因，但明确表义应该是词语双音节化的根本原因，汉语词语（或语素）本身的单音节特点也是个不可忽视的因素[③]，否则就无法解释当代社会新出现的"三音节"词语现象，如"电视机""自来水""黑板擦"，等等。

二、尊卑观念对汉语复合词语素排列顺序的影响

汉语中，部分复合词语素的排列顺序呈现出明显的倾向，那就是，表示尊义的语素在前，卑义的在后；表示长者的语素在前，幼者的在后；表示男性的在前，女性的在后；表示褒义的在前，贬义的在后；表示重要的语素在前，次要的在后；表示大的在前，小的在后；等等。例如：

将士　贵贱　师生　祖孙　兄弟　姐弟　父母　公婆　夫妻

---

① 王　力，1990，《汉语语法史》，《王力文集》（第十一卷），山东教育出版社。
② 详参：杨琳，1996，《汉语词汇与华夏文化》，语文出版社，第182—197页。
③ 参阅本书第二章第三节的"单音节词和多音节词"部分。

爱憎　安危　好坏　胜败　褒贬　　盈亏　长短　深浅　鞋袜
尺寸　快慢　甘苦　吉凶　岁月　天地　……

汉语并列复合词语素排列顺序的这种倾向绝不是偶然的，它是汉民族传统文化中男尊女卑、长幼有序、重视等级等观念在词语构造上的反映。

文化对复合词语素排列顺序的影响还体现在双音节的方向词语上。我们知道，汉语中表示方向的词语，除了"东""南""西""北"这几个表示"正向"的词语以外，还有表示"偏向"的"东南""东北"，而没有像英语那样的"*南东"（southeast）"*北东"（northeast）的说法。就是在"东"和"西"、"南"和"北"同时出现的时候，也是"东""南"在"西""北"之前，如"东西""南北"，而不是"*西东""*北南"；成语中也是如此，"东张西望""东奔西走""声东击西""走南闯北""南征北战"等，都是"东"在"西"之前，"南"在"北"之前。这都跟汉民族的传统文化观念有关。①

在汉民族传统文化观念中，是以"东"、以"南"为尊的，②这在古人的座次上有所反映。顾炎武在《日知录》中就说过"古人之坐，以东向为尊"的话。其中的"东向"可能因理解的不同而在座次上却截然相反：是"坐在东向"还是"面向东坐"（实际上是"坐在西向"），在笔者的家乡是以坐在东向为尊。不管怎么说，东方为尊是能肯定的。在尊卑观念上，"南方"仅次于东方，杨树达曾经就有关问题做过考证，得出结论说："东乡最尊，南面次之，西面又次之，北面最卑。"③

值得一提的是，我们说汉民族关于方向的文化观念对方向词语的排列顺序有影响，但这并不是说这种影响是唯一的因素；否则就无法解释"西南"这个例外。我们认为，方向词语的排列顺序还受着另一因素的制约，那就是认知上的"突显"性程度，突显程度高的，排列

---

① 详参杨琳《汉语词汇与华夏文化》第一章"方位词的文化蕴含"。

② 这里有认知上的原因。

③ 见杨树达《积微居小学述林·秦汉座次尊卑考》，转引自：杨琳，1990，《汉语词汇与华夏文化》，语文出版社，第9页。

在前，突显程度低的，排列在后。"西方"和"南方"相比，前者比后者要突显，因为日落和日出一样，是最容易被感知的，而"南方"和"北方"则不然。据说，生活在川滇之间泸沽湖地区的纳西族，以太阳出没的方向定东西，然后才判断南北。"东方"和"西方"比"南方""北方"突显，由此可窥见一斑。所以我们说"西南"而不是"*南西"，尽管从尊卑观念上看，南方比西方的座次要尊。（实际上，"东南、东北、西北"的语素排列顺序也可以从这个角度解释）

三、部分语素/词本身的结构受文化因素的制约

汉语中的一部分语素或词（这些语素在古代汉语中其实也是词），其文字构造则明显地带有汉民族文化观念色彩。比如，古人认为"心"为"思"之官，因此众多与"思"有关的语素或词，都从"心"或其变体"忄"。例如：

念　想　愁　悟　怕　忧　恨　忠　怀　怜　恋　忆　憎　悔
悦　虑……

以"心"为语素构造的复合词或者成语在汉语中也非常丰富，例如：

衷心　专心　无心　忍心　决心　存心　担心　动心　多心
狠心　信心　虚心

心意　心神　心愿　心境　心酸　心扉　心服　心腹　心烦
心爱　心算　心情

心不在焉　心旷神怡　心平气和　心满意足　心照不宣　心宽体胖
心猿意马　口是心非　问心无愧　苦口婆心　有口无心　刻骨铭心
掉以轻心　心血来潮　胆战心惊　心有余悸　心安理得　万众一心
心明眼亮……

再比如，在封建社会，男尊女卑的观念可谓根深蒂固，深入人心，就连妇女自己都自称为"奴家""贱妾""卑妾"，等等。在这样的文化背景下，一些含有贬义的语素或者词在书面形体上带有"女"字旁也就不难理解了。如：

奸 娟 嫉 妒 妓 娘 妖 妍 奴 婢 嫖……

最能说明问题的是"嫖",明明是男人不好,还是用"女"字旁,与女人沾上了边。

第三节 文化对词语意义的影响

文化对语言的影响,除了体现在语汇成员、词语的形式方面以外,影响最大的恐怕还是词语的意义方面。

词语的意义有理性意义和附加意义两个方面,这两个方面都可能受到文化因素的影响。

一、文化对词语理性意义的影响

词语的意义是人们对客观世界中存在的事物或发生的现象等所做的概括认识,理性意义作为词语的主要意义,当然也不例外。词语的意义既然是人们对客观世界认识的结果,当然就不会是纯客观的东西,它一定受着主体因素——即人的观念的制约。这种制约在词语意义范围的变化、词语原始意义和引申意义的获得等方面都有体现。

比如"子",在现代汉语中它与"女"相对,指的是"儿子";其实,"子"的本义是孩子,而不是专指"儿子"。古人曾为"子"做解释说:"凡言子者,可以兼男女""言子者,通男女"。但这并不能否认"子"在一定的语境中可以专指"儿子"或者"女儿"。《论语》中有"以其兄之子妻之"一句,其中的"子"显然是指"女儿"。为什么兼指男女的"子"在现代汉语中特指"儿子"呢?这无疑与我国传统观念中重男轻女有关。在"不孝有三,无后为大"的社会里,只有"儿子"才能担负延续祖宗香火的重任,而"女儿"则是可有可无的,因而"儿子"受到特别的重视,具有"凸显"的位置。在这种情况下,"子"专指"儿子"也就不足为奇了。

"布"则是另一种情形,它的意义范围由小变大了。"布"本义是"麻布",这当然与"麻"为古代重要的制"布"原料有关。随着社会的发展，农业种植范围不断扩大，工业技术不断提高，纺织工艺逐步改进，制作"布"的原料丰富多彩，远不限于"麻"等几种有限的原料了。因而今天的"布"这一词的意义范围就广多了，可以指各种各样、形形色色的布。与"布"类似的还有"杯""碗""灯"，等等。

接下来再看看文化因素对词语原始意义或者引申意义获得的影响。"风骚"一词可以指文学，它们之间的这种联系显然不是任意的，而是有着文化根基的。其中的"风"指《诗经》中的《国风》，"骚"指《离骚》。众所周知，《诗经》和屈原的《离骚》在我国文学史上占有非常突出的地位，所以用"风"和"骚"为语素组成的"风骚"一词获得"文学"的意义也就是十分自然的事了。而"在文坛居于领袖地位或在某方面领先"叫"领风骚"也就不令人费解了，"在某方面领先"显然是"在文坛居于领袖地位"用法的扩大。

"红娘"在现代汉语中为什么具有"媒人"的意义？现在它的使用范围又有进一步扩大的趋势，它可以用于婚姻之外的"介绍""牵线搭桥"，如我们在报纸上会经常看到"×××为×××和×××做红娘"一类的句子。"红娘"之所以有这样的意义，显然与作品《西厢记》的影响有关。"红娘"本是《西厢记》中的一个人物，她是崔莺莺的侍女，她促成了莺莺和张生的结合；所以后来就用"红娘"作为"媒人"的代称。

至于"半斤八两"具有"彼此一样，不相上下"的意义，则与我国先前的度量衡文化有关。以前，"一斤"为十六两，那么"八两"当然就是半斤。

二、文化对词语附加意义的影响

文化因素不仅影响到词语的理性意义，它对词语的附加意义也有影响。

汉语中的"龙"与英语的 dragon 对应，但它们的附加意义却迥然不同。汉民族喜欢龙，逢年过节许多地方要舞龙灯，端午节纪念屈原，也有不少地方要进行龙舟比赛；连皇帝的身体都叫"龙体"，皇帝睡的床、坐的椅子，叫"龙床""龙椅"；今天的汉民族人自豪地称自己为

"龙的传人"。可见，"龙"在汉语中有着比较好的附加意义。而dragon则不然。在希腊、罗马神话故事中，"龙"却是像鳄鱼那样的凶残动物；《圣经》上把"龙"作为罪恶的象征。

汉语中的"龙"为什么打上了褒义的印记呢？这与汉民族的传统文化观念有关。汉民族在上古时代就把"龙"作为图腾来崇拜。在古人看来，龙能腾云驾雾，兴云降雨，是神。龙象征着神圣吉祥。由"龙"作为语素构成的词语因而也比较丰富，例如：

攀龙附凤　生龙活虎　望子成龙　龙腾虎跃　鱼龙混杂　龙袍　龙舟　龙灯……

就连人家生的男女双胞胎也叫"龙凤胎"。有例为证：

（1）妇产医院发生一桩新鲜事　龙凤胎儿伴着"篮球"生

日前，常州市妇产医院为一位双胞胎产妇剖腹产，抱出了一对健康可爱的小兄妹，同时还将产妇肚里两个像篮球一样大的卵巢囊肿剥离取出。（报纸）

（2）河北省第一对龙凤胎试管婴儿，日前在河北省第二医院平安出世。两名婴儿均健康良好，男婴重２８５０克，女婴体重２３５０克。（报纸）

有时甚至连动物异性双胞胎也叫"龙凤胎"：

（3）我国最大的华南虎繁育基地——苏州石湖华南虎培育基地传出喜讯：国际编号为241号的母虎日前产下一公一母两只小虎仔。这种一胎之中有公有母的情况，被称为"龙凤胎"。（报纸）

与"龙"和dragon相反的是"狗"和dog。狗在英语中往往带有褒义色彩，如"幸运儿"在英语中就是a lucky dog。在汉民族眼里，狗就没有这么幸运了；不知何故，它和"卑微"扯上了干系，让人讨厌。因而汉语中带有"狗"的词语往往具有贬义色彩，如：

狗屁　走狗　狗熊　狐朋狗友　狗仗人势　狼心狗肺　狗胆包天　狗尾续貂　狗皮膏药　狗急跳墙　狗血喷头　狗腿子　狗咬狗　狗嘴吐不出象牙……

骂人也喜欢骂人"狗东西""狗杂种"，等等。

同样是表示动物的"狗"，在不同的语言中有着不同的附加意义，显然是不同民族对狗在文化观念上的差别所致。

第四节　词语映照和传承文化

如上所述，文化以不同的方式影响着语言中的语汇，并在语汇的成员中留下一定的印记；但是语汇对文化的影响并不是被动的，我们可以从语汇的历史和现状中观照文化，同时，文化也可以通过语汇传承下去。

一、词语映照着文化

既然文化对语汇的影响会在语汇的成员中留下一定的印记，就是说，词语在一定程度上映照着文化，那么我们就可以反过来从语汇的成员中观照文化。

1. 从构词语素特点看某方面的文化

有些文化现象我们可以从词语所由构成的语素来观照。例如，现代汉语中由语素"电"构成的词语就非常丰富：

电笔　电表　电冰箱　电唱机　电车　电磁炉　电灯　电灯泡　电动　电风扇

电焊　电力　电视　电梯　电影　水电　机电　电熨斗　电炉　电线……

显然，如果没有电力工业的发展，就不会出现大量跟电有关的产品，也就不会有这么多带"电"的词语。

明清时期，北京的街巷以"马""羊"命名的很多，例如：①

羊房　羊市口　养羊胡同　羊毛胡同　卖羊肉胡同　羊市胡同　羊尾胡同　羊皮市

马厂　牧马所　北马房　瘦马营　马市桥　养马胡同　杨家马圈　陈家马圈……

---

① 参阅：郭锦桴，1993，《汉语与中国传统文化》，中国人民大学出版社，第338页。

从这些地名中我们可以推测当时北京近郊的畜牧业是很发达的。

如果我们知道"胡"在古代泛指北方和西方的少数民族，通过"胡笳、胡椒、胡琴、胡桃"之类词语我们则可以观照到汉族和这些少数民族之间在历史上的交往情况；同样，从"洋布、洋葱、洋灰、洋碱、洋气、洋嗓子"等词语中可以看到西洋的物质文化和精神文化对本土文化的影响。

2．通过文字本身的构造特点观照文化

对有书面记载的语言，有时我们可以透过记录语汇的文字来观照某民族的文化历史。例如，杯子的质地在现代多种多样，有陶瓷的，也有玻璃的、塑料的等，唯独难见木头的，但从"杯"的形体结构可知，古代的"杯"是木质的。

再看看下列语素和词语：

财　贪　贫　购　贵　贱　赔　赚　赌　贿　赂　贩　贷　费　赊　赎　赏……

这些语素和词都跟"钱"有关，这不是偶然的；它们有一个共同点，就是都有"贝"字作为偏旁，由此可以推知，在远古时代，"贝"曾经作为经济贸易的货币；进而可知当时的渔猎文化。

二、词语传承着文化

既然语言中的词语承载着文化内容，那么人们在学习语言时就不仅仅是在学习语言，而是在学习一种语言的同时，也在一定程度上学习这种语言所承载的文化，语汇则是比较重要的传承工具。

知道"三生有幸"这个词是指"前世、现世和来世都很幸运"，有些人或许就相信人不仅有现世，还有前世和来世，进而会相信"投胎"一说。"在劫难逃""生死由命""富贵在天"等词语所传承的是宿命的观念。

"八"在中国传统文化中象征着吉祥，所以人们在结婚或者造房子动土时往往会选择带"八"的日子。"八"这个词所承载的文化内涵通过人们对它的学习一代一代传承下来了，加上它与"发"读音相近，更受不少人的青睐。据报载，上海市某路由于市政建设需要动迁，原先的门牌号需要重新编号，到 888 号时，三户人家争着要这个号码，争执无果，只好来个折中的办法：分别编为"888 甲""888 乙"和"888 丙"，从而解决了争端。我们也不止一次地听到，带"8"的车牌号被高价拍卖。这些现象都说明，古人关于"八"的文化观念一直传承到当代。

如果突破语汇的范围，从语言与文化的关系来看，我们会更多地看到语汇对文化的传承作用。比如，"枪打出头鸟""出头的橼子先烂""人怕出名，猪怕壮"等俗语教给人的是"中庸"处世哲学，告诫人们不要抛头露面，要韬光养晦；"己所不欲，勿施于人""言多必失"所传承的则是另一种为人哲学。从"人比人，气死人""比上不足，比下有余"中，我们学会了知足常乐之道；从"一人当官，鸡犬升天"中，我们又能领略到在中国这样的社会为官之重要。

可见，语汇不只是被动地受文化因素的影响，它还能传承文化，从而可能进一步发展文化。正是因为这个缘故，历史上的一些民族在沦陷后被其他民族统治的时候，坚决抵制奴化教育，不愿放弃本民族的语言；因为一旦放弃了本民族的语言，就失去了传承文化的工具，从而最终丧失本民族的文化，使自己的民族文化从世界民族文化之林中永远消失。

第五节　语汇和社会

我们常说语言随着社会的发展而发展，我们也知道，语言有语音、语汇和语法三大要素。那么这三大要素与社会的发展是否同步呢？确切地说，语音的发展演变最为缓慢，语法的变化次之，社会生活发生变化一般不会立即引起语法的变化，而语汇的变化可以说基本与社会生活的变化同步，与社会"共变"，它对社会生活的变化最为敏感，社会生活发生了什么变化，语言中的语汇成员会很快有所反映。比如汉语中一些社交称谓的变化：建国初期，"同志"一词广泛使用，显然与"以阶级斗争为纲"的年代有关；到文化大革命时期，强调"工人阶级领导一切",社会称谓由"同志"变为"师傅";改革开放之后,受西方文化的影响,"小姐""先生"重新成为社会称谓;"老板"一词的泛化使用,也与当今的社会现实有关。所以我们会说,语言是社会生活的记录。这种记录主要体现在语汇方面。

一、语汇成员是社会生活的产物

莱昂斯(Lyons,1977:249)①曾经说过这样的话:

A language will not provide a lexeme denoting any object or class of objects which the society using the language never has occasion to refer to.

(一种语言不会提供指称使用该语言的社会从来没有场合涉及的某个或某类对象的词。/ 一种语言不会提供这样的词:其指称的某个或某类对象是使用这种语言的社会从来没有场合涉及的。)

莱昂斯的这句话实际上说的就是语汇成员与社会的关系的。这一点,我们感受最为深切、最现实的莫过于始于 2019 年底的新冠病毒及其后来的变种"奥密克戎"。

我们再来看看"纺嫂、空嫂、月嫂"这些词是如何产生的。

由语素"嫂"构成的词曾经非常有限,只有"嫂子、大嫂、军嫂"等几个词。20 世纪 90 年代,中国的纺织业产能过剩,中国对此进行大刀阔斧的改革,一大批纺织女工纷纷下岗,这些女性成为当时社会关注的对象,为了称呼这一群体的方便,"纺嫂"一词应运而生。"空嫂"一词源自上海东方航空公司的一个举动。过去的空乘女性服务人员都是未婚的,人们称之为"空姐"。某年东方航空公司招聘已婚女性为空乘服务员,为了与"空姐"相区别,仿照"空姐"造了一个新词"空嫂"。之所以用"嫂",也不难理解,过去称未婚女性为"小姐"或"姑娘",如果有女性到了很大年龄尚未结婚,称为"老姑娘",称呼已婚女性为"嫂子"。称呼一个未婚女性为嫂子属称呼不当,可能会遭到痛骂。"月嫂"的产生是近几年的事。城市女性生完孩子以后需要有人料理月子,这样就催生了一种新的家政服务业,料理别人的月子,由

① Lyons, John. 1977. *Semantics*, vol. I. Cambridge: Cambridge University Press.

于这种服务是女性做的，故称这类群体为月嫂。

从 20 世纪 90 年代住房制度改革开始，房地产行业渐渐发红发紫，后来的发展可谓一路高歌猛进。随着生活的变化以及一些房地产企业管理等方面的原因，开发商出现了资金链的断裂。在这种社会背景下，产生了"烂尾工程、烂尾楼"这样的词语。其他诸如"磁浮、彩信、韩潮、韩剧、海归、广场舞"等无不是社会发展一定阶段的产物。

"媒体"是指交流、传播信息的工具。过去的传播靠的是报纸、广播和电视，发布信息的是与政府有关的机构，如报社、广播电台、电视台。随着互联网技术的发展和普及、电子技术的发达及手机用户的"全民化"，信息的发布渠道已不限于传统的机构，个人可以随意发布真真假假的信息。在当代的这种社会背景下，"纸质媒体、全媒体、官媒、自媒体"等说法应运而生。

正是因为语汇成员与社会有着这样的密切关系，有些词语由于社会的飞速发展而昙花一现，这是因为它们所指称的事物或社会现象随着社会的发展而隐退甚至消失。"BP 机、彩信"就是很典型的例子。"软盘、调制解调器"似乎已经销声匿迹，这些词语对年轻人来说应该是很陌生的。

二、语汇成员是凸显的产物

我们说词语是社会生活的产物，这并不是说社会生活的任何发展变化都会在语言中留下印迹，产生某个词。语汇与社会生活之间并不是照相似的翻版，并不是社会生活中有什么，在语言中就必须有个词语形式来表示。语言中的语汇其实只反映社会生活的一部分，而不是全部。接下来的问题是，语汇成员到底反映社会生活中的哪些部分？或者说，社会生活中的哪些方面会在语言中用词语的形式固定下来？语汇成员的产生受到什么因素的制约？对此该如何解释？

我们认为，这种现象可以通过认知来解释。能够在语言中留下印迹的一般是社会发展过程中某个阶段凸显的事物或现象。凸显的事物或现象往往具有普遍性。只有这样的事物或现象才易于为大众注意，才有机会为人们谈论。因此，如果没有相应的词语来指称，交际起来十分不便。

"新冠病毒感染"显然是凸显的产物。这种疾病不仅受到全中国的关注，而且受到全世界的关注。这个词一产生，不仅仅属于行业语汇，很快成了大众语汇，为全民所知。与此相关的"核酸"一词的产生也不难理解。

"剩女"的产生也与凸显有关。其实在过去，女子当婚而未婚的现象也存在，只不过不是社会的普遍现象，没有引起社会的关注，因而缺少相应的表达。而在当今社会，这种现象俨然成为一种社会问题，不仅父母关心，社会学研究者应该也在关心。与此相关的是一些词语的空缺现象。与"师母"相对的说法是什么？其实没有相应的词语，必要的时候不得不以"老师"之类称呼女性导师或师傅的配偶来权宜之。有意思的是，在中国台湾地区，也有类似现象。汤廷池（1994）有这样一段话：

> 有鉴于当前各级学校女老师之增多，而苦无相当于'师母'的名词来称呼女老师的先生，教育部曾经在多位'专家学者'商议之后决定采用'师丈'的称呼。专家学者可能是以表示'年辈较尊者的通称'的'丈'（如'岳丈'或'丈人'之'丈'）来命名为'师丈'，但是在学生与女老师的感觉里'师丈'的'丈'却变成表示'男子的通称'或'妻称夫'的'丈'，总觉得如此称呼似乎有歉恭敬而不大礼貌。因此，'师丈'一词虽经正式公布并通令使用，但事实上使用的人并不多。①

卢英顺《几种语汇现象的认知解释》（2011）②一文从认知的"注意"角度对类似现象做了解释。

三、语汇成员映照社会态势

由于语汇成员是社会的产物，是社会发展特定阶段凸显的事物或现

---

① 汤廷池，1994，《华语语言分析：目标与方法》，载《汉语词法句法五集》，台湾学生书局。
② 卢英顺，2011，《几种语汇现象的认知解释》，载《语言研究集刊》（第八辑），上海辞书出版社；又卢英顺，2020，《语言问题新探索》，上海社会科学院出版社。

象的印迹，所以我们可以反过来从相关的语汇成员来反观特定历史阶段社会的某种态势。

往远处看，有关佛教方面的词语在汉语语汇中的大量涌现，进而大批地转化为大众语汇，说明当时的汉民族对佛教文化的重视。

往近处看，汉语语汇中曾经充斥着"最高指示""红宝书""阶级斗争""红五类""黑五类""臭老九"这样一类词语，从中我们不难体会到那时期国人对领袖人物的崇拜和阶级斗争的盛行与严酷，知识分子社会地位的低下，等等。

在当代的汉语语汇中，大量涌现或使用的却是这样一些词语：

独资 外资 合资 证券 期货 股票 改革 责任制 自负盈亏
扫盲 充电 夜大学 自学考试 电视大学 硕士生 博士生 ……

透过这些词语，我们看到的是十一届三中全会以后进行各种改革的热潮，重视知识、重视人才的文化氛围。近些年，"碳达峰、碳达标"和"绿水青山"之类词语在媒体中频频出现，折射的是新时代政府对环保的高度重视，从"绿水青山就是金山银山"这样的表达，可以看出环保建设和经济发展齐头并进的社会发展理念。从"垃圾分类、干垃圾、湿垃圾、可回收垃圾、有害垃圾"的深入人心，可以看出国民在环境保护、资源利用方面意识的增强。从"XX计划、XX人才、XX学者"这种表达的密集出现，我们不难体会有关部门渴求人才的急迫心态。"内卷"一词的高频使用彰显了当下无理性竞争的激烈。

新词语的产生固然能反映社会的某种态势，旧有词语的高频重新登场同样能反映某一社会阶段比较突出的社会现象。"碰瓷"一词曾一度在电视新闻中频频出现。这个词不是新造词语，《现代汉语词典》（第6版）对它的解释是："〈方〉指故意让人弄坏自己的东西或伤到自己，借机讹诈"。尽管如此，从其构成语素来看，该词的造词理据应该与"触碰瓷器"有关。笔者在电视剧中经常看到这样的场景：有不良之徒拿着一个普通瓷器，说是家传的"古董"，趁对方伸手接过来看而没有拿稳的时候故意松手使其坠地摔碎，从而讹诈对方。与此相关的另一种场景是，在典当铺里，如果有人来典当瓷器古董，柜台伙计要对方把瓷器放在柜台上，然后再拿起来鉴别。如此操作，想必是为了防止上述讹诈行为。"碰瓷"从这种讹诈行为延伸到其他类似的讹诈，如假装被车撞了。"碰瓷"一词的一度频频出现折射的正是这种不良的社会行为。近些年"（不）折腾"的频频出现，其语用预设就是社会上出现了"折腾"现象。

本章小结

语言不仅是人类记载自己认识自然界、认识社会所得成果的工具，同时，它又是人类认识的产物；人类对自然界和社会的认识，又不可避免地受到自身观念、信仰等的制约。因此，语言中总是渗透着一定的文化因素。作为语言的重要部分之一的语汇，当然不会例外。

文化对语汇的影响主要体现在以下几个方面：

（1）对语汇系统中成员的影响。体现在，特定语汇系统中某些方面的成员异常丰富，如汉语中的亲属称谓词语、跟吃有关的词语、源于佛教的词语以及与"官"有关的词语等就是如此，这显然与中国的宗法制度、饮食文化、佛教在中国的广泛传播以及官本位文化观念有关。

（2）对词语的形式也有一定的影响。词语的形式主要体现在音节的多少、多个语素的排列顺序以及单个语素本身的结构等方面。汉语词语的音节数，从古代的单音节词占绝对优势到现在的双音节占优势，尚偶心理可能是个很重要的原因；汉语中，部分复合词语素的排列顺序呈现出明显的倾向，那就是，表示尊义的语素在前，卑义的在后；表示长者的语素在前，幼者的在后；表示男性的在前，女性的在后，等等。出现这种倾向绝不是偶然的，它是汉民族传统文化中男尊女卑、长幼有序、重视等级等观念在词语构造上的反映。汉语中的一部分语素或词，其文字构造则明显地带有汉民族文化观念色彩。古人认为"心"为"思"之官，因此众多与"思"有关的语素或词，都从"心"或其变体"忄"。如"思""想""怀""念"等。像"奸""嫖""妾"这些词语都以"女"为偏旁，则又与旧社会妇女社会地位低下有关。

（3）文化对语言的影响，除了体现在语汇成员、词语的形式方面以外，影响最大的恐怕还是词语的意义方面，包括词语的理性意义和附加意义。"子"由兼指男女演变为指儿子，就与重男轻女文化传统有关；汉民族对"龙"的钟情则源于图腾文化；等等。

语汇，一方面受着各种各样的文化因素的影响，但另一方面，它又在某种程度上映照着文化，传承着文化，所以我们可以从那些带有文化印记的词语中观照一定历史时期的文化特点。

语汇除了与文化有关以外，与社会发展的关系似乎更密切。语汇成员的变化可以说基本与社会生活的变化同步，与社会"共变"，它对社会生活的变化最为敏感，社会生活发生了什么变化，语言中的语汇成员会很快有所反映。语汇成员的产生是社会生活的记录，它们反映的是社会生活中凸显的事物或现象。反过来，我们也可以通过相关的词语来观照社会发展某一阶段的社会态势。

第七章

同音词和同形词①

　　任何词，除了具有一定的意义以外，它还必须具有一定的语音形式；因为语音形式是词义的载体，没有这样的载体，也就不可能有意义。在有文字记载的语言里，词还有一定的书写形式。可见，词一般是音、形、义三位一体的东西。前面所说的同义、近义等关系是就词的意义之间的联系来说的，此外，不同的词之间还有语音形式和书写形式之间的联系。同音词或同形词之间涉及一形（同音或同形）多义问题，它们与多义词之间有着原则性的区别，但在现代汉语共时层面，同形同音词与多义词之间有时见仁见智。

第一节　同音词

一、什么是同音词

　　什么是同音词？顾名思义，同音词是指在语音形式上与其他词完全相同的词。所谓"完全相同"，就单音节词来说，不仅声母和韵母需要相同，而且声调也要相同；就复音词来说，要求每个音节的读音都要相同，就是说，不仅每个音节的声母、韵母、声调相同，整个词的

---

　　① 同音和同形现象其实不限于词与词之间，词与语素、短语之间也存在同音、同形现象。为方便起见，本章只讨论词一级的同音、同形现象。

重音模式也要相同。例如：

zhōng——忠、中、钟、终、衷

shí——十、时、实、识、石、食

gōngshì——公事、攻势、公式、工事

huìhuà——会话、绘画

即使声母和韵母完全相同，如果它们的声调有所差异，也不能算作一组同音词。例如"重""肿"和"钟"等就不是同音词，"共识"和"公式"等不是同音词。同样，"莲子""帘子""链子""脸子"也不是同音词，因为它们或声调不同，或轻重音不同（轻重音的区别就是有无声调，这其实也可归为声调的不同）。

语汇学界对同音词的看法却并不一致。有的认为，同音词之间必须语音相同而意义完全不同。胡裕树（1987：259）给同音词下的定义是这样的："从词的语音形式上看，现代汉语中有许多词意义完全不同，而其语音形式（包括声、韵、调等各个方面）却完全相同。这样的词就叫作同音。"[1]邢福义（1993：196）说得更直截了当："同音词是指一组声音相同而意义完全不同的词。"[2]也有人认为，这样界定同音词并不合适[3]，因为现代汉语中有极少数的词意义相近而语音完全相同，例如：

考察——考查　界限——界线　权力——权利　查访——察访

如果把这些词排除在同音词之外是说不过去的。既然同音词是从语音的联系上来说的，我们认为毫无必要把意义牵扯进来。

同音词中，有的词形不同，有的词形相同。有人称前者为"异形同音词"，称后者为"同形同音词"。例如：

异形同音词：红、洪、虹；著名、注明；轨迹、诡计

同形同音词：（车）站、站（立）；（入）海口、（夸）海口；仪表（厂）、仪表（堂堂）

---

① 胡裕树主编，1987，《现代汉语》（增订本），上海教育出版社。

② 邢福义，1993，《现代汉语》（修订版），高等教育出版社。

③ 可参阅：武占坤、王勤，1983，《现代汉语词汇概要》，内蒙古人民出版社，第153-154页。

二、同音词的形成原因

语言中为什么会有同音词呢？这是由语言的符号性质决定的。语言中词的语音形式和词义之间的关系是一种符号关系。所谓"符号关系"，就是指用什么样的形式表示什么样的意义，这之间没有本质的、必然的联系，比如交通路口的红绿灯，以红色表示停车，以绿色表示通行，其间没有内在的原因。如果当初以红色表示通行，以绿色表示停车，也未尝不可。语言中词的语音形式和词义之间的关系就类似这样的关系。这点如果从不同语言中语音形式和词义之间的关系进行一番比较就会一清二楚。例如，同样是"书"，汉语中用 shū 来表示，英语中则用[buk]来表示。如果语言中词的语音形式和词义之间有着本质的、必然的联系，就不会出现这种现象。语言中词的语音形式和词义之间这种联系的性质使同音词的出现成为可能。假如特定的语音形式只能表示特定的意义，则不可能有同音词出现。

那么，同音词是怎样形成的呢？大致有以下几方面的原因。

1. 造词时语音形式偶合。语言中的语汇不是哪一个人或某一地区的人创造出来的，不同时代、不同地域的人根据需要都可能创造新词语；再加上语言中的辅音和元音的数量有限，由它们组成的音节数，由于种种限制，也是有限的，而我们需要表达的意义则是丰富复杂的；这就不可避免地在造词时出现以同样的语音形式表示不同意义的现象，如"其"和"奇""骑"，"五"和"武"，"赵"和"照"等。汉语中的词，从古代到现代，双音节化越来越多，有的甚至三音节化，这在一定程度上减少了同音词的数量，但不可能绝对地避免同音词的出现；这是因为用来构造新词的语素是有限的，而且这些语素中有的就是同音的，如"中"和"终"，它们与语素"期"组合后构成的"期中"和"期终"当然就同音了。

2. 语音演变的结果。语言随着时间的流逝而发展变化着，其变化因素之一就是语音。语音历时演变的结果，使得部分原来不同音的词变成同音的了。如"七"和"欺"在现代汉语普通话中是同音词，但在历史上，"七"是个入声字①，读音与"欺"并不相同。又如，"清"和"轻""青"在现代汉语中是同音词，但在古代，它们并不同音，"清"和"青"古代韵部不同，"清"和"轻"古代声母不同。

3. 词义演变的结果。词义的演变也会造成同音现象，这是指古代的同一个词的不同义项，经过进一步发展演变，已经看不出义项之间的意义联系，在现代汉语中已经分化为不同的词，但它们还保留原来的读音，因而成了同音词。例如"刻"，现代汉语中它既可以表示"计时单位"（一刻钟），又可表示"雕刻"，由于计时工具的变化，我们已不知道它们之间在意义上的联系，因而是同音词；然而在古代它只是一个多义词。

4. 借用外族语词的结果。汉语在吸收外族语词时，一个重要的方法是音译法；但在音译过程中并不是照搬照抄，而是要根据汉语的语音特点进行汉化，这就使借用过来的词的语音形式与汉语中原有的某些词的语音形式相同，从而产生同音现象。例如"车站"的"站"就是音译蒙古语 jam 的结果，它和汉语中原有的表示"站立"的"站"就成了同音词。类似的有"米"（长度单位）和"（大）米"，"瓦"（功率单位）和"（砖）瓦"等。

三、同音词与多义词的界限

同音词和多义词，从语音形式和词义的关系来说，都是同一个语音形式对应不同的意义，这是它们的相同之处；但它们之间还是有区别的，不过这种区别并非泾渭分明的，之所以会如此，这跟它们都是以相同的语音形式表示不同的意义有关。

说同音词和多义词之间存在着界限上的瓜葛，这并不是说所有的同音词都存在着与多义词划界的问题。如上所述，同音词有异形同音词和同形同音词之分，异形同音词从书写形式上看，属于不同的形式表示不同的意义，因而这类同音词不会与多义词产生瓜葛。同音词中的另一类是同形同音词，同形同音词不仅语音形式相同，而且书写形

---

① "七"在某些方言里仍然读入声。

式也相同；而多义词也是以相同的语音形式、相同的书写形式表示不同的意义，从而使它与同形同音词产生界限上的问题。

就同形同音词而言，也不是所有的同形同音词都与多义词产生界限上的模糊，比如，一般不会把表示长度单位的"米"和"米饭"的"米"看作同一个词的不同义项。但是，表示时间单位的"刻"和"雕刻"的"刻"，是同音词还是多义词，大家的看法就不尽一致了。有人主张把它们看作同音词，因为在共时平面，我们已看不出这不同意义之间的内在联系了。而另一部分人则认为，从词义的演变过程来看，这不同意义之间其实是有内在联系的，因而应该把它们看作同一个"刻"的不同义项，即"刻"是多义词。

由上可见，把这不同意义的"刻"看作同音词还是多义词，取决于看问题的角度，以共时的眼光看就是同音词，以历时的眼光看就是多义词。我们认为，既然说的是现代汉语语汇中的同音词，就应该从共时平面来判断；因此我们主张把它们看作同音词。

有人主张同音词必须语音完全相同而意义完全不同，大概是考虑到"刻"这种情况，但是这样一来就走了极端，而把"考查"和"考察"之类逐出同音词之列了，这恐怕是不能为人接受的。可见，判断某两个（或以上）的词是否同音词，只能根据语音形式的标准，没有必要把意义掺杂进来。

四、怎样看待同音词

语言中有同音词，我们怎样看待这种现象？这得从语言的交际职能上去看。同音词在交际过程中的作用可以从两方面去看：一是积极的方面，二是消极的方面。

从积极的方面看，同音词能起到一定的修辞作用，比如利用同音现象可以造成双关：

（1）高山打鼓远闻声，三姐唱歌久闻名。

二十七钱摆三注，九文九文又九文。（《刘三姐》）

（2）郎做天平姐做针，

一头砝码一头银，

情哥不必闲敲打，

我也知道重和轻，

只要针心对针心。（安徽歌谣）

例（1）中的"九文"，从字面上看是"九文钱"——二十七文钱摆三注，每注是九文，但另一层意义是与它同音的"久闻"。例（2）中的"针心"所传达的意义实际上是"真心"。

如前所述，有不少歇后语就是利用谐音来表义的，其中一部分就是同音，例如：

（3）小葱拌豆腐——一青（清）二白

其中的"青"和"清"就是同音词。

当然，语言中的同音现象也有一定的消极作用，特别是在口语交际中，往往会引起误解。比如"××（食品）可以 zhì ái"，听过这话以后，我们是吃这种食品（治癌），还是不吃这种食品（致癌）？

我们平时写别字，往往也跟同音现象有关。据说以前有个知青给家里写信，说要"上吊"了，把家人吓得够呛，好好的为什么要上吊？其实这位知青所要说的是"上调"！

既然同音现象在言语交际中具有双重作用，我们在使用语言时可以有意识地利用其积极的一面，尽量避免其消极的一面。

第二节　同形词

一、什么是同形词

在有文字的语言里，一个词除了具有语音形式以外，还有一定的书写形式。所谓"同形词"是指在书写形式上完全相同的一组词，如"打"（量词，一打信封）和"打"（动词）。就单音节词而言，当然指书写形式相同；就双音节词而言，不仅是每个音节（一般是每个语素）书写形式相同，而且还要每个音节的书写顺序也相同，如"地道"（地道战）和"地道"（他的上海话说得很地道）。而"人情——情人""网球——球网""文盲——盲文"等就不能算作同形词。

有的学者在给同形词下定义时加上语音的限制。武占坤、王勤（1983：178）就把同形词定义为"语音形式不同，而书写形式相同的一组词"。不过同时他们又加了个脚注："同形词的范围，当然可以不加语音的限制，把'同形的同音词'也包括进来。可是从语言实践的意义上来考虑，然应以异音的同形词为研究重点，在同音词里已经讲了，所以这里就把同形词的范围缩小了。"其实，这种限制是没有必要的，因为同形词和同音词是从不同角度讨论问题的，而且把"同形的同音词"排除在同形词之外也使同形词的定义失去严密性，从书写形式上看，"米"（长度单位）和"米（饭）"不是同形词，又是什么呢？

同形词，根据其读音形式是否相同，可以分为同音同形词和异音同形词两种。上述两个"米"就是同音同形词，异音同形词如：

看 kān（家）——看 kàn（书）

好 hǎo（坏）——好 hào（学）

长 cháng（短）——长 zhǎng（大）

大意 dàyì（主要的意思）——大意 dàyi（疏忽，不注意）

对头 duìtóu（正确，合适）——对头 duìtou（仇敌，对手）

上述这些同形词，或声母不同，或韵母、声调不同。有的同形词声母和韵母都不相同，例如：

行 xíng——行 háng　　区 qū——区 ōu（姓）

二、同形词的形成原因

同形词的形成，从"形"和"义"的关系上来说，和同音词一样，是由于它们之间没有内在的、本质的、必然的联系，"形"和"义"之间的这种联系使同形词的产生成为可能。同形词的形成原因主要有以下几个方面：

1. 汉字的特点使同形词的形成有了较多的机会。用来记录汉语的是表意体系的汉字，而汉字是由一定的笔画按照一定的构架（比如上下结构、左右结构等）造成的，这些笔画和构架都是很有限的，因而在书写形式上出现一些偶合现象也是难以避免的，从而形成了同形词。

2．派生构词是同形词形成的另一个原因。学过英语的人都知道，英语中有一种构词法就是利用改变形式的读音而产生另一个词，例如`contrast（对比，名词）和 con`trast（对比，动词）①。汉语语汇史上也有过音变构词的办法，就是在某些现有词的基础上，用变更其声母或韵母、声调的方法，创造新词。新词和派生它的旧词，往往在书写上还保持同样的形式，于是就产生了同形词。如"降"（jiàng）和"降"（xiáng），后者就是由前者变更声母分化出来的；"落"（luò）和"落"（là），后者就是由前者变更韵母而分化出来的；"钉"（dīng）和"钉"（dìng），后者则是由前者变更声调而形成的。它们一直到现代汉语里还保留原来的书写形式而成为同形词。

3．汉字的由繁而简使得部分原来并不同形的词变成了同形词。例如在古代汉语里，"後"和"后"是两个并不同形的词，但"後"简化后与"后"同形了；"髪"和"發"也并不同形，但简化后它们都成了"发"，变成同形的了。

4．因词义的演变而分化也会产生同形词，如"刻"（时间单位）和"（雕）刻"等。

5．音译外来词也会产生同形词。在音译外来词时，常在汉语中原有的音节里找个相同或近似的音来表示，也就产生了同形词，如"打"（量词）、"米"（长度单位）与"打（击）"、"米（饭）"等。

三、同形词和同音词、多义词

同形词和同音词一样，都是以同样的形式对应不同的意义，但同形词是就视觉上的书写形式而言的，而同音词则是就听觉上的语音形式而言的。书写形式相同的词，读音不一定相同，如"地道""大意""看""打"等，反之，读音形式相同的词，在写法上不一定相同，如"公式"和"攻势"，"李"和"里"，"顶"和"鼎"等。当然，书写形式和语音形式也有重合的地方，就是同形的同音词或者同音的同形词，如"仪表""听"等。

---

① content（内容）和 content（满意）同形，但不存在派生关系。

同形词和多义词相比，都是以同样的书写形式对应不同的意义；但同形词这种同样的形式对应的是不同的词，这不同的词在意义上没什么联系，① 而多义词则是同一个词具有不同的义项，这些不同义项之间在意义上的联系一般是比较明显的。

四、怎样看待同形现象

怎样看待语言中的同形现象呢？

从积极方面看，同形现象也可能使语言的表达富有风趣，让人玩味。请看下面几副对联：

（1）好读书不好读书

　　　好读书不好读书

（2）雾**朝**朝**朝**朝**朝**，**朝**朝**朝**散

　　　潮**长**长**长**长**长**长**，**长**长**长**消

（3）上联：长长长长长长长；

　　　下联：长长长长长长长。

　　　横批：长长长长

例（1）中，上联的第一个"好"读 hǎo，"好读书"就是有读书的条件，有读书的机会，后一个"好"读 hào，"好读书"就是喜爱读书；下联则相反，第一个"好"读 hào，后一个"好"读 hǎo；整副对联的意思是：有读书条件时不喜欢读书，等到喜欢读书时却没了读书的机会。例（2）是浙江温州江心亭的一副对联。上联的黑体"朝"读 zhāo，意思是早晨，其他的"朝"读 cháo，本义为"朝见"，在这里是指"（雾）出现"；下联的黑体"长"读 cháng，意为"时常"，其他的"长"都读 zhǎng，意为"涨"。例（3）据说是一位秀才给一家豆芽铺写的对联，这副怪联使得豆芽铺门庭若市，生意特别兴隆。其中的"长"各自应该怎么读呢？读者朋友自己试试。

书写上的同形，也可以造成双关的效果。一护肤品广告是这样的：

---

① 由意义演变而分化的同形词在历史上是有联系的。一些英语词典把书写形式相同但词性不同的词处理为不同的词条，实际上是把它们作为同形词处理的，这种同形词具有明显的意义联系，如 contrast。

（4）要想皮肤好，**早晚**用大宝。①

这则广告词颇耐人寻味：关键是"早晚"可以有不同的理解，一是"早上和晚上"，另一是"迟早"。按照前一种理解，你要想保护好你的皮肤，至少每天早上和晚上都要用大宝；按照后一种理解更妙：即使现在你用的不是大宝，你要想皮肤好的话，迟早会回过头来用大宝的，因为你用过其他护肤品以后，效果并不理想。

毋庸讳言，同形现象在语言运用中也有一定的消极作用。比如，它可能使初学汉语的人把字音读错，对学汉语的外国人来说尤其如此。例如"银行"的"行"会被读成 xíng；"好（hǎo）吃"和"好（hào）吃"往往令外国人迷惑不解；等等。

本章小结

在有文字记载的语言里，词是音、形、义三位一体的东西。词与词之间不仅有意义上的联系，还有语音形式和书写形式之间的联系，这就有了同音词和同形词。

同音词是指在语音形式上与其他词完全相同的词。所谓"完全相同"，就单音节词来说，不仅声母和韵母需要相同，而且声调也要相同，如"钟"和"终"；就复音词来说，要求每个音节的读音都要相同，就是说，不仅每个音节的声母、韵母、声调相同，整个词的重音模式也要相同，如"公式"和"工事"。

语汇学界对同音词的看法并不一致。有人认为，同音词之间必须语音相同而意义完全不同，但是有人认为，这样界定同音词并不合适，因为语言中有少数像"权利"和"权力"这样的同音现象。同音词中，有的词形不同，有的词形相同。有人称前者为"异形同音词"，如"红"和"宏"；称后者为"同形同音词"，如"（车）站"和"站（立）"。

语言中词的语音形式和意义之间的"符号"性联系使词的同音现

---

① 这种产品的广告词后来改成"大宝啊，明天见。大宝天天见"，索然无味。

象成为可能。同音词的形成原因大致有以下几个方面：（1）造词时语音形式偶合、（2）语音演变的结果、（3）词义演变的结果、（4）借用外族语的结果。一些因词义演变而形成的同音词与多义词之间会存在着界限的问题。

对待语言中的同音现象，我们应该从积极的和消极的两方面去看。

所谓"同形词"是指在书写形式上完全相同的一组词。就单音节词而言，当然指书写形式相同；就双音节词而言，不仅是每个音节（一般是每个语素）书写形式相同，而且还要每个音节的书写顺序也相同，如"地道"（地道战）和"地道"（他的上海话说得很地道）；而"文盲——盲文"就不能算作同形词。同形词，根据其读音形式是否相同，可以分为同音同形词和异音同形词两种。

同形词的形成原因主要有以下几个方面：（1）汉字的特点使同形词的形成有了较多的机会；（2）派生造词是同形词形成的另一个原因；（3）汉字的由繁而简使得部分原来并不同形的词变成了同形词；（4）词义演变、分化的结果；（5）由音译外来词而产生的同形词。

同形词和同音词一样，都是以同样的形式对应不同的意义，但同形词是就视觉上的书写形式而言的，而同音词则是就听觉上的语音形式而言的。书写形式相同的词，读音不一定相同。同形词和多义词相比，都是以同样的书写形式对应不同的意义；但同形词这种同样的形式对应的是不同的词，这不同的词在意义上没什么联系，而多义词则是同一个词具有不同的义项，这些不同义项之间在意义上的联系一般是比较明显的。

对待同形现象，也要从积极和消极两方面去看。

同音词或同形词之间涉及一形多义问题，它们与多义词之间有着原则性的区别，但在现代汉语共时层面，同形同音词与多义词之间有时见仁见智。

第八章

现代汉语词语的缩略和统称

在日常语言生活中，我们会经常碰到或自己使用"中文系""复旦""北大""扫盲""体改"等，说话人和听话人都知道，它们所表达的意义实际上分别是"中国语言文学系""复旦大学""北京大学""扫除文盲""体制改革"。这些都是现代汉语语汇中比较特殊的现象，语汇学上称这种现象为"缩略"或"简称"。①据报道，有关部门对"中国科学院"的简称进行了修订，由原来的"中科院"改为"中国科学院"。这还能叫简称或缩略吗？

第一节 缩略的内涵及类型

一、缩略的内涵

所谓"缩略"，是指在不影响表义明确的前提下，对语言中某些原来较长的词语进行压缩、省略，使语言的表达更加简洁、明了。通过"缩略"而成的词语，可称为"缩略语"。具体地说，缩略语有以下几方面的特点：

---

① 关于这种现象的名称及其所指范围，各家看法不一，可参阅：武占坤、王勤《现代汉语词汇概要》（1983）、徐国庆《现代汉语词汇系统论》（1997）和王立廷等《缩略语》（1998）。

1. 缩略语必须有自己的原词语

如上所述，缩略，是因为原来的词语较长，如"中国语言文学系""科学研究"等，所以没有原来的较长的词语，也就没有缩略语。可见缩略语必须有自己的原词语，而且原词语必定先于缩略语而存在。比如，"复旦"对应于"复旦大学"，而且是先有"复旦大学"，然后才有"复旦"，而不是相反。因而，"少先队员"不是缩略语，因为现代汉语中并没有"少年先锋队员"的说法，即不存在这样的原词语；尽管"少先队"是对"少年先锋队"的缩略。同样，尽管"亚运会"是对"亚洲运动会"的缩略，但"亚运村"不是缩略语，因为没有与之相对应的"亚洲运动会村"。

缩略语的原词语一般是比较固定的短语或者经常在一起出现的词语，"复旦大学""科学研究""欧洲共同体"等都是如此。道理很简单，只有经常在一起出现的词语，在提及其中的某个词语以后，人们才会联想到其他的词语，比较固定的词语更是"形影难离"，更容易由其中的某个词联想到另外的词语；也只有在这样的前提下，原词语被缩略以后，保留下来的词或者语素才有可能作为"触发成分"引起人们对原词语的联想。比如在教育界，"博士生导师"是个比较固定的说法，为很多人所熟悉；把它缩略成"博导"后，人们很容易从"博"和"导"这两个保留的成分联想到"博士生导师"，因而"博导"才能表达出"博士生导师"的意义。

相反，不是经常在一起出现的词语就不能给人以上述联想，因而这种临时组合被缩略以后，人们就难以或者根本不能联想到其"原词语"，这样，所谓的"缩略语"也就不能表达原词语的意义。假如我们把"词典和书"缩略成"词书"，把"保持联系"缩略成"保联"，把"经济而有效的方式"缩略成"经效式"，其结果也就可想而知了。从经济原则的角度来看，不经常在一起出现的词语，因为不是经常使用，也就失去了缩略的必要。

比较固定的词语或者经常在一起出现的词语之所以能使人从部分成分联想到其余的成分，这里有心理上的完形基础。这种心理上的"完形"，可以简单地理解为一种"思维定势"。思维定势是同一种模式反复出现的结果。所以，对不经常在一起出现的临时短语来说，由于偶发成分大，就不容易让人产生这样的定势思维，因而也就不能成为缩略语的原词语的基础。

2．缩略语与原词语必须有形式和意义上的联系

既然缩略语是对原来较长的比较固定或者经常在一起出现的词语的压缩省略的结果，那么，在形式方面，缩略语中就必然保留着原词语的某些成分，"博导"中的"博"是对"博士生"压缩的结果，"导"是由"导师"压缩而成的，可见"博"和"导"都是原词语"博士生导师"中的构成成分；在意义方面，缩略语的意义必须是原词语的意义，"博导"就是"博士生导师"的意思。这是最为典型的缩略现象。

类似"博导"这样的缩略语有很多，如：

扫盲——扫除文盲　文革——文化大革命　科研——科学研究
影评——电影评论

上述这些缩略语有一个共同点，就是缩略语的每个成分都是原词语的某个成分，都能在原词语中找到"影子"。

另有一种现象则不然，缩略语中的成分只有部分来源于原词语，其他成分虽然与原词语有意义和形式上的联系，但不是直接来源于原词语，而是对原词语的概括所得。例如"三通"，它的原词语是"通商、通邮、通航"，原词语中只有"通"，并没有"三"，"三"则来源于对原词语"通商、通邮、通航"的概括说明。同样，"四个现代化"是对"工业现代化、农业现代化、国防现代化、科学技术现代化"的缩略，其中"现代化"直接来源于原词语，而"四个"则是对原词语的概括。这样的缩略语显然不够典型。

与"三通"相像的是"五金""四大发明"之类。"五金"指的是"金、银、铜、铁、锡"，"四大发明"指的是"指南针、火药、造纸、印刷术"。"五金"和"四大发明"中都没有与之相应的词语的成分，因而它们不宜看作缩略语。

3．缩略语必须后于原词语而产生，并且比原词语简短

顾名思义，缩略是对较长成分的压缩、省略，因而，从时间的先后上来说，缩略语的产生必然后于原词语，是先有"复旦大学"，而后

才有"复旦"；先有"奥林匹克运动会"，而后才有"奥运会"，而不是相反。从构成成分上来说，缩略语必然比原词语简短，这些本来是不言自明的。但有人把"沪"看作"上海"的缩略语，把"文房四宝"看作"纸、墨、笔、砚"的缩略语，把"肥料三要素"看作"氮、磷、钾"的缩略语。其实，"沪"只是"上海"的别称，不是对"上海"的缩略。原因很简单，一则"上海"这个词中并不包含"沪"这一成分，二则"沪"的产生先于"上海"。同样，"湘""赣"也只是"湖南""江西"的别称，而不是它们的缩略语。"文房四宝""肥料三要素"这两种现象中，前者只是对后者的概括说明。

二、缩略的类型

缩略的类型可以从不同的角度去观察，相应地，所得的结果也就不可能完全一致。

1. 名词性缩略和动词性缩略

从原词语，即被缩略的对象的句法功能来看，有名词性词语的缩略和动词性词语的缩略，可分别称为"名词性缩略""动词性缩略"。名词性缩略现象较多，例如：

社会科学院——社科院	计划生育委员会——计生委
人民警察——民警	中国共产党——中共
劳动模范——劳模	师范大学——师大
科学技术——科技	数学、物理、化学——数理化
大学、中学、小学——大、中、小学	

由上可见，名词性缩略中，原词语既可以是偏正性的，又可以是并列性的。

动词性缩略的例子如：

扫除文盲——扫盲	整顿作风——整风
婚前检查——婚检	人工流产——人流
面向现代化、面向世界、面向未来——三个面向	
讲文明、讲礼貌、讲卫生、讲秩序、讲道德——五讲	

2. 抽取式缩略和概括式缩略

根据缩略语的构成成分与原词语构成成分之间的关系，缩略可以分为抽取式缩略和概括式缩略两种。

所谓"抽取式缩略"是指从原词语中抽取某些成分构成缩略语的一种方式，比如抽取"奥林匹克运动会"中的"奥、运、会"构成缩略语"奥运会"。抽取式缩略根据所抽取的成分在原词语中的位置，又有以下几种情况：

A 抽取原词语中各部分的第一个音节，构成一个缩略语。例如：

流感——流行性感冒　　　　科研——科学研究

计生委——计划生育委员会　　环保——环境保护

高知——高级知识分子　　　　北大——北京大学

B 抽取原词语中前面各部分的第一个音节和后一部分的最后一个音节，构成一个缩略语。例如：

师院——师范学院　　　　　空姐——空中小姐

军属——军人家属　　　　　高校——高等院校

扫盲——扫除文盲　　　　　人代会——人民代表大会

C 抽取原词语中各部分的最后一个音节，构成一个缩略语。例如：

婚龄——结婚年龄　　侨务——华侨事务　　港督——香港总督

防病——预防疾病　　速递——快速投递　　影视——电影电视

D 抽取原词语前一部分的后一音节和后一部分的前一音节，构成一个缩略语。例如：

民警——人民警察　　防盗——提防盗窃　　川大——四川大学

E 抽取原词语前面部分的第一个音节和后一部分的首尾两个音节，构成一个缩略语。例如：

奥运会——奥林匹克运动会　　欧共体——欧洲共同体

与这类在形式上相近的是：

短训班——短期训练班　　　　中宣部——中央宣传部

"短训班"从形式上看似乎也是抽取原词语前一部分的第一个音节和后一部分的首尾两个音节，而实际上，原词语中的"训练班"不像"运动会""共同体"那样是一个词，而是两个词，"班"是一个独立的词；"中宣部"与"短训班"类似。

F　抽取原词语中各部分的不同成分，保留相同的部分，构成一个缩略语。这类有点像数学上的提取公因式。例如：

中小学——中学、小学　　企事业——企业、事业

中西医——中医、西医

G　抽取原词语中的某一部分，缩略其余的部分，构成一个缩略语。例如：

复旦——复旦大学　　清华——清华大学　　说文——说文解字

公社——人民公社　　解放军——中国人民解放军

H　抽取原词语中表示数目的词语及相关成分，缩略其余的成分，构成一个缩略语。表示数目的成分在缩略语中位置可能有所变化。例如：

国棉六厂——国营第六棉纺织厂　芜湖一中——芜湖市第一中学

十一届三中全会——中国共产党第十一届中央委员会第三次全体会议

抽取式缩略，有人进一步分为"缩合"和"节略"。顾名思义，缩合是在对相关词语进行"缩"之后还有"合"的过程，节略就是直接对原词语进行删略。前者如"人民警察"缩合为"民警"，后者如"人民公社"节略为"公社"。无论是缩合还是节略，其缩略原则是使缩略语表义明确，因而在缩略时一般都是保留那些能够激活原词语的语素或词。受汉语词语双音节优势的影响，缩略语也以双音节占多数。如果缩略后的双音节不足以明确表义的话，则为三音节或以上。缩略的形式虽然多种多样，但保留成分倾向于保留相关词语的第一个音节，这是因为"原式词语中意义段的第一个音节比较方便让人进行联想"（邵涵，2021：22）[①]。从信息加工的角度来看似乎也不难理解，首字

---

① 邵　涵，2021，《现代汉语缩略语研究》，复旦大学硕士学位论文。

更容易激活其后的成分，反之，激活的难度较大。这点从汉语词语电脑输入得到旁证：就一个双音节词而言，如果第一个字全拼而后一个字只输入一个声母（甚至只是声母的首字母），那么目标词就靠前；反之则不一定。保留相关词语的第一个音节这点，在朱博文《非取首双音节缩略语的结构与取字原则分析》（2022①的研究中得到进一步证实。该文认为，"取首原则是现代汉语缩略语取字的首要原则"，"取首原则在非取首双音节缩略语中仍然奏效"。

　　不过缩略过程中保留首字之所以不是唯一的方式，是因为有其他因素的影响。根据邵涵（2021：23）的研究，主要有以下几种情况：（1）虚词性语素的影响，如"第一中学"中的"第"就不宜保留，因为"第"没有实在的语义；（2）非首字音节是意义段成分的核心语素，如"华侨同胞"中的"华侨"，其中的"侨"才是核心语素；（3）原词语每个意义段的首音节相同，如"学院学校"。其实，第（1）和第（2）两种情况可以合并，都与核心语素有关。这三种影响因素（例外情况）还是为了保证缩略语意义的明确性。朱博文（2022）对非取首双音节缩略语不取首字的原因做了具体说明，并且提出了非取首双音节缩略语的取字原则：（1）避歧原则、（2）明确原则、（3）核心原则、（4）韵律原则，就是缩略语的声调序列要遵循"平>上>去>入"的优先排序序列②。除了韵律原则之外，最根本的还是意义明确问题。避歧原则实际上是从整个语汇系统中看意义明确问题，如"超额生产"，如果缩略为"超生"则与"超计划生育"语义冲突。

　　所谓"概括式缩略"是指把原词语各部分相同的成分抽取出来之后，再用相应的数目概括起来构成缩略语的一种方式。例如"身体好、学习好、工作好"中一共有三部分，这三部分都有一个"好"，共有三个"好"，因而构成的缩略语就是"三好"。相同的成分可以处于各部分相同的位置，也可以处于不同的位置，根据这一点，概括式缩略又

---

① 朱博文，2022，《非取首双音节缩略语的结构与取字原则分析》，《海外华文教育》第5期。
② 根据邵歆韵《汉语并列复合词语素的构成顺序》（复旦大学2012年本科毕业论文）的研究，这一排序原则处于次要地位，双音节复合词的语素排序首先要遵循尊卑等序列，在意义无偏向情况下才遵循声调排序原则。

可以分为以下几种：

A 抽头式。抽取原词语各部分开头的成分加以概括构成一个缩略语。例如：

三乱——乱收费、乱摊派、乱罚款

三孔——孔庙、孔府、孔林

四旧——旧思想、旧文化、旧风俗、旧习惯

五爱——爱祖国、爱人民、爱劳动、爱科学、爱护公共财物

B 抽腹式。抽取原词语各部分中间的成分加以概括构成一个缩略语。例如：

三靠——吃粮靠返销、生产靠贷款、生活靠救济

三老——当老实人、说老实话、办老实事

C 抽尾式。抽取原词语各部分结尾的成分加以概括构成一个缩略语。例如：

四美——心灵美、行为美、语言美、环境美

三峡——瞿塘峡、巫峡、西陵峡

三论——系统论、控制论、信息论

五岭——越城岭、都庞岭、萌诸岭、骑田岭、大庾岭

D 首尾式。抽取原词语各部分开头和结尾的成分加以概括构成一个缩略语。例如：

三总师——总工程师、总经济师、总会计师

三总部——总参谋部、总政治部、总后勤部

三民主义——民族主义、民权主义、民生主义

E 杂糅式。抽取原词语中不同部分的几个相同成分，分别加以概括，共同构成一个缩略语。例如：

两弹一星——原子弹、氢弹和人造地球卫星

三老四严——"三老"指的是：当老实人、说老实话、办老实事；"四严"指的是：严格的要求、严格的组织、严肃的态度、严明的纪律

三要三不要——要搞马克思主义，不要搞修正主义；要团结，不要分裂；要光明正大，不要搞阴谋诡计。

F 添加式。在抽取原词语各部分相同成分并加以概括的基础上，

再添加上相关的成分，构成一个缩略语。例如，"中国人民解放军东部战区、中国人民解放军南部战区、中国人民解放军西部战区、中国人民解放军北部战区、中国人民解放军中部战区"中，相同的成分只是"战区"，并没有"大"，因为每个军区都很大，所以概括缩略为"五大战区"。类似的例子有：

　　三高企业——高税收、高利润、高创汇的企业

　　三大战役——辽沈战役、平津战役、淮海战役

　　七不规范——不随地吐痰、不乱丢垃圾、不损坏公物、不破坏绿化、不乱穿马路、不在公共场所吸烟、不说粗话脏话

　　词语的缩略方式其实远不只上述列举的几种，不过这几种是比较常见的。

第二节　缩略语的特点

一、缩略语的语汇性

　　缩略是对较长的短语甚至句子的压缩、省略，结果就是经过压缩、省略而成的缩略语一般音节都较少，其长度相当于一个词或一个固定短语。缩略语一旦形成，它就相对比较稳定，如"四化""三个面向""解放军"等，这些缩略语都有明确的意义，因而可以说具有一定的定型性；具备了定型性这一特点，它也就像其他语汇成员一样，能够随时地被人们提取使用，可见它们具有备用性特点；有了定型性和备用性，缩略语在一定的时空范围内就会经常被人使用，因而又具有复现性的特点。定型性、备用性和复现性是语汇的基本特点，这些特点缩略语都在一定程度上具备，可见缩略语具有语汇性。

　　但是，缩略语又不同于一般的语汇成员。缩略语都有相应的原词语，而一般语汇成员没有，此其一；其二，缩略语中的构成成分往往有特别的意义，如"博导"中的"博"，它本身并没有"博士生"的意

义，"导"也没有"导师"的意义，它们只有在"博导"这一缩略语中才有"博士生、导师"的意义。同样，"通"在其他场合并没有"通航"或者"通商""通邮"的意义，但在"三通"中却具有这样的意义。不难看出，缩略语作为一种语汇成员，它具有特殊性。

从句法上看，缩略语的语汇性也是显而易见的。缩略语可以作为一个句法成分直接进入句子，在做句法分析时，缩略语的内部不再切分。如"高校在培养人才方面要注意适合社会的需要"中的"高校"就是如此。

值得一提的是，很多缩略语在句法功能上和它的原词语是一致的，如"解放军"和"中国人民解放军"，"复旦"和"复旦大学"，"科技"和"科学技术"等。但也有部分缩略语的功能与原词语的功能不一致，如"三个面向"，它是名词性的，而它的原词语——"面向现代化、面向世界、面向未来"——则是谓词性的。这种不一致现象集中发生在含有概括式缩略的缩略语中，但这并不意味着所有这类缩略语的功能与原词语都不一致，"三论"与"系统论、信息论、控制论"在功能上就一致。事实上，只有原词语是谓词性的概括式缩略语才出现缩略前后功能不一致的现象。

二、缩略语的丰富表义性

缩略语的丰富表义性，是指缩略语能以简短的形式表示丰富复杂的意义。"三个面向"仅仅四个音节，但它所表示的内容是"面向现代化、面向世界、面向未来"；"两个文明"概括了"社会主义物质文明和社会主义精神文明"；明末冯梦龙编的《喻世明言》《警世通言》《醒世恒言》和凌濛初的《初刻拍案惊奇》《二刻拍案惊奇》缩略以后，用"三言二拍"四个音节就可概括。

此外，有些缩略语所表示的意义还多于原词语所表示的意义。例如文化大革命时期，刘少奇的《论共产党员的修养》被诬称为"黑修养"，其中"黑"是原词语中所没有的，缩略语中添加了个"黑"，充分反映了说话人的政治立场。这也是缩略语表义丰富性的体现。

三、缩略语的时空性

缩略语的时空性是指缩略语的使用有一定的时间跨度和空间范围。有些缩略语具有很大的时间跨度和空间范围，如"孔孟"（孔子和孟子）、"五岳"（东岳泰山、西岳华山、南岳衡山、北岳恒山、中岳嵩山）等，次之的有"中共""复旦""师大"等。但有些缩略语受到很强的时间性和空间性的限制，超过一定的时间跨度、地域范围或者行业范围，要么所指不同，要么人们一般就不大容易理解缩略语的真正意义。比如，"三通"可以指"《通典》《通志》和《文献通考》"，也可以指中国大陆与台湾的"通邮、通商和通航"；"四化"既可以指"工业现代化、农业现代化、国防现代化和科学技术现代化"，也可以指"干部的革命化、年轻化、知识化和专业化"。这类缩略语应该如何理解，就要看具体的使用时间或文章所反映的年代、具体的场合而定。

与上述情况不同的是，有些缩略语尽管所指单一，但不同年代的人，或者不同领域的人，不大容易理解。比如"两忆三查"，如今的年轻人就不会知道它的意义了。它是 1960 年军队开展阶级教育时提出的口号，指的是"忆阶级苦、民族苦；查立场、查斗志、查工作"；文化大革命时期使用的缩略语"四个伟大"，今天的许多人也不会熟悉，它的原词语是"伟大的导师、伟大的领袖、伟大的统帅、伟大的舵手"。再看看受空间领域制约的例子。缩略语"南大"，在南方人，特别是南京市的人看来，它指的是"南京大学"，而在北方人，特别是天津市的人看来，它指的是"南开大学"。从行业来看，缩略语"四呼"（开口呼、齐齿呼、合口呼和撮口呼）、"三个平面"（句法平面、语义平面和语用平面）等是语言学上的用语，只有学过汉语知识的人才有可能知道。

第三节　缩略语的使用

缩略语由于它的简洁性而经常被人们使用，特别是在新闻报道的标题上。试比较：

（1）构筑枢纽型基础设施体系　徐匡迪与代表们审议城建和环保问题

（2）今天上午 9 时，徐匡迪代表与代表们一起专题审议"十五"计划的城市建设和环境保护问题。

例（1）是报纸的新闻标题，其中的"城建"和"环保"都是缩略语，其原词语是例（2）中的"城市建设"和"环境保护"，例（2）是新闻的正文；标题为了追求简洁往往采用缩略语形式。有些原词语的缩略形式由于经常使用，人们对它们比较熟悉，即使在正文中也使用，如例（2）中的"十五"就是"第十个五年"的缩略语。

缩略语用起来虽然方便，但也不能滥用。由于缩略语自身所具有的特点，在使用时需要注意以下几个方面。

一是，原词语在缩略过程中，抽取什么样的成分，压缩掉什么成分，除了表义明确的原则以外，也有约定俗成的因素。"复旦大学"为什么缩略为"复旦"而不是"复大"，"彩色电视"在大陆缩略为"彩电"，但在台湾则被缩略为"彩视"，这些似乎没有什么特别理由。有人认为，缩略语应保留原词语中重要的成分。在很多情况下确实如此，但这不是必然的。比如"人民"，我们很难说是"人"更重要还是"民"更重要。在不同的缩略语中，它们都有被保留下来的可能，如"人民警察"缩略为"民警"，但"人民武装部""人民银行"则分别缩略为"人武部""人行"。所以，某缩略语一旦约定俗成，就应该采用流行的形式，而不要再随意压缩。

二是，词语的缩略要考虑现行语汇系统中其他成员的制约。"清华大学"和"南开大学"可以缩略为"清华"和"南开"，但"北京大学"和"南京大学"就不可以缩略为"北京"和"南京"，因为这样会与"北京市""南京市"相混淆。

三是，词语的缩略还要考虑缩略语的读音可能造成的联想。有相声说，在某大会上，主持人宣布小组活动场所时就滥用了缩略语，把"上海市吊车厂"缩略为"上吊"，把"上海测绘研究所"缩略为"上测所"，结果说成："上吊"的去二楼，"上测（厕）所"的去三楼，如此宣布，吓得后面单位的人都纷纷提前溜走，只有一个单位的人坐着没动，问他是哪个单位的，他说是"三联书店"的，等着叫"三书（叔）"呢！相声为了逗乐固然是夸张了些，但其中涉及的现象我们在缩略时则是要注意的。

四是，对产生不久的缩略语，特别是说话人自己压缩而成的缩略语，在首次出现时应该交代清楚原词语，否则会造成理解上的困难。例如：

（3）只要坚持 90 年代形成的**开创性、坚韧性**和**操作性**"**三性**"统一的成功经验，继续协调推进，上海一定能实现"十五"发展目标。

如果这里事先不说明"开创性、坚韧性和操作性"而直接说"三性"，读者就无法理解了。

总之，在使用缩略语时，要注意缩略语的约定俗成性，还要注意它的普遍性和意义明确性。滥用缩略语会给交际带来障碍。吕叔湘（1988）曾举过这样一个例子：说的是春节期间有朝鲜族祖母孙儿两人从东北来探望老人的女儿，小孩的姨。在火车站没见着来接他们的人，最后摸到一家旅馆住下了。这小孩只知道他姨在"客装四厂"工作，旅馆服务员不知道这是个什么厂，问别人也都不知道，用电话各处联系都没有结果。最后还是那男孩说早两年来过，坐 5 路汽车一路到头。根据这个线索，才找到"客装四厂"——客车装配四厂！（《北京晚报》1981 年 2 月 24 日新闻）①

第四节　词语的统称

一、统称的涵义及类型

除缩略现象之外，语言中还有一种现象与概括缩略比较相近，如春秋时的齐桓公、宋襄公、晋文公、秦穆公和楚庄王，人们把他们合

---

① 吕叔湘，1988，《语文杂记》，上海教育出版社，第 119 页。

起来称为"春秋五霸";有关农业生产的"土、肥、水、种、密、保、管、工",被称为"八字宪法"。为了把这种现象与缩略区别开来,我们称之为"统称"。

概括起来说,所谓"统称",就是指把属于同一类别的不同个体,概括起来用一个相应的词语统一称说的方法。用作统称的词语可称为"统称语",如上述"春秋五霸"和"八字宪法"。①这里的"同一类别",不一定是逻辑上的同一范畴的不同个体,而是指人们在认知上的"同一",就是说,即使逻辑上属于不同范畴的各个个体,如果它们在某方面具有相同的属性,人们在认知上也可以把它们归为一类。比如"国画、京剧、中医"在逻辑上虽然属于不同的类,但因它们都具有很强的中国特色而且都很著名,所以仍然可以把它们概括起来,统称为"三大国粹";"指南针、印刷术、纸、火药",这些个体之间尽管差异很大,但因它们都是我国古代的重要发明,所以可以统称为"四大发明"。

与缩略相比,统称的类型要单纯得多。从被统称的对象的句法功能来看,多为名词性的,如上述各例;动词性的也有,但不多,如"三大纪律,八项注意":

三大纪律——一切行动听指挥,不拿群众一针一线,一切缴获要归公

八项注意—— 说话和气,买卖公平,借东西要还,损坏东西要赔,不打人骂人,不损坏庄稼,不调戏妇女,不虐待俘虏

统称有两个最基本的特点:一是,在进行统称时必须寻求被统称对象的各个个体的共同点,这就像比喻中本体和喻体之间要有相似点一样,比如"指南针、印刷术、纸、火药",它们的共同点是,都是中国古代的重大发明;二是,对具有这种共同点的各个个体进行数量上的概括,如"四大发明"中的"四"。因此,统称语中必须包括这两种成分。在这两种成分的基础上,从统称语的构成成分与被统称对象之间的关系来看,统称大致可以分为基本统称和添加统称两种。

---

① 武占坤、王勤《现代汉语词汇概要》(1983)有"数词缩语"这一概念,"三好""四方"都属于数词缩语。可见,"数词缩语"这一概念相当于我们所说的"概括式缩略语"和"统称语",注意不要把两者搞混。可参见该书第七章。

1．基本统称

所谓基本统称，是指统称语中只包括被统称对象的各个个体的共同点和数量的成分，有时可根据需要加上相应的量词。如"五金"，其中，"五"是对"金、银、铜、铁、锡"这五个个体的数量概括，"金"是它们的共同点——金属。类似的例子有：

四害——老鼠、苍蝇、蚊子、臭虫

五香——花椒、八角、桂皮、丁香花蕾、茴香子

八字方针——调整、改革、整顿、提高

三面红旗——鼓足干劲，力争上游，多快好省地建设社会主义的总路线、大跃进、人民公社（20 世纪 50 年代后期至 60 年代前期流行语）

2．添加统称

所谓添加统称，是指在基本统称的基础上再添加某些说明性的成分，使统称语的表义更加丰富，或者更加明确。如"王勃、杨炯、卢照邻和骆宾王"都因诗文而著名，成为"四杰"，又因为他们都是在唐代初期出名的，所以又在"四杰"前加上"初唐"成为"初唐四杰"。过去有些女子出嫁，彩礼要"三大件"：自行车、手表、缝纫机；随着社会的发展和经济水平的提高，原有的"三大件"已经不能满足了，取而代之的是洗衣机、彩色电视机和电冰箱，为了与前者相区别，后者被统称为"新三件"，相应地把前者统称为"老三件"，其中的"老、新"就起到了明确表义的作用。

添加统称中所添加的成分是多种多样的，有添加表示时间成分的，如上述"初唐四杰"中的"初唐"；有添加表示地域成分的，如"扬州八怪"中的"扬州"；有表示适用范围的，如"文房四宝"中的"文房"；也有表示性质的，如"新三论"中的"新"；等等。

二、统称语和与其相关的词语

统称语在语汇学界至今似乎还没有独立的地位，很多人都把它们看作缩略语。实际上，统称语和缩略语是有差别的，将它们分别对待，可以使它们名副其实，名正言顺。

1．统称语和缩略语

统称语之所以被看作缩略语，是因为缩略语中的概括式缩略也含有表示数量的成分，如"三个面向"；但缩略语中有与原词语相同的成分，而统称语中则没有，试比较：

三个面向——面·向·现代化、面·向·世界、面·向·未来

三座大山——帝国主义、封建主义、官僚资本主义（没有"大山"）

尽管统称语和缩略语之间有区别，但它们也有共同的地方，就是它们都比被统称或者被缩略的对象来得简便；因而它们可以有共处一体的时候，成为一个"共同体"；这个"共同体"，一半是缩略语，一半是统称语。例如：

一个中心，两个基本点——**一个中心**：以经济建设为中心；**两个基本点**：坚持四项基本原则，坚持改革开放的方针

三教九流——**三教**：儒教、佛教、道教；**九流**：儒家、道家、阴阳家、法家、名家、墨家、纵横家、杂家、农家

上例中的"一个中心""三教"是概括式缩略，"两个基本点""九流"则是统称。

2．统称语和一般词语

统称语和一般词语原本不会有什么纠葛的，比如，谁也不会把"学习""会议""电话"等看作统称语。但语言中有些词语是对不同次类的概括，如"笔"是对"毛笔""铅笔""钢笔""圆珠笔""粉笔"等的更高一层的概括，"笔"是"毛笔"等的上义词；另有一些词语，从其释义来看很像统称语，如：

针灸——针法和灸法的合称。

陶瓷——陶器和瓷器的统称。

微量元素——指的是硼、砷、锰、铜、钴、钼等元素，这些元素对生物体的生长也是必需的，但需要量极少，故称为"微量元素"。

无论"笔"也好，"针灸""陶瓷"也好，它们都不具备统称语中的表示数量的成分，有的甚至连"共同点"也没有；"陶瓷"虽然被解释为"陶器和瓷器的统称"，但无论是"陶"还是"瓷"，都不是"陶

器、瓷器"的共同点。可见，上述这类词语都不是统称语。

第五节　缩略语和统称语的产生机制

语言中既然已经有了原词语之类，又为什么会出现缩略语和统称语呢？这是受语言运转的"经济原则"制约的；换句话说就是，缩略语和统称语的产生机制是语言运转的经济原则。所谓经济原则，简单地说就是，在不影响表义明确的前提下，人们在使用语言交际时一般愿意使编码趋于简单，有时为了强调除外。道理很简单，我们使用语言主要是为了发布信息或者获取信息，无论哪种情况，都希望花最少的精力最短的时间获取足够的信息量。人们在交际过程中对信息量的这种需求，使得缩略语和统称语的产生成为可能。

在口语交际中，如果一句话过长，人们听起来，不仅不容易记忆，也不便于理解；在新闻宣传上，由于篇幅所限，也尽量使语言的表达更加经济。不妨看两段报道：

（1）党的十八大以来，以习近平同志为核心的党中央坚定推进全面从严治党，制定和落实**中央八项规定**，开展党的群众路线教育实践活动，坚决反对形式主义、官僚主义、享乐主义和奢靡之风。这对于我们党始终保持党的先进性和纯洁性、始终保持党同人民群众的血肉联系、使我们党始终成为中国特色社会主义事业的坚强领导核心，具有十分重要的意义。

中央八项规定是一个切入口和动员令，党中央从落实**中央八项规定精神**破题，坚持以上率下，率先垂范，从中央做起，既抓思想引导又抓行为规范，执纪问责，严肃查处和曝光典型案件，形成高压态势。各地认真贯彻落实**中央八项规定**精神，也结合实际制定了具体细化措施。这一切，赢得了人民群众的衷心拥护。经过几年努力，全面从严治党取得重要阶段性成果。应该看到，作风问题具有顽固性和反复性，形成优良作风不可能一劳永逸，克服不良作风也不可能一蹴而就，**中央八项规定**既不是最高标准，更不是最终目的，只是我们改进作风的第一步，必须以锲而不舍、驰而不息的决心和毅力，把作风建设不断引向深入，作风建设永远在路上，全面从严治党永远在路上。

（2）APEC 第一次高官会议今天继续举行。外交部副部长、高官会议主席王光亚宣布，随着第一次高官会议的召开，标志着 2001 年中国 APEC 会议已经正式启动。

今年 APEC 会议的主题目前初步确定为"新世纪，新挑战；合作、参与，促进共同繁荣。"……另外，将进一步贯彻文莱会议形成的新经济行动方案，寻求 APEC 成员的共同发展和贸易投资自由化。

王光亚说，APEC 成立十几年以来，在加强地区经济发展中起到了不可低估的作用，然而新世纪的到来，也给 APEC 带来不可避免的新经济和全球化的新挑战。

例（1）中的"中央八项规定"是中共中央政治局关于改进工作作风密切联系群众的规定，条目众多，在所引部分就出现了 5 次，如果每次都以完整形式出现，会造成版面文字的重复冗余。例（2）中的 APEC，从一个角度看是外族词语的借形，从另一个角度看，它也是缩略语，是对英语 Asia-Pacific Economic Cooperation 的缩略，意思是"亚洲-太平洋地区经济合作组织"。APEC 在所引部分出现了 6 次，如果每次都以"亚洲-太平洋地区经济合作组织"形式出现，报道的篇幅就会增长，单位时间内的信息量就会相应地变小。

本章小结

现代汉语语汇中，除了一般的语汇成员以外，还存在着缩略语和统称语这样的比较特殊的语汇。

所谓"缩略"，是指在不影响表义明确的前提下，对语言中某些原来较长的词语进行压缩、省略，使语言的表达更加简洁、明了。通过"缩略"而成的词语，可称为"缩略语"。

缩略语有以下几方面的特点：（1）必须有自己的原词语；（2）与原词语必须有形式和意义上的联系；（3）必须后于原词语而产生，并且比原词语简短。

关于缩略的类型，可以从不同的角度去观察。从原词语，即被缩略的对象的句法功能来看，有名词性词语的缩略和动词性词语的缩略，可分别称为"名词性缩略"和"动词性缩略"，如"社科院"和"扫盲"。根据缩略语的构成成分与原词语构成成分之间的关系，缩略可以分为抽取式缩略和概括式缩略两种。所谓"抽取式缩略"是指从原词语中抽取某些成分构成缩略语的一种方式，如"奥运会"；抽取式缩略可以进一步分为"缩合"和"节略"。缩合是在对相关词语进行"缩"之后还有"合"的过程，节略就是直接对原词语进行删略。缩略的形式虽然多种多样，但保留成分倾向于保留相关词语的第一个音节，这种取首字原则是现代汉语缩略语的首要原则，这一原则会受到其他因素的影响而存在例外，但总的原则是使缩略语表义明确。所谓"概括式缩略"是指把原词语各部分相同的成分抽取出来之后，再用相应的数目概括起来构成缩略语的一种方式，如"三好"。这两种缩略方式还可以再分成不同的小类。

缩略语具有以下一些特点：（1）特殊的语汇性、（2）丰富的表义性、（3）时空性。

定型性、备用性和复现性是语汇的基本特点，缩略语在一定程度上也具备这些特点；但是，缩略语又不同于一般的语汇成员，它作为一种语汇成员，有自己的特殊性。缩略语都有相应的原词语，而一般语汇成员没有；缩略语中的构成成分往往有特别的意义，如"博导"中的"博"。从句法上看，缩略语的语汇性也是显而易见的。很多缩略语在句法功能上和它的原词语是一致的，如"解放军"；但也有部分缩略语的功能与原词语的功能不一致，如"三个面向"。

缩略语能以简短的形式表示丰富复杂的意义。

缩略语的使用有一定的时间跨度和空间范围。有些缩略语具有很大的时间跨度和空间范围，如"孔孟""师大"等；但有些缩略语受到很强的时间性和空间性的限制，超过一定的时间跨度、地域范围或者行业范围，要么所指不同，要么人们一般就不大容易理解其真正意义。

缩略语由于它的简洁性而经常被人们使用，特别是在新闻报道的标题上。不过，在使用时需要注意以下几个方面：（1）原词语在缩略过程中，抽取什么样的成分，压缩掉什么成分，除了表义明确的原则以外，也有约定俗成因素的影响，不能随意缩略；（2）词语的缩略要考虑现行语汇系统中其他成员的制约；（3）词语的缩略还要考虑缩略语的读音可能造成的联想；（4）对产生不久的缩略语，特别是说话人自己压缩而成的缩略语，在首次出现时应该交代清楚原词语，否则会造成理解上的困难。

　　除缩略现象之外，语言中还有一种现象与概括缩略比较相近，那就是"统称"。

　　所谓"统称"，就是指把属于同一类别的不同个体，概括起来用一个相应的词语统一称说的方法。用作统称的词语可称为"统称语"，如"春秋五霸"。 统称有两个最基本的特点：（1）在进行统称时必须寻求被统称对象的各个个体的共同点、（2）对具有这种共同点的各个个体进行数量上的概括。因此，统称语中必须包括这两种成分，如"四大发明"。在这两种成分的基础上，从统称语的构成成分与被统称对象之间的关系来看，统称大致可以分为基本统称和添加统称两种。所谓基本统称，是指统称语中只包括被统称对象的各个个体的共同点和数量的成分，有时可根据需要加上相应的量词，如"五金"。 所谓添加统称，是指在基本统称的基础上再添加某些说明性的成分，使统称语的表义更加丰富，或者更加明确，如"初唐四杰"。

　　统称语在语汇学上至今似乎还没有独立的地位，很多人都把它们看作缩略语。实际上，统称语和缩略语是有差别的，应将它们分别对待。

　　缩略语和统称语的产生机制是语言运转的经济原则。

第九章

现代汉语语汇的系统性

第一节 系统性的体现

一种语言中的语汇是否具有系统性，较早的时候人们对这个问题的看法并不一致；不过，随着系统论思想的逐步深入人心，人们逐渐达成共识，即语汇具有系统性。现代汉语作为一种个别语言，它的语汇当然也具有系统性。

一、语汇具有系统的一般特点

语言的语汇之所以具有系统性，这是由语言的社会功能决定的。语言最基本的功能是作为交际工具为人类社会服务。人类在自身得到进化的同时，其思维也在不断得到发展，随之得以认识自然界和人类社会本身。为了把这些认识成果固定下来并且传给他人，必须借助一定的工具，于是创造了语言，把自己认识自然界、认识社会所得的成果之一——概念用词语表示出来。自然界、人类社会中各个体并不是一盘散沙，而是彼此之间既相互区别又相互联系，形成一个有序的整体，因而，反映这个"有序的整体"的词语当然也应该具有系统性。正因为如此，张庆云、张志毅（1995）指出：（词义系统性）"这个假说的提出，有三个理论依据：第一，客观事物是成系统的，反映它的义位自然也是成系统的。""第二，思维是成系统的，体现概念的义位自然也是成系统的。""第三，自索绪尔以来，普遍认为语言是成系统的……语义作为语言的组成系列，自然也是成系统的。语言符号的能指（语音及其书面形式）是成系统的，所指（意义）也应该成系统。"①

从理论上看如此，实际情况又如何呢？答案是肯定的。那么，语汇的系统性体现在什么方面呢？

系统一般具有这样几个特点：一是，系统具有层级性，就是系统中较大的单位由较小的单位组成；二是，各单位之间既相互区别又相互协调；三是，系统的整体功能大于各部分功能之和；四是，系统具有有序性，即系统的各部分不是杂乱无章地、任意地拼凑起来的，而是有一定的"章法"的。比如电视机就是一个系统，一台电视机内部，有的零件是控制电源的，有的零件是控制图像的，有的零件是控制声音的，等等；图像系统又是由"显像管""电子枪"等组成。这些不同的零件按照一定的方式组装起来以后就可以接收和处理电视信号，我们才能听到声音，看到图像。任何一个或一部分零件都不具备这样的功能，但把所有这些零件组装到一起后就具有这样的功能，这就是"整体功能大于部分功能之和"的意思。但是，如果我们把所有的电视机零件任意地堆到一起，当然也不具备接收和处理电视信号的功能，这是因为系统还有个有序性特点。根据这四点，我们来考察一下现代汉语的语汇情况如何。

先看层级性。汉语语汇中的词是由语素构成的，有的由一个语素构成，如"水""球""了"，等等；有的由两个（或以上）语素构成，如"电话""空调""计算机"，等等。而词与词在一起又可以组成更大的单位——短语，如"千方百计""出神入化""心安理得"，等等。可见，汉语语汇成员的构成是有层级性的。

汉语语汇成员之间是相互区别又相互协调的。比如称谓词语"哥哥""弟弟""姐姐""妹妹""堂兄""表哥"等，"哥哥"和"弟弟"，

---

① 张庆云、张志毅，1995，《义位的系统性——这个假说的证明》，载《词汇学新研究——首届全国现代汉语词汇学术讨论会选集》，语文出版社，第4页。

"姐姐"和"妹妹"之间有年龄上的对立，"哥哥""弟弟"和"姐姐""妹妹"之间又有性别上的对立，"哥哥"和"堂兄""表哥"之间又有同胞与否等方面的差异。如果某个词从现代汉语语汇系统中消失，另外几个词在意义上就会做相应的调整。假如"弟弟"这个词不存在了，原来"弟弟"这个词所指称的对象却依然存在，在交际时还要有相应的表达；在这种情况下，要么"哥哥"的意义做适当的调整，由原来的"同父母（或只同父/只同母）而年纪比自己大的男子"调整为"与自己同父母（或只同父/只同母）的男子"，要么"妹妹"的词义做相应的变化，由原来的"同父母（或只同父/只同母）而年纪比自己小的女子"改为"同父母（或只同父/只同母）而年纪比自己小的男子或女子"。

从汉语语汇发展史上看存在着类似的情况。"走"和"行"在意义上是相互区别的，"行"的意义在后来的汉语中被"走"取代了，但是交际中还需要有个词表达古代汉语中"走"所表示的意思，于是就出现了"跑"这个词。这也是语汇"单位"之间相互区别又相互协调的例子。

再看看它的整体功能特点。词语的整体功能就是它的表义功能。以复合词为例，汉语中复合词的词义往往并不是所由构成的语素意义的简单相加，复合词的整体意义中的某些内容是语素意义涵盖不了的。如"茶杯"，它的构成成分"茶""杯"的意义非常明确，但"茶杯"作为一个整体，它的意义并不是简单的"茶和杯"的意思，而是"用来喝茶的杯子"的意思；同样，"书桌"不是简单的"书和桌子"或"书的桌子"的意思，"电视"也不是简单的"电和看"或者"用电来看"的意思，等等。至于成语、惯用语，它们的意义更不是语素或词的意义的简单相加。

至于语汇系统的有序性，它既体现在构词法上，也体现在语汇"单位"之间的相互区别和相互协调上。①

---

① 可参阅本书第九章第二节"语汇系统的自我调节功能"。

二、语汇在意义上具有系统性

不管一种语言的语汇成员的格局如何，其终极目的就是表义。因而从本质上来说，语汇的系统性体现在词语的意义（和用法）上，语汇中的各个成员——词语，它们的意义所指和用法都有一个大致明确的分工。有人认为，词语的同义类聚、反义类聚、同音类聚、同形类聚等都是语汇系统性的表现。我们并不这样认为。我们完全可以想象有这样一种语言，它的语汇成员中没有同音词，没有同形词，语言的初始阶段或许就是这样；但决不可想象有这样一种语言，其语汇成员不承载任何意义，或者在意义的承载上没有比较明确的分工。

语汇在意义上的系统性，可以从语汇成员之间的相互补充和相互制约上窥见一斑。

电视出现的时候，我们在表达它时就必须有一个可以指称它的词语以填补现有意义系统中这方面的空白，于是创造了"电视"，要收看电视必须有一种装置，这种装置就被称作"电视机"，并由此出现了"电视台""电视剧"等词语。

至于词语意义间的相互制约，它表现在，现有语汇系统中一个词语的意义或用法发生变化以后会引起相关词语意义或用法的变化。比如就某一语义场而言，语义场的范围是相对稳定的，如果其中一个词语的意义（更准确地说是"义位"）或用法发生变化或增加一个新的义位，那么其他义位的范围就得相应发生变化。例如，在最近一些年，"阿姨"和"叔叔"的使用范围明显地扩大了，它们在用于非亲属称谓时，多半不考虑年龄等方面的因素，结果非近亲的"伯母、婶母、姑母"、"伯父、姨父、姑父"的范围就缩小了。

"继承人"和"接班人"的例子也能说明词义是具有系统性的。"继承人"的"继承"，不仅是财产方面的，也可以是权力方面的。因为毛泽东的影响力，在权力继承方面改用了"接班人"；于是，两者在语义上进行了分工：在政治权力方面不用"继承"而用"接班"，没有传承的意味。因此，"继承人"只能局限于财产和一般事业的接受方面了。①

语汇在意义上的系统性还体现在，如果某词在某意义上做了某种用法上的引申，它的反义词也往往在同样意义上做相应的引申。

比如"深"和"浅"。"深"有如下多种义项：（1）从上到下或从外到里的距离大；（2）深奥；（3）（时间）久；（4）（感情）厚，（关系）密切；（5）（颜色）浓。与之相对的"浅"也有相应的用法：（1）从上到下或从外到里的距离小；（2）浅显；（3）（时间）短；（4）（感情）不深厚；（5）（颜色）淡。例如：

（1）A 街巷的积水更**深**，简直是一条条河。

B 一刻钟以后，他从跌水哨的一边爬上来，在上面的**浅**水里用肥皂洗了一遍身子。

（2）A 若是看看热闹倒也罢了，若要看出个门道来，知道书里更**深**一层的意思，倒可去见一个人的。

B 嫂子这不错了，她文化**浅**些，可贤惠却比谁都强。

（3）A 我们照例慢慢步行到外滩。每逢夜**深**，这儿就成了一个安静的天堂。

B 我们相处的日子还**浅**，这件事以后再说吧。

（4）A 加林上高中时，她尽管知道人家将来肯定要远走高飞，她永远不会得到他，但她仍然一往情**深**，在内心里爱着他。

B 老龚一身毛病，可毕竟与咱交情不**浅**的；小乙寻到咱门下，咱不管也抹不下脸面啊！

（5）A 浴缸的水越来越烫，颜色越来越**深**。

B 突然，影子的颜色由**深**而**浅**，愈浅愈短，一瞬间全然消失。

---

① 参阅：李行健，1995，《词义演变漫议》，载《词汇学新研究——首届全国现代汉语词汇学术讨论会选集》，语文出版社。

第二节　语汇系统的自我调节功能

系统有封闭性与开放性之分，语汇系统由于它本身要满足社会生活中交际等方面的需要，总是不断地跟外界——人类社会接触，在接触过程中总要不断地调整自己，以便更好地为人类社会服务；因而，语汇系统具有动态性。这种动态性体现为语汇系统具有自我调节的功能。

所谓"自我调节功能"，是指一个远离平衡态的开放系统，通过不断地与外界交换物质与能量，在外界条件的变化达到一定阈值时，能从原来的无序状态转变为在时间上、空间上或功能上的有序状态，当外参量继续改变时，还会出现一系列新的结构状态，形成新的有序状态。这种从无序到有序的变化过程是"自我调节"的，就是说，在这样的系统中并无谁来发号施令，进行综观全局的统筹协调。开放系统的这种自我调节功能，又叫"自组织"功能。可见，开放系统的有序状态或者稳定状态只是相对的、暂时的。

语言的语汇系统正是这样一种开放系统。在一个特定的社会历史时期，某语言的语汇系统可以很好地为该社会交际等方面服务；但当人类社会继续不断发展时，原有的语汇系统已经不能很好地为这种变化了的社会服务，要改变这种现状，语汇系统本身就要做自我调节，淘汰一些过时的语汇成员，发展一些新的语汇成员等，这种新旧要素的更替，会引起词义系统（准确地说是"义位系统"）的局部变化，当这种局部变化逐渐增多时就有可能引起更大范围的变化，甚至这个语汇系统的变化。

比如，"望子成龙"这个成语的适用对象既可以是儿子也可以是女儿，因为在古代汉语中，"子"可以兼指儿子和女儿；但是在现代汉语中，由于"子"的意义一般只指儿子，再把"望子成龙"用于"女儿"就显得不够贴切，于是就仿照"望子成龙"造了一个"望女成凤"，这样"望子成龙"和"望女成凤"就经常成对地出现。再如"去"，在古代汉语中是"离开""相距"的意思，但是在现代汉语中，"去"的意义发生了变化，表示"前往"，这样一来，原先的"离开""相距"意义就无着落，于是就新增了"离开""相距"这两个成员；而在古代汉语中作动词用的"往"由于被"去"取代，所以现代汉语中的"往"主要用作介词。这些都是一个要素的变化引起语汇系统局部变化的例子。

再看看汉语中的人称代词这个子系统。从古代汉语到现代汉语则发生了根本的改变，现代汉语普通话的人称代词系统中已完全没有古代汉语中的"吾""朕""尔""汝""伊"等。语气词这个子系统也一样，古代汉语中的语气词"也""矣""乎""欤"等在现代汉语语汇系统中已不复存在，取而代之的是"啊""吧""呢""吗"等。

如果对先秦甚至更早时期的汉语语汇系统进行描写，把它和现代汉语的语汇系统进行比较，其结果也就可想而知了。需要指出的是，语汇系统的变化不是突如其来的，而是随着旧质要素的逐渐淘汰和新质要素的逐渐积累慢慢进行的，此其一；其二，语汇系统的变化也不是彻底的变更，就是说新系统中的语汇成员与旧系统中的语汇成员不是截然的不同，新系统总是要继承旧系统中仍然有用的东西。这是受语言为社会服务这一职能决定的。当语言中的语汇能很好地为社会服务时，我们就没有必要去改变它，语言中的语汇之所以变得不适应社会，是因为我们周围的世界发生了变化；而世界的变化也不是彻底的改变，山还是那个山，水还是那个水，这些事物本身不变（当然不是哲学意义上的不变），表达它们的词语当然也就没有必要变化。正是这个缘故，古代汉语中的"山""水""雨""风""雷"等仍然保留在现代汉语语汇系统中。

第三节　系统自我调节功能的表现

如前所述，语言的语汇系统具有自我调节的功能，那么，这种自我调节功能表现在哪些方面呢？具体地说，主要有以下几个方面。

一、创造新词语

随着社会的日益向前发展，新事物、新现象如雨后春笋般地不断出现，火车、高铁、汽车、轮船、飞机、电灯、电话，等等，在古代还没有发明出来，也是我们的古人无法想象的；在这样的社会背景下，人与人之间的交际自然用不上"火车""高铁""汽车""轮船""飞机""电灯""电话"等词语。可是人类社会发展到今天，这些"新生事物"早已为妇孺所知，成为日常生活中不可缺少的东西，它们与人类的关系如此密切；试想一下，在这样的社会背景下，如果没有表达这些事物的词语，那会给交际带来怎样的不便？为满足这种交际需要，语汇系统中就必须有相应的词语，于是新的词语就不断地被创造出来。近几十年，电脑逐步普及，走入寻常百姓家，在日常生活中，人们的交际话题往往离不开电脑，这种交际需求使得汉语语汇系统不得不增加像"上网""电子邮件""电子商务""网络""硬件""软件""软盘""光盘"，等等。

改革开放以后，我国的经济有了较快的发展，经济体制与以往的计划经济体制也有很大的不同，由此滋生出形形色色的跟经济有关的现象。在语言生活中，为了能方便地表达这些不同的现象，现代汉语语汇系统中就出现了如下词语：

官倒　致富　下岗　特区　大款　炒股　刷卡　走穴　扶贫
水货　热销
合资　独资　个体户　商品房　再就业　假日经济　皮包公司
灰色收入　……

二、原有词语获得新意义、新用法

语言的语汇系统为了满足交际的需要，除了创造新词语以外，另一种自我调节的方式就是赋予原有词语以新的意义或者新的用法。

"充电"原指把蓄电池接入交流电以补充新的电力能源，现在在日常交际中多用来指"继续学习以获取新的知识、新的技能"；"第三者"原义为"当事双方以外的人或团体"，但是在现实生活中有这样的现象：

有人与已有妻子或丈夫的人发生了恋爱关系，对这样一种社会现象，现代汉语语汇系统中还没有现成的词语来指称，于是就借用"第三者"来表达这样的意思，因为夫妻二人是当事的双方，另一个"局外人"当然就是第三者，因而"第三者"就获得了"同他人夫妻一方建立不正当男女关系的人"这种新的意义。

三、吸收外族词语和方言词语

语汇系统自我调节功能的第三种表现形式就是吸收外族词语和方言词语。

社会的迅速发展，使得人与人之间不再像过去那样"鸡犬相闻""老死不相往来"了，而是频繁的经济和文化等方面的交流。在这种广泛的经济、文化交流过程中，自然会碰到一些本地区、本民族所没有的新事物和新现象，有些甚至冲破地区和民族的限制辐射到本地区、本民族，并且发扬光大。这样在我们的语言生活中，就无法避免谈及这些具有异域色彩的新事物、新现象，于是就必须有相应的词语来表达；现代汉语原有语汇系统中当然不会有指称这些来自异域的事物和现象的词语，而其他语汇系统中则有现成的，因而吸收其他语汇系统中的词语加以适当改造后"为我所用"则是一种行之有效的方式。

从其他民族语汇系统中吸收过来的词语如：

香波　基因　保龄球　艾滋病　汉堡包　桑拿浴　夜总会　沙龙席梦思　……

从各种方言语汇系统中吸收进来的词语如：

把戏　别扭　尴尬　瘪三　垃圾　橄榄　菠萝　砸锅　龌龊装蒜　搞　忽悠……

四、词语的隐退

社会的发展变化固然会涌现出大量的新事物、新现象，但与此同时，一些旧的事物已逐渐被社会所淘汰，旧的社会现象也销声匿迹。在当今的日常交际中，我们一般不会涉及这些消失的事物和现象，因此有关方面的词语也就极少有被使用的机会，久而久之，它们就慢慢地从现代汉语语汇系统中隐退，只有在特殊的场合才有机会出现。

比如，耜，是古代的一种农具，社会的发展带来的是技术的进步，它的功用已远远不适应现代生产力的要求，它早已被生产效率更高的农具所代替，所以"耜"这个词已不在现代汉语语汇系统之列。随着封建社会的崩溃，科举制度不复存在，王宫皇室也成了只供人们参观的文物，与此相关的词语也就从人们的日常语言生活中消失，如：

举人　进士　探花　榜眼　殿试　妃子　太监　宰相　太后　娘娘　宫女 ……

类似的，"劓""剕""刖""剕"等词语随着有关刑法的废除而从语汇系统中消失；"洋火""洋油""洋布""洋钉""洋灰"等词语业已被"火柴""煤油""平布""铁钉""水泥"等所取代；"阶级斗争""黑五类""走资派""最高指示"等词语也随着社会的变化，随着国人对知识的态度的转变而隐退。就连"BP机、彩信"这种世纪之交才产生的词语也被交际更为便捷的"手机、微信"所取代，从当代汉语中隐退。

有些词语，如"邮差""戏子""门丁""伙夫""婢女"等，虽然它们所指称的对象依然存在，但随着社会文明程度的提高，讲究行业平等、人人平等，这些词语一般也不在日常语言生活中出现。

五、大众语汇和非大众语汇之间的调节

如前所述，语汇成员可以分为大众语汇和非大众语汇，大众语汇之下又有基本语汇成员和一般语汇成员之分，但这些都不是一成不变的，它们之间可以相互转化，这也是语汇系统自我调节的一种形式。

随着时间不知不觉地流逝，人类社会也在时时刻刻地发生着变化；社会变化的结果是，除了部分事物和社会现象保持不变以外，会产生一些新的事物，出现一些新的社会现象；同时，一些旧的事物随着社会的进步而变得不太重要，甚至逐渐淘汰，一些旧的社会现象也会随之而消失。反映这种社会的词语也会相应地发生变化，那些与人们生活密切相关的词语会被经常使用，因而复现率就高；相反，那些与人们生活关系不是很密切，甚至无关的词语，获得使用的机会就少，因

而复现率就低。词语复现率的高低又会影响它们的使用范围，复现率高的词语，使用的范围就可能越来越大，逐渐为大多数人所理解、所使用。这样，语汇系统中，大众语汇和非大众语汇之间，基本语汇和一般语汇成员之间就会发生一些变化：原来属于非大众语汇的成员可能会变为大众语汇，原来属于一般语汇的某些成员由于它们使用频率的不断提高而取得了基本语汇的资格，而原来属于基本语汇的某些成员随着使用频率的大大降低而转入一般语汇。

"电视"在刚刚产生的时候，只为少数人所知，随着电视的普及，无论男女老少，也无论城市乡村，都会知道"电视"这个词，因而"电视"就从原来的一般语汇成员变成了基本语汇成员。当代社会的飞速发展加速了这种转变，如手机、微信从新生事物到现在的妇孺皆知，指称它们的词语"手机、微信"在很短的时间内就变成了基本语汇的成员。"小姐"一词一度与"资产阶级情调"脱不了干系，在那以阶级斗争为纲的时期，使用频率自然很低，只能处于一般语汇的行列；而改革开放以后，"小姐"这个词的使用频率猛然上升，使用范围也越来越广，成为基本语汇成员。

相反，"老爷""少爷"这样的词作为社交称谓语，在以前的语言生活中经常出现，而在当今社会，它们已不再作为社交称谓语用了，使用的场合也就很有限，复现的频率自然也就低了，于是成了一般语汇的成员。"洋油"作为照明材料，已基本上被"电"取代了，在日常生活中人们很少使用它，它与人们的关系"疏远"了；而且现在此类材料也大多不依赖进口，所以"洋油"这个词已基本上从现代汉语语汇系统中退出。"洋火"所表示的事物与人们的生活关系依然密切，但因这些事物都是"中国制造"的，已无洋可言，于是被"火柴""打火机"所代替，因而"洋火"这个词也从语汇系统中退出。

第四节　了解语汇系统性的意义

语言的语汇，其系统性是客观存在着的事实，认识到现代汉语语汇的系统性，不仅有助于我们的语言实践，也有助于语汇的理论研究。

一、了解语汇系统性的实践意义

比如，现代汉语语汇系统中，跟"没有工作"有关的词语有"失业""待业""无业"和"下岗"，"下岗"一词作为"失业"的委婉表达显然有存在的必要。问题是"待业"一词，它原先也是为了委婉表达而产生的，不过现在大有被"下岗"所取代的趋势；所以有人认为"待业"在今天已无存在的必要。但从语汇系统表义的细致化来看，"待业"这个词仍然有存在的必要。因为"失业"或"下岗"的前提是曾经有过工作，如果原本就没有工作也就无"业"可"失"，无"岗"好"下"。中国伴随整个经济制度、用人制度以及教育制度的发展变化，一部分大学毕业生一时找不到合适的工作，这种现象越来越成为重要的社会现象之一。在语言生活中要谈论这种社会现象，就要有个合适的词语来表述。如果没有"待业"这个词，对诸如"你做什么工作？"或者"你在哪儿工作？"这样的问题，回答时只能说成"我还没有工作"或者"我还没找到工作"之类，因为，如果说成"我失业了"或者"我下岗了"都是不合适的。但是，现代汉语语汇系统中有了"待业"这个词，这时就可以说"我还在待业"，方便、快捷，符合语言的经济原则。对上述问题的回答，似乎可以说成"我无业"，不过"无业"一词给人的感觉是一种"静止"的描述，看不出无业者的"求职"愿望。因此我们认为，虽然现代汉语现有语汇系统中有"失业""无业"和"下岗"这几个词，但仍然要保留"待业"作为语汇成员的资格，不过，为了表义的明确起见，把"待业"一词中有关"失去工作"的意义让位给"失业"和"下岗"，让"待业"专门表示"一直没有工作过而有待找工作"这样的意义。

了解语汇的系统性，有助于我们吸收方言词语和外族词语。吸收方言词语或外族词语的目的就是要填补现代汉语现有语汇系统在表义上的空缺，使我们的语言能更好地为我们服务。比如，《现代汉语词典》中有"老相"这个词，表示"一个人看上去要比他的实际年龄大"。但是现实生活中也存在这样的现象：一个人看上去要比他的实际年龄小，可《现代汉语词典》中似乎没有相应的词语来表达，这就成了语义表达上的空白。但在某些方言中却有与"老相"相对的说法，叫"嫩相"。"嫩相"这个方言词，普通话完全可以而且也有必要把它吸收进来，以填补普通话语汇系统中的这一空白，丰富普通话的语汇。

在对外族词语的吸收上，同样会受到语汇系统的制约。英语 Kill two birds with one stone，有人把它吸收过来，意译成"一石二鸟"。赞成者有之，反对者也有之。我们认为，从语汇的系统性这个角度去看，这是不必要的，因为现有语汇系统中已有"一箭双雕"这个成语表达这样的意思。再比如，有人把日语中的"会社""非常口"引进到现代汉语普通话中，这是不妥的；因为现代汉语语汇系统中已有现成的词语"公司""太平门"或"安全出口"表示相应的意义，引进以后，不利于学习者对词语的掌握。

此外，在创造新词语时也要考虑到语汇的系统性。

二、了解语汇系统性的理论意义

了解语汇的系统性，除了具有上述实践意义以外，还具有语汇学研究理论上的意义。比如同义词问题，很多语汇学论著都把诸如"肥皂"和"胰子"，"玉米"和"苞谷""棒子"之类看作一组同义词。这就没有考虑到语汇的系统性这一性质。实际上，"肥皂"和"胰子"，"玉米"和"苞谷""棒子"分属于不同的语汇系统，前者属于普通话语汇系统，而后者则属于方言语汇系统，它们之间不能构成一组同义词；正如汉语中的"肥皂""玉米"不能与英语的 soap、corn 构成一组同义词一样。由于同样原因，我们也不能把不同时代的表示相同或大致相同的几个词看作一组同义词，如"筷子"和"箸"、"跑"和"走"等。反义词的情况也一样。

可见，现代汉语普通话的语汇系统在以下三个方面与其他语汇系统相对立：一是，与古代汉语的语汇系统相对立；二是，与现代汉语的各方言语汇系统相对立；三是，与其他民族的语言，如英语、维吾尔语等的语汇系统相对立，虽然普通话也从其他语汇系统中不断吸收一些有用的成分。

就是在现代汉语普通话语汇系统内部也存在子系统的差异问题。大众语汇和非大众语汇就属于不同的子系统。所以，当我们研究大众语汇这个子系统中的同义词的时候，就不能把非大众语汇中指称相同的词作为同义词；这就是我们不主张把没有拷贝到大众语汇的非大众语汇成员看作大众语汇中某个词的同义词（如不把"氯化钠"和"盐"看作同义词）的原因。

认识到语汇的系统性，也有助于语法研究的深入细致。如果某个子系统内部存在两个或者以上意义（大致）相同的词语，那么它们之间往往存在用法上的差异。如现代汉语中表示"约数"的词语有"上下、左右、前后、大约"等，其分布不可能完全一样。如"他 30 上下/左右/*前后"，"事情发生在 1990 年左右/前后/*上下"。这就启发我们进一步思考：什么情况下它们可以互相替换？什么情况下又不能替换？为什么？从而可以拓宽语法研究的思路；在二语教学过程中对相关词语用法的讲解可以做到更加精准。

总之，正如徐国庆（1999：9）所说：

> 无论从词汇内部的各词汇成分之间的有机关联上，还是从词汇与外部环境的有机关联上，都可以说词汇是个系统。当然，仅仅局限在语言词汇是不是系统的论争上，其本身并无多大意义，揭示语言词汇的系统性质，目的在于以"词汇是一个系统"为出发点，去研究词汇系统的性质与组织层次，从词汇系统的角度来全面审视复杂的词汇现象。[①]

本章小结

系统一般具有这样几个特点：一是，系统具有层级性；二是，各单位之间既相互区别又相互协调；三是，系统的整体功能大于各部分功能之和；四是，系统具有有序性，即系统的各部分不是杂乱无章地、

[①] 徐国庆，1999，《现代汉语词汇系统论》，北京大学出版社。

任意地拼凑起来的。语言的语汇同样具有这样的特点，因而它是成系统的。语汇的系统性是受语言的表义功能决定的。

不管一种语言的语汇成员的格局如何，其终极目的就是为了表义。因而从本质上来说，语汇的系统性体现在词语的意义（和用法）上，语汇中的各个成员——词语，它们的意义所指和用法都有一个大致明确的分工。语汇在意义上的系统性，可以从语汇成员之间的相互补充和相互制约上窥见一斑；同时，还体现在，如果某词在某意义上做了某种用法上的引申，它的反义词也往往在同样意义上做相同的引申。

语汇作为一个系统，它是动态的、开放的。为了能满足交际等的需要，语汇系统会随着社会的发展变化而做自我调节，其自我调节方式主要表现为：（1）创造新词语；（2）原有词语获得新意义、新用法；（3）吸收外族词语和方言词语；（4）部分词语的隐退；（5）基本语汇和一般语汇之间的调节。

了解语汇的系统性，不仅在创造新词语、吸收外族词语和方言词语等方面具有实践意义；而且也有助于在理论上对语汇做更深入的探讨。现代汉语普通话语汇系统不同于现代汉语方言语汇系统，也不同于占代汉语语汇系统；就是在现代汉语普通话语汇系统内部也存在大众语汇和非大众语汇子系统的差异。在同义词等问题的研究中要充分考虑这一点。认识到语汇的系统性，也有助于语法研究的深入细致。

第十章

词语的借用

在本书第二章"现代汉语语汇类别"中，我们介绍了"方源词语"和"外来词语"。从普通话的角度来看，它们都属于词语的借用[①]；不过，语汇学界所说的"词语的借用"一般是指从其他民族语言（包括我国各种少数民族语言）中借用词语，不包括从方言中借用词语。

一种语言为什么要向其他语言借用词语？是以什么方式借用的？词语的借用有没有什么条件限制？这些都是本章要介绍的内容。

第一节　借用原因和特点

一、词语的借用原因

一种语言，比如现代汉语，为什么要向其他语言借用词语呢？究其原因不外乎两点：一是内在的原因，二是外在的原因。

就内在原因来看，任何语言，尽管它的功能多种多样，但其最原始的功能，也是最基本的功能，就是传递信息的功能。语言是为人们的交际服务的。就现代汉语而言，它要想适应改革开放之后丰富多彩的

---

① 布龙菲尔德曾这样说过："在借用范围以内，我们区别方言间的借用和文化上的借用，前者所借的特点来自同一语区之内……后者所借的特点来自不同的语言。这个区别不必能永远贯彻到底，因为方言界限和语言界限之间不能做出绝对的区别来。"（《语言论》，袁家骅、赵世开、甘世福译，第548—549页，商务印书馆，1980年）

现代社会，为了能满足在这种社会背景下生活的人们的交际需要，它必须不断地进行新陈代谢，其中一个很重要的方面就是从其他语言中借用词语。

但光有这个内因还不够；词语的借用是以不同民族的相互接触为前提的。不同民族的相互接触自然会导致文化、语言间的相互接触。当我们要表达其他民族中某一特定的事物或现象而在自己的语言中又没有现成的词语可用时，一般就需要借用相关的外族词语。比如 chocolate 所指称的事物在中国刚刚出现的时候，汉语中并没有相应的词语去表达，于是就产生了"巧克力"这个词。外族词语能否成为本民族语言的外来词，很大程度上决定于某社会对它的需要程度。如果某事物或现象与人们的生活，特别是日常生活休戚相关，我们就会经常提及它，这就不断地需要表达它的词语，因而这种借用就可能成为经常性的，从而产生外来词语。相反，如果某外族词语只是偶尔地借用，它就不可能成为外来词语。

二、词语借用的特点

词语的借用，特别是外来词语的产生，与社会的开放程度有很大的关系。一个闭关自守的社会，与其他民族语言的接触一定很少，词语的借用因此而失去了外在的条件。相反，一个开放的社会，它能广泛地与外民族接触，接纳外民族的文化和事物，这不仅给词语的借用提供了外在的条件，而且推动了本民族语言的内在需求。这种内在需求和外在条件的结合就使词语的借用成为可能。因而在这种情况下，词语的借用就比较多。

词语的借用除了社会的开放与否以外，还与特定社会的政治、经济、文化等因素有很大的关系。这种关系突出地体现在，不同历史时期外来词语的源语言侧重点不同；外来词语所反映的社会生活的方面不同。

词语借用的这些特点，在汉语语汇史上是非常明显的。"葡萄""苜蓿""骆驼""狮子""石榴""琵琶"等外来词语是张骞出使西域的结果；伴随佛教的传入与发展，反映佛教文化的词语被吸收到汉语中，如"佛""阿弥陀佛""魔""和尚""塔""禅"，等等。鸦片战争的一声炮响，惊醒了"国人"的大国之梦，西方的科技与文化通过不同途径流入中国，从而产生了大量源自西方语言的外来词语，这些外来词语有政治军事方面的，有医药科技方面的，也有文化和日常生活方面的。如"德谟克拉西"（民主）、"哀的美顿书"（最后通牒）、"坦克"、"麦克风"、"马达"、"盘尼西林"、"开麦拉"（摄像机）等都源自英语；"布尔乔亚"（资产阶级）、"沙文主义"、"安培"、"蒙太奇"等都源自法语；"纳粹"源自德语；"法西斯"源自意大利语。甲午战争之后，一批批年轻学子东渡扶桑留学，从此，源自日语的外来词语大量进入汉语，如：

经费　师范　熨斗　图书馆　教授　保险　体操　写真　参观
记者　卫生……

新中国成立后的一段时间，由于众所周知的原因，英语和日语对汉语没有什么直接影响，因而源自英语和日语的外来词语就极少；相反，当时中国和苏联的关系非常密切，俄语对汉语的影响比较大，所以这段时间，汉语中的外来词语主要源自俄语。此时，由于中国少数民族的地位开始提高，民族间平等交往有了很大的发展，少数民族受到了重视，反映少数民族文化、特殊的风土人情的词语随之被吸收进汉语。文化大革命时期，外语学习转入低谷，学外语甚至被扣上"里通外国"的帽子。在这种政治背景下，汉语对外族词语的吸收也就可想而知了。

十一届三中全会以来，中国的社会发生了极大的变化。政治的开明、贸易的往来、经济的发展，促进了语言的接触、文化的交流。在这样的社会背景下，人们对外来文化持包容态度，加上年轻一代的新潮时髦，于是形形色色的外来词语不断涌进现代汉语。由于英语学习的广泛性和英语的普及程度，源自英语的外来词语就非常突出。例如：

欧佩克：译自英语 OPEC（Organization of Petroleum Exporting Countries），意为"石油输出国组织"。

克隆：译自英语 clone，指的是一种生物上的无性繁殖技术。

汉堡包：译自英语 hamburg，一种西方快餐，圆面包内夹入熟肉、蔬菜等。

托福：译自英语 TOEFL（ Test of English as a Foreign Language），这是美国为外国人设置的英语水平考试。

此外还有我们大家非常熟悉的"迪斯科""霹雳舞""呼啦圈""比基尼""香波""摩丝"、VCD、MTV 等也都是译自英语；随后又到处都能听到一片"酷"声，这"酷"就译自英语 cool。当然，也有源自其他语种的外来词语，例如：

厄尔尼诺：译自西班牙语 El Nino，指东太平洋赤道区海面温度异常升高，造成全球性大气环流异常的现象。

先锋霉素：一种抗菌素，用于已对青霉素产生抗药性的葡萄球菌及革兰氏阴性杆菌感染。译自拉丁文 cephalothin。

寿司：一种食品，源自日语。

由上可知，源自外族词语的外来词语多为反映其他民族的政治、科技、文化、习俗等方面的词语，同时它们又能折射出操目标语言的人们的意识形态及其所处的社会、政治背景。因此，正如萨丕尔所说："仔细研究这样的借词，可以为文化史做有意味的注疏。留意各个民族词汇渗入别的民族的词汇的程度，就差不多可以估计他们在发展和传播文化思想方面所起的作用。"[①]另一方面，外来词语在不同程度上还保留着外来色彩的同时，又被不同程度地进行过改造，因而它们是"混血儿"。正是这些缘故，外来词语在语言和文化上具有"二重性"。[②]

第二节　借用方式

一、词语的借用方式

词语的借用方式，从大的方面看有两种：一是直接借用，二是改

---

① 引文见：爱德华·萨丕尔，1985，《语言论》，商务印书馆，第 174 页。

② 可参阅：史有为，2000，《汉语外来词》，商务印书馆，第 114-119 页。

造借用。

　　所谓"直接借用"，是指将其他语言中的词语原封不动地搬过来使用。这种直接借用过来的词语，称为"外族词语"。在交际过程中，有时我们不得不直接借用，或者没有必要对有关词语进行改造。例如：

　　（1）停车场的正中地段是两个连在一起的双层建筑。一个是车行的维修车间，另一个是车行办公大楼，车行大楼的一楼中央都千篇一律地是汽车展示厅，英文叫：Show Room。（华胄《风尘交易人》）

　　（2）这家公司在汽车销售行业称为 T.O. Store。T.O.的意思是 Turn Over，即销售员最后要把客人转给称为 Closer 的销售经理，如阿尔，由这个 Closer 去和客人交易。（同上）

　　（3）周新泉招招手示意他跟着自己，他把马丁带到一个样子十分新颖的小车面前："这就是 Neon 牌小车。克莱斯勒推出它同时取代了臭名昭著的 Shadow 和从日本三铃公司买来挂上道奇牌子的 Colt。"（同上）

　　不要以为这种直接借用现象只会出现在文学作品中，其实，在外语学习过程中这种直接借用现象俯拾即是，在学术论著中也并不罕见。例如：

　　（4）translate 这个词，对于我们学习英语的人来说，实在太熟悉了。然而本句中的 translate 却使用得新意扑面。

　　（5）我以为中国单语的形态，并不能说是全无，不过所有不多，不足以区分词类罢了。其实就是英语也不是单靠单语形态来区分词类的。up, on, about 等词孤立地就单语本身看，谁也不知道应该归入哪一类。（方光焘《体系与方法》）

　　当然，有时并不是出于不得已才直接借用的，而是出于卖弄，以示他会洋文。这在日常生活中应该坚决杜绝，但在文学作品中，适当地直接借用外族词语有助于刻画人物形象。例如：

　　（6）辛楣吃晚饭回来，酒气醺醺，问鸿渐道："你在英国，到过牛津剑桥没有？他们的 tutorial system 是怎么一回事？"（钱锺书《围城》）

　　（7）方鸿渐看过张先生收藏的磁器，问道："这东西很值钱罢？"张先生：Sure！值不少钱呢，Plenty of dough。并且这东西不比书画。

买书画买了假的，一文不值，只等于waste paper。磁器假的，至少还可以盛菜盛饭。我有时请外国 friends 吃饭，就用那个康熙窑"油底蓝五彩"大盘做 salad dish，他们都觉得古色古香，菜的味道也有点 old-time。（钱锺书《围城》）

赵辛楣和方鸿渐都留过学，在谈及其他国家的有关情况时，有时汉语中未必就有相应的词语来表达，偶尔夹杂些洋文是可以理解的。例（7）中张先生话中夹杂的这些外族词语，则完全出于卖弄。钱锺书在作品中对此评价道："他说话里嵌的英文字，还比不得嘴里嵌的金牙，因为金牙不仅妆点，尚可使用，只好比牙缝里嵌的肉屑，表示饭菜吃得好，此外全无用处。"

所谓"改造借用"，是指为了表达的需要，根据现代汉语的语音、语汇等特点对外族词语进行一定的改造，然后再使用。这种方式的借用即一般所说的"外来词"。（详见下文）

二、外来词语的判别

在谈外来词语的借用方式之前，首先要明确的是：哪些词语属于外来词语？这里涉及外来词语的判断标准问题。语汇学界对这个问题的看法并不一致。

符淮青（1985：184）："从外国语言和本国其他民族语言中连音带义吸收来的词叫外来词。"[①]

邢福义（1993：223）："外来词是指从外国或国内其他民族语言里吸收来的词。"[②]

上述两种定义，正如武占坤等（1983：217）所说："都比较笼统……都没有彻底解决到底什么样的词才是外来词的问题"。[③]正因为如此，对那些仅仅吸收外来概念的所谓"意译词"的看法就存在着分歧，有的认为是外来词语，有的则认为不是。不过持后一种看法的占大多数。比较起来，下述定义稍为详细：

---

① 符淮青，1985，《现代汉语词汇》，北京大学出版社。
② 邢福义，1993，《现代汉语》（修订版），高等教育出版社。
③ 武占坤、王勤，1983，《现代汉语词汇概要》，内蒙古人民出版社。

　　刘叔新（1990：238）："外族语言某个词语被搬借了来，在语音形式上改造成符合于本民族语言习惯的词，就成了外来词。"①

　　最详细的定义要算史有为（2000：4）的了：

　　　　在汉语中，一般来说，外来词是指在词义源自外族语中某词的前提下，语音形式上全部或部分借自相对应的该外族语词、并在不同程度上汉化了的汉语词；严格地说，还应具备在汉语中使用较长时期的条件，才能作为真正意义上的外来词。②

　　我们知道，在有文字记载的语言里，一个词实际上是意义、语音形式和书写形式三位一体的东西，不仅语音形式是形式，书写形式也是形式，既然如此，把书写形式排除在外是不全面的。因而在谈外来词语的形式时，书写形式也是一个方面。这样，我们对外来词语的认识可以表述如下：

　　就现代汉语而言，外来词语是指通过一定的形式将外族语言中的某词语吸收进来成为现代汉语语汇成员的词语。这里所说的"形式"，是指经过不同程度改造过的语音形式，或者书写形式；之所以强调"成为现代汉语语汇成员"，是因为要排除临时借用的外族词语以及为个别人临时使用的形式上也经过一定改造的词语。是否"为个别人临时使用"，在实际操作过程中有时难以把握，因为这是某词语后来成为语汇成员的先导；但在理论上加以区分是有意义的，因为这符合语汇"复现性"的要求，就像临时仿造的词语不能成为现代汉语语汇成员一样。

三、外来词语的借用方式

　　借用外族词语是为了借用该词语的意义，没有只借用外族词语的形式而不借用其意义的外来词语③；当然，借用外族词语的意义未必就

---

　　① 刘叔新，1990，《汉语描写词汇学》，商务印书馆。

　　② 史有为，2000，《汉语外来词》，商务印书馆。

　　③ 日语在假名产生之前是没有自己的记录日语的书写符号系统的，借用汉字记录日语相应的词，但发音仍然是日语的本来发音，称为"训读"，如"日（太阳）"读ひ，"水"读みず。这种只借用书写形式的词似乎不应该称为外来词。

是将该词语的所有意义都借用过来，这里也有个借用"程度"的问题。意义是不能独立存在的，它必须依附一定的形式，而形式又有语音形式和书写形式之分。这样，外来词语的可能借用方式从大的方面看就有以下几种：

	语音形式	书写形式
（A）	＋	＋
（B）	＋	－
（C）	－	＋
（D）	－	－

D 情况，如上所述，是根本不存在的。A 情况，在书写形式相近的语言里是比较常见的，比如英语和法语之间的借用；但在书写形式迥然有别的语言里是不常有的，比如汉语和英语之间，前者是表意体系，后者是表音体系。因而就汉语而言，实际上主要有 B、C 两种情况，不过 A 情况的借用近几年已经出现，并且有逐渐增多的趋势。下面分述之。

1. 借用语音形式

语音形式的借用是指在吸收外族词语所表述的意义的同时，借用有关外族词语的语音形式。根据所借语音形式程度的不同，这种借用又有以下几种情况：

（1）完全借音

"完全借音"是指用相关汉字将所借外族词语（可称为"源词语"）的语音形式完全翻译过来的一种方式，用这种方式借用来的词语，一般称为"音译词"，还有人称之为"完全音译词"。所谓"完全借音"也只是个近似的说法，实际上，任何语音形式的借用都必须根据现代汉语语音系统加以改造。例如：

磅（英语 pound）　拷贝（英语 copy）　　雷达（英语 radar）
逻辑（英语 logic）
米（法语 metro）　蒙太奇（法语 montage）　榻榻米（日语たたみ）

上述这些音译词中的汉字仅仅记录所借外族词语的读音，我们无法通过汉字来推测其意义。

　　另一部分音译词则不然，虽然从语音形式上看是完全音译的，但在翻译时尽量考虑了外族词语的意义，因而我们能够通过汉字来推测其大致的意义。例如：

　　黑客（英语 hacker）　　芒果（英语 mango）
　　可口可乐（英语 cocacola）

　　还有一部分词语，也是对源词语的完全借音，但在借用过来之后，为了使其表义更加明确，在其后又加上表示意义范畴的语素，如"卡车"，其中"卡"是对英语 car 的音译，因为 car 是一种车，所以在"卡"之后又加上"车"成了"卡车"。其他的例子如：

　　霓虹灯　　啤酒　　芭蕾舞　　鲨鱼　　乒乓球　　高尔夫球　　……
也有少数是把表示意义范畴的语素加在前面的，例如"酒吧"，其真正的音译部分是源自英语的 bar，"酒"是根据 bar 的意义加上去的。

　　（2）部分借音

　　"部分借音"是指用相关汉字将所借外族词语的语音形式部分翻译过来的一种方式。由这种方式借用的词语，因为只是部分地借用了源词语的语音形式，另一部分则是意译的，所以有人称这类为"音译兼意译"。比如"迷你裙"，它是借用英语 mini-skirt 的结果；"迷你"是 mini-的音译形式，"裙"则是 skirt 的意译形式。类似的如：

　　色拉油（英语 salad-oil）　　爱克司光（英语 X-ray）
　　摩托车（英语 motorcycle）

　　也有相反的情况，就是意译部分在前，音译部分在后，如"冰淇淋"译自英语 ice-cream，其中"冰"是对 ice 意译的结果，"淇淋"是对 cream 音译的结果。

　　2．借用书写形式

　　书写形式的借用是指在吸收外族词语所表述的意义的同时，借用源词语的书写形式。与语音形式的借用相比，书写形式的借用要简单得多。运用这种方式吸收进来的外来词语主要源自日语，中日在历史上的文化渊源关系，使这种形式的借用成为可能。例如：

　　积极　　　　消极　　　　公园　　　　市场　　　　知识
　　银行　　　　相扑　　　　体操　　　　记者

　　另有一部分词语也借用日语中源词语之形，但这源词语本身却是外来词语。例如：

　　白血病（德语 leukemia）　　关节炎（英语 arthritis）
　　营养（英语 nutrition）

　　还有一部分词语，其"形"本源自古代汉语，但在日语中有着完全不同的意义，现代汉语又通过借形的方式将相应的意义借用过来，这种词语也应该归入外来词语。例如"经济"在古代指的是"经世济民"，"组织"本为"纺织"的意思，"杂志"为"读书札记"的意思，现代汉语中"经济""组织"和"杂志"这些词语的意义则来源于日语。其他的如：

　　文学　　　　社会　　　　分析　　　　保险　　　　学士
　　直觉　　　　演绎　　　　具体　　　　阶级

　　3. 既借形又借音

　　值得注意的一种现象是，近几年有不少词语借用的是拉丁字母之形，如 MTV（音乐电视）、VCD（激光视盘）等；借入汉语之后，同时保留源词语的近似读音。有的在借形的基础上又加上表义的汉语语素，如"BP 机"。由于这样的形与汉语的书写形式——汉字大相径庭，可能有人对它们的外来词语身份持怀疑态度。而实际上，这些词语无论在日常生活还是文学作品中都经常使用，例如：

　　（1）十分刺目的是茶几上的那台电扇，我断定那是 80 年代初期的品牌，一边转着一边发出哗啦哗啦的声响，就好像是一台老式的电唱机，它发出的那种声音，有悖于 VCD 的音响时尚。（从维熙《伴听》）

　　（2）那天会议结束后每人手提袋里装了一个价值六十多元的八波段的收音机和两盘卡拉OK 盒装 VCD 碟片。（许春樵《谜语》）

　　可以说，这些词语已经具有比较广泛的群众基础。所以我们主张，外来词语家族中应该包括这些成员。①

　　这种形式的借用，与前面所说的一些临时借用是不同的。临时借

────────────

　　① 王吉辉在《字母词语的外来词语性质分析》一文中把这种词语看作一种"字母词语"，不过字母词语的范围比这广，它还包括 HSK（汉语水平考试）等（详见《汉语学习》1999 年第 5 期）。后者只是根据汉语拼音缩写而成，它们并没有相应的源词语，所以不能算作外来词语。

用的偶然性比较强，而且有些临时借用纯粹是为了卖弄，因为现代汉语语汇系统中并不缺乏所要表达的意义的词语，如 friend，汉语中有"朋友"一词。VCD 等的借用则不然，它们在语言生活中还是必要的。比如 CT 和"卡拉 OK"，如果每碰到一个 CT 都用"电脑断层扫描"，每碰到一次"卡拉 OK"，都说成"一种由录音伴奏可跟随演唱的形式"，一般人既记不了，在交际时也不经济、不方便，倒是借用这样的形来得简洁、明了。

四、外族词语的汉化

如前所述，汉语在吸收外族词语时不是照搬照抄，而是经过不同程度的改造，这种改造的过程就是"汉化"。只有汉化了的外族词语才有可能成为外来词语。[①]外族词语的汉化，突出地表现在语音形式的汉化，在意义方面也有所体现。

1. 语音形式的汉化

所谓"语音形式的汉化"，是指根据现代汉语的语音系统对外族词语的读音进行改造。具体体现在以下几个方面：

首先体现在声调的加入。我们知道，词语具有声调是汉藏语系诸语言的特点，因而用具有声调的汉字来音译外族词语时就不可避免地使相应的外来词语打上声调的印记。比如 jeep 在英语中是没有声调的，但音译成"吉普"以后，"吉"和"普"都带有声调。

其次体现在音素的替换上。外族词语在汉化过程中除了带有声调以外，有时还要做音素上的调整，因为不同的语音系统所使用的音素不可能完全相同，因而在吸收外族词语时，对源语音系统（即外族词语所在的语音系统）中有但目标语音系统（即吸收外族词语语言的语音系统）中没有的音素要用目标语音系统中相近的音素来替换。比如，英语 radar 中的前一个 r，其发音[r]在现代汉语语音系统中没有相应的

---

① 我们这里之所以说汉化了的外族词语"有可能"成为外来词语，是因为有些外族词语虽然汉化了，但只是昙花一现，这样的词语不符合语汇的复现性特点，因而不能算作外来词语。如，有网民把 GDP 音译成"鸡的屁"或"及第屁"，把 WTO 音译成"大不了踢哦"，这些显然不能看作外来词语。

音素，因此在音译的时候只能用相近的声母 l 来表示；同样，shark（鲨鱼）中 sh 的发音[ʃ]在现代汉语中没有相应的音素，所以在吸收这个词时，只能将其中 sh 的发音改成相近的声母 sh。

再次体现在音节的增减上。外族词语往往是多音节的，而现代汉语中的词则主要是双音节的，单音节的也不少，三音节的不是很多，因此在吸收外族词语时往往要使借用过来的词语符合汉语的音节数的特点，这就必须压缩原有的音节数。比如 romantic，是三个音节 ro-man-tic，音译成"浪漫"之后只有两个音节。另一方面，现代汉语中的音节没有复辅音现象，而复辅音现象在其他诸多语言中则比比皆是，碰到这种情况，在音译时往往要加上一定的音节。如 brandy 这个词只有两个音节 bran-dy，但音译过来以后成了"白兰地"，是三个音节。有的音节的增加是为了表义明确的需要，如 bar 只有一个音节，译成"酒吧"便成了两个音节。

吸收外族词语时，语音吸收的汉化主要体现在上述三个方面，这三个方面分开来说是为了叙述的方便，实际上，很多情况下同时体现在几个方面，即既有声调的加入，也有音素的替换，还可能有音节的增加或减少。

2. 意义方面的汉化

对外族词语的吸收，不仅要在语音形式方面进行汉化，在意义方面也要进行汉化。所谓"意义方面的汉化"，是指在吸收外族词语时并不一定要把源词语的意义和盘托过来，而要根据现代汉语语汇系统的需要，有选择地进行吸收，有时甚至在源词语意义的基础上进行一定的发展。意义方面的汉化主要体现在以下几个方面：

一是，在吸收外族词语成外来词语时，注重外来词语音节的表义功能。例如，同样的 pound，既是货币单位，又是重量单位，吸收进汉语中，前者用"镑"，后者用"磅"，这样，就可以根据偏旁"钅"和"石"在一定程度上会意。再如 ice-cream 这个词，其中的 ice 如果一开始就采用音译的方式译成"爱思"之类也未尝不可，但这就不能给人以"夏天里的凉爽"之感。同样，mini-skirt 中的 mini-是"同类中最小的"意思，因此，mini-skirt 如果译成"米粒裙"似乎更符合它的原义，因为由"米粒"我们自然能联想到"极其小"的意义。但翻译这个词的人却别具匠心，把 mini- 根据音译的方式译成"迷你"，这样，"迷你裙"的意蕴就很丰富：它可以让人想到"裙子本身之美"，能够让顾客"着迷"，从而能勾起顾客的购买欲望，等等。

AIDS 译名的汉字更换则是从反面说明了注重外来词语音节的表义功能。AIDS 以前曾译为"爱滋病"，现在改为"艾滋病"。为什么要把"爱"改为"艾"？直接原因就是它们给人的联想不同。鉴于 AIDS 的起源和主要蔓延途径，把它译成"爱滋病"，从其可能的联想来看，有些不妥。

二是，在吸收外族词语时，只吸收汉语中需要填补空白的意义，而不是将源词语的所有意义都吸收进来。例如"卡片"，它的源词语是英语中的 card，《现代汉语词典》对"卡片"的解释是"用来记录各种事项以便排比、检查、参考的纸片"；而英语中的 card 除了这一义项以外，还有"名片""请帖""入场券""明信片""纸牌""（赛马会、运动会等的）节目单"等义项。再如"坦克"，它译自英语中的 tank，但 tank 除了"坦克"这一义项以外，还有"大容器""箱""储水池""游泳池"等义项。

三是，有的吸收进汉语中的外来词语，其义项所指范围也有所变化。例如"沙发"，它的源词是 sofa，《朗文当代英语辞典》（英语版）对它的解释是 a comfortable seat with raised arms and a back , wide enough for two or three people（一种具有扶手和靠背、能供两三个人坐的、舒服的坐具），而《现代汉语词典》对"沙发"的解释则是"装有弹簧或厚泡沫塑料等的坐具。两边一般有扶手"。两相比较不难发现，"沙发"的所指范围比 sofa 要广，前者不必有扶手，也没说要靠背。英语中与 sofa 相近的一个词是 couch，它的意义是 a comfortable piece of furniture for two or three people to sit on, or for one person to lie down on（一件舒服的家具，能供两三个人坐或一个人躺在上面）。sofa 变成"沙发"以后，也具有了"中国特色"，其靠背翻起来是坐具，翻下去则可睡觉。这是义项所指范围发生变化的例子。

第三节　借用原则

我们在吸收外族词语的时候，是不是没有什么原则呢？显然不是的。外族词语被吸收进现代汉语以后，便成了现代汉语语汇中的成员，因而在吸收外族词语时必须考虑现代汉语语汇系统的现状，语汇系统的现状对外族词语的吸收起着制约的作用。具体地说，就是要符合以下三项原则。

一、需要的原则

一种语言向不向其他语言借用词语，以及借用什么词语，首先要看这种语言有没有借用的必要。一般说来，一种语言借用外族词语，是因为这种语言的语汇系统里没有相应的表达法，而交际时又必须要表达相关的概念，临时造词已来不及，再说，临时造出来的词语也未必为别人所理解，这时，最自然的办法就是借用外族词语。比如chocolate 一词的所指在汉语社团中刚刚出现的时候，我们怎样称这类事物呢？如果你要告诉别人买了这么一种食品，你应该怎么说呢？"巧克力"或许是比较理想的选择。可见，我们之所以把 chocolate 吸收进汉语，改造为"巧克力"，是因为我们在表达时需要这样的词，而汉语现有语汇系统中又没有这样的词。

相反，如果在言语交际，特别是日常言语交际过程中较少有机会使用相关的外族词语所表达的概念，即便暂时借用过来，也只会昙花一现。例如：[①]

康秉纳：联合企业/工厂。

耐普曼：苏联新经济政策时的资本家或投机商人。

万卡：一种粗劣的载客马车。

奥罗斐拉：格鲁吉亚旧时的一种民歌。

---

① 参阅：史有为，2000，《汉语外来词》，第80-81 页，商务印书馆。

　　上述这些所谓的"外来词语"都源自俄语，但在汉语中只是匆匆过客，没能像其他外来词语，如"拖拉机"，那样在汉语中生根。主要原因就是这些词语所表示的事物或概念在汉语中并不是必需的。这一现象从反面说明，外族词语之成为外来词语首先要符合需要的原则。如果现在有人把 friend 加以改造，"吸收"进现代汉语，那无疑是多此一举，因为现代汉语语汇系统中有与之相对应的词——"朋友"，再吸收进来完全没有必要。

　　这种需要原则也只是一般原则，有些情况下，为了显示新潮，即使现代汉语语汇系统中并不缺少相关的表达，说话人还是借用外族词语。有的是临时的直接借用，有的是经过汉化的借用，如"拜拜"，只是比"再见"多了一层外来色彩。也正是因为这个缘故，不同的人对"一石二鸟"（源自英语 Kill two birds with one stone）的"合法性"见仁见智。反对者认为，汉语中的"一箭双雕"可以很好地表达相关的意义，再借用"一石二鸟"只会给学习者增加负担；赞成者则认为，尽管汉语中已有"一箭双雕"，但把"一石二鸟"吸收过来可以丰富汉语的表达。

二、意义明确的原则

　　有些外来词语虽然有吸收过来的必要，但也不是可以随便吸收的，吸收过来的外族词语必须意义明确。所谓"意义明确"至少有两层涵义：一是要使所用汉字能较好地反映源词语的意义，二是借用过来的词语不能破坏现代汉语语汇的现有语义系统。

　　在有文字记载的语言里，任何词都是语音形式、书写形式和词义三位一体的东西。因此，从理论上说，对任何外族词语的借用都可以有不同的方式。那么，我们在借用外族词语时应该采用什么样的方式呢？是采用音译，音译兼意译，还是意译或其他？这本身并没有哪种方法更好的问题，要根据具体情况而定。Chocolate 音译为"巧克力"能够在汉语中扎根，而同样是音译的"德谟克拉西"（源自 democracy）、"赛因斯"（源自 science）、"德律风"等则都不能，它们分别被意译的"民主""科学"和"电话"所代替。这里固然有汉语中词的音节特点的制约作用，但并不完全如此。另一种重要的制约因素就是意义的明确与否。"版克"和"银行"都是两个音节，为什么后者最后占了上风？这绝不是偶然的。汉字的表意性质已使操汉语的人养成了"见字思义"的习惯，即使对音译词语也是如此，"爱滋病"之所以要被改成"艾滋病"正是这个缘故。"版克"和"银行"，我们最终选择了后者，是因为我们在一定程度上能望"银行"生义，而不能望"版克"生义。另一个更能说明问题的例子是"啤酒"。"啤酒"源自英语 beer，beer 只有一个音节，为什么在借用到汉语中时还要加一个音节"酒"呢？这不是与汉语中词语的音节数趋简这一特点相违背的吗？根本原因就是为了表义的明确。

现在来看看意义明确的第二层涵义，即借用过来的词语不能破坏现代汉语语汇的现有语义系统。任何语言中语汇系统的现有成员在意义的承担上都有比较明确的分工，可谓"各就其位""各司其职"，分工井井有条。所以对外族词语的吸收一般也是为了填补本民族语言表义的空白。汉语当然也不例外。如果借用过来的外族词语会破坏原有的语汇系统，这是不允许的。有人要把日语中的"会社"引进汉语，这除了追求新潮以外，对汉语的表达没有任何好处。与"会社"相对应的，汉语中有现成的"公司"，引进"会社"以后，不仅表义重复，而且还容易与"社会"相混。类似的例子是对 Sydney 的借用，中国大陆译为"悉尼"，香港地区则译为"雪梨"，但普通话中"雪梨"表示"梨"的一种，因而不好译成"雪梨"，否则在普通话语汇系统内部就会产生表义不明现象。还有人放弃现成的"尽力"或"竭尽全力"不用，将英语的 do one's best 说成"做自己的最好"，让没学过英语的人感到莫名其妙，这与意义明确的原则是完全背道而驰的。

三、音节就简的原则

我们都有这样的体会：在看译制片或翻译小说时，外国的人名、地名等特别难记。原因在于外国的人名、地名音节比较多，如"列夫·托尔斯泰""叶戈尔依瓦洛维奇"，"波斯尼亚-黑塞哥维那""斯堪的那维亚"等；而汉语中词语的音节相对比较简短，单音节词语、双音节词语在汉语中占了很大的比例，三音节、四音节的也不少，但超过四音节的词语就不是很多了。汉语词语音节的这种特点，使操汉语的人不习惯多音节的外来词语，因而在吸收外族词语时，在意义明确的前提下，外来词语的音节数尽量压缩，如英语 modem 被译成"调制解调器"，音节过多，所以在日常交际中人们只称之为"猫"，在源词两个音节的基础上压缩了一个。在无法压缩音节的时候，就采用意译甚至借形的方法。对 democracy 的借用起初采用的是音译方式，译成"德谟克拉西"，有五个音节，不利于记忆，也不便交际，所以最终为意译的"民主"所代替。VCD 之所以还用 VCD，就因为它简洁明了。

　　总之，对外族词语的借用不能简单化，在借用方式上可以多种多样。除了人名、地名之类一般用音译之外，对其他众多的词语借用在方式上并没有明确的规律可循，这里有多方面的因素制约。

本章小结

　　语汇学界所说的"词语的借用"一般是指从其他民族语言（包括我国各种少数民族语言）中借用词语。一种语言向其他语言借用词语的原因不外乎两点：一是内在的原因，另一是外在的原因。就内在原因来看，就是传递信息的需要；其外在原因就是不同民族之间的相互交流与接触。

　　词语的借用不仅与社会的开放与否有关，还与特定社会的政治、经济、文化等因素有很大的关系。这种关系突出地体现在不同历史时期外来词语的源语言侧重点不同，外来词语所反映的社会生活的方面不同。外来词语在不同程度上折射出外族文化、生活的方方面面，保留着外来的色彩；同时，它们又被不同程度地进行过改造，因而它们是"混血儿"。

　　外族词语的借用方式，从大的方面看有两种：一是直接借用，二是改造借用。所谓"直接借用"，是指将其他语言中的词语原封不动地搬过来使用，这种直接借用过来的词语，被称为"外族词语"；　所谓

"改造借用"，是指为了表达的需要，根据现代汉语的语音、语汇等特点对外族词语进行一定的改造，然后再使用，这种方式的借用即一般所说的"外来词"。

吸收外族词语成为外来词语的方式，从大的方面来说有语音形式的借用、书写形式的借用、既借形又借音三种。语音形式的借用是指在吸收外族词语所表述的意义的同时，借用有关外族词语的语音形式。根据所借语音形式程度的不同，这种借用又有"完全借音"和"部分借音"之分，前者如"拷贝"，后者如"迷你裙"。书写形式的借用是指在吸收外族词语所表述的意义的同时，借用源词语的书写形式，如"积极"。在借形的同时，又保留源词语的近似读音，这是第三种借用方式，如 VCD。

汉语在吸收外族词语时不是照搬照抄，而是经过不同程度的改造，这种改造的过程就是"汉化"。外族词语的汉化，突出地表现在语音形式的汉化，在意义方面也有所体现。所谓"语音形式的汉化"，是指根据现代汉语的语音系统对外族词语的读音进行改造，具体体现在声调的加入、音素的替换和音节的增减几个方面。

所谓"意义方面的汉化"，是指在吸收外族词语时并不一定要把源词语的意义和盘托过来，而要根据现代汉语语汇系统的需要，有选择地进行吸收，有时甚至在源词语意义的基础上有所发展。意义方面的汉化主要体现在以下几个方面：（1）注重外来词语音节的表义功能；（2）只吸收汉语中需要填补空白的意义，而不是将源词语的所有意义都吸收进来；（3）义项所指范围也有所变化。

吸收外族词语时必须考虑以下三条原则：（1）需要的原则、（2）意义明确的原则、（3）音节就简的原则。

第十一章

现代汉语语汇规范化

　　种庄稼的时候，农民们不时地要对庄稼进行"护理"，否则就会杂草丛生，影响庄稼的正常生长。语言和庄稼一样，在它的"生长"发展过程中，也不时地有"杂草"混迹其中，这就需要对语言进行"护理"，使它能健康地成长。这就要求我们对语言进行规范，而语汇规范则是其中一项十分重要的内容。

第一节　规范的必要性

　　现代汉语规范问题早在 20 世纪 50 年代初就已被提到议事日程上来。1951 年 6 月 6 日《人民日报》发表了题为《正确地使用祖国的语言，为语言的纯洁和健康而斗争》的社论，着重谈了语汇的学习和词语的运用问题，引起了各方面对语汇规范化的重视。此后掀起了语汇规范的一股热潮。可是好景不长，文化大革命时期，语言的规范问题一度遭到林彪、四人帮的极度破坏，有关语汇学的研究陷入困境。直到粉碎四人帮以后，规范工作才逐渐纳入新的轨道。改革开放以来，语言的规范问题更是受到党和政府的重视。

　　语言为什么要规范呢？这是由语言作为交际工具这一性质决定的。语言最原始、最主要的职能就是传递信息。改革开放以来，我国的政治、经济、文化等各个方面发生了天翻地覆的变化，人与人之间不再像小农经济时代那样鸡犬相闻，老死不相往来，而是交往频繁、密切。另一方面，我国幅员辽阔，方言分歧很大；即便是北方方言，其内部差异也非常明显。鉴于这样的事实，虽然在给现代汉语下定义时明确指出，在语汇方面"以北方话为基础方言"，但在实际操作过程中却难以把握。比如，同样一个事物，在不同的北方方言里有不同的名称，应该以哪种名称为规范呢？例如"马铃薯"，东北多叫"山药蛋"，华北一带多叫作"土豆"，还有的地方叫"洋山芋"。像这种一物多名现象如果不加以规范，无论对语言学习还是语言交际，都是不利的。

随着社会的高速进步，我们现在已处于网络化时代，在这样的社会背景下，交际远远不限于人与人之间了，人还要与计算机进行交际，实现人机对话、机器翻译。这就要求计算机要存储足够的语言信息，语汇信息当然是十分重要的方面。而计算机中有关语言的各种信息是人赋予的，如果没有一种高度规范的语言，人机对话、机器翻译也就不能顺利实现。郭玉箐等（2016）在其《走向智能时代的语言信息化产业》[①]一文中指出：

"互联网信息中还含有很多失范现象，主要体现为错用别字、同音近音替代、表达随意、句法不规则等。这些失范现象给语言信息处理的一系列底层技术，包括分词、词性标注、句法分析等提出了难题。"

从目前的词语使用现状来看，各种不规范的现象屡见不鲜。对此，许嘉璐曾经做过这样的概括说明："现在，社会上的语言文字使用状况的确太混乱了。这种混乱大致可以归纳为三类：一是以繁体字回潮为中心的文字混乱；二是以方言泛滥为代表的语言混乱；三是以胡编乱造、不知所云为特点的语文水平滑坡。"[②]

除上述三种情况之外，还有一种情况，就是对外族词语的借用呈泛滥趋势。例如：

（1）日本政府为配合其第五代计算机技术的开发，建立了与八大电子公司合资的日本电子辞书株式会社，研制大型机器词典。

---

① 郭玉箐、徐俊、王海峰，2016，《走向智能时代的语言信息化产业》，《语言战略研究》第6期，商务印书馆。

② 许嘉璐，1995，《新时期说老话题：继续为祖国语言的纯洁和健康而斗争》，《求是》第18期。转引自刘兴策（1999），第23页。

（2）当你用无线 WAP 产品上网的时候，无论是 WAP 手机、掌上电脑、I-Mode 电话，还是 WAP 电话支持无线通信的手持式数码产品等，在 Blink 的无线通信入口输入用户名和密码就能启用你的个人 URL 收藏夹。

从语汇自身的发展来看。语言随着社会的发展而不断丰富发展。在语言的三要素中，语汇的发展与社会的关系最为密切，社会生活的变革会在语汇中立即得到反映。在新的历史时期，为了满足交际的需要，现代汉语普通话的语汇需要继续吸收方言、外族词语中有用的成分，需要继续创造新词，等等。因此，没有一定的规范标准，现代汉语语汇的纯洁性就会受到破坏。

第二节　规范的动态性和相对性

现代汉语语汇需要规范，但是我们怎样认识这种规范呢？

一、规范的动态性

语言是不断发展的，所以不能把语汇的规范看作死的教条。某些词语在历史的发展过程中曾经被看作不规范的，但在今天看来，似乎没有不规范的感觉，也就是说，它们是规范的了。"人工流产"曾经被缩略为"人流"，"死刑缓期执行"被缩略为"死缓"，这些在当时都被看作不规范的，今天看来，则是很自然的。例如：

（1）照理，这个孩子不能要……但人流也可能造成后遗症。

（2）**杀死女记者案昨天一审**　原浙江兰溪市委书记被判死缓

"关爱"一词曾经被认为是不规范的，可使用的人越来越多。例如：

（3）他永远难以忘怀的是，那时寒池每回来监狱看他，总是一双惺忪的泪眼里，充满了关爱。

（4）一个人生下来就受到父母的痛惜，朋友的关爱，另一半的呵护，他（她）变得从善如流，这似乎是一件顺理成章的事。

因而《现代汉语词典》（修订本）已把它作为一个词条收了进去，意思为"关怀爱护"。

因此，我们可以这样来理解规范的动态性：词语的规范与否会随着时间的流逝和社会的发展而可能发生变化，过去被认为不规范的词语在经过一段时间以后，可能会变为规范的了；相反，过去被认为是规范的词语在语言的发展历程中也可能变为不规范的，如"安琪儿""德律风""赛因斯"等。

二、规范的相对性

语汇的规范既然具有动态性，那么它就不是静止的、绝对的，而是具有相对性。语汇规范的相对性至少有以下两层意思：

一是，从理论上说，任何词语的规范都是特定时期内的规范。就一个个具体的词语来看，有的词语在规范上具有很长的时间跨度，而有的词语在时间跨度上就短些。

二是，在任何时期内，词语的规范与不规范之间不是泾渭分明的，总有一部分异体词语，在使用频率上难分伯仲，一时难以确定哪个是规范的，哪个是不规范的，如"方便面"和"快餐面"、"移动电话"和"手机"等；遇到这种情况，我们不能简单武断地"规范"，而应该根据具体情况，做不同的处理。不过有几点可以作为原则性的依据：第一，可以根据当前的语汇现状，采用符合语汇整体特点的词语作为规范，加以引导；第二，对不能从词语的特点上进行把握的，可以利用现代化手段，对不同的异体词语进行使用频率统计，如果在使用频率上有明显的悬殊，可以选用使用频率高的形式作为规范词语；第三，如果连上述两种情况都难以把握，则只能让时间做出抉择。

充分认识词语规范的相对性很有必要。新中国成立以来，在汉语规范化问题上，长期存在着两种极端的倾向：有人把规范定得过死，认为这也不规范，那也不规范，其中有的是正确的，有的则是过于严格。另有一部分人似乎持的是自然主义观点，认为存在就是合理的；有人撰文说："在社会上，切不可搞什么'语言规范化'，否则就会限制语言的发展，使之僵化。"① 此后有不少人撰文就规范问题展开讨论。其中李行健（1988）的论述比较客观："对于'规范'（标准），我们既要把它看成固定的，又要把它看成发展的、不是凝固的。不把标准看成相对固定的，就无法进行规范工作，使用语言的人也会无所适从；但是，如果不把'规范'看成发展的，非凝固的，就会妨碍语言健康地发展，甚至会使规范和群众活的语言形成对立，使规范工作处于被动地位。"② 李氏对规范所持的观点与我们这里所说的规范的相对性的部分内容是一致的。

第三节　规范的内容和标准

既然语汇需要规范，自然就会提出这样的问题：应该在哪些方面对语汇进行规范？在规范时应该采用什么样的标准？

一、语汇规范的内容

语汇应该在哪些方面进行规范呢？

1. 语汇自身形、音、义的规范

现代汉语中的任何语汇成员都是一定的书写形式、语音形式和一定的意义相结合的"三位一体"的东西，所以任何语汇成员的规范都必须包括这三方面。

所谓"书写形式"的规范，是指不随意写繁体字，不用已经废弃了的《第二次汉字简化方案（草案）》中的简化字。改革开放以后，港台风比较强劲，繁体字的回潮相当严重。从店名、招牌到广告用语，从报刊上的文章到电视屏幕上的字幕，繁体字曾一度泛滥。由于中央语言文字政策的正确引导和舆论宣传，现在已经有了明显的好转。另

---

① 高振东《语言是活的东西》，载《人民日报》1978 年 8 月 24 日。这里转引自：许威汉，2000，《二十世纪的汉语词汇学》，书海出版社，第 546 页。

② 李行健，1988，《词语的规范问题》，载李行健《词语学习与使用述要》，吉林文史出版社。此处参阅许威汉（2000），第 547 页。

有一些人则书写已经废弃了的简化字，如"此处禁止仃放自行车"的"仃"、"油氿未干"的"氿"应该使用规范的"停"和"漆"。此外，错字、别字也应该在规范之列。目前，社会上对"既"和"即"的错用现象屡屡出现。

所谓"语音形式"的规范，是指进一步对异读词①进行审订，正确地读出某个字在词语中的读音。异读词是指词形相同、词义相同而读音不同的词，如"教室"过去有人读作 jiàoshì，也有人读作 jiàoshǐ，经过审订以后，以前者为规范的语音形式。有人做过统计，普通话中的异读词，常见的将近 1 000 条。②异读词的大量存在，对人们掌握普通话词语的读音以及语音合成、语音自动识别等是不利的。有关部门虽然在这方面做了大量的工作，但仍然有许多工作要做。有些词/语素随着意义的不同或者只是在不同的词语中就有不同的读音，使用者往往把字音读错，如"参与"的"与"，正确的读音应该是 yù，可稍微留心一下，则常能听到 yǔ 声不绝于耳；"自怨自艾"中的"艾"，正确的读音是 yì，可许多人都把它读作 ài。异读词这类现象比较复杂，不能一概而论，必须调查研究，逐步加以规范。对"自给自足、给予"中的"给"的读音似乎应该给予新的规范。"给"在其中的意义与独用时的意义一样，而独用时读"gěi"，似乎没有必要在这些词中恪守古音。从系统性的角度考虑，似宜统读。其他类似情况也可做类似处理。当然，如果读音不同，意义也不同，则不宜统读。

所谓"词语意义"的规范，是指在非文言用法中，词语的意义要以它在现代汉语中的意义为规范。比如"为了"一词，《现代汉语词典》（修订本：1314）对它做了非常明确的解释："表示目的"，并且特别说明，"表示原因，一般用'因为'不用'为了'"。可有的人偏偏反其道而行之，例如：

（1）我想起那年她才四岁，**为了**丁姐第四个女儿降生，那个山东汉子操起擀面杖，劈头盖脑又是一顿毒打。

---

① 确切地说，称为异读语素更妥。

② 参阅：王新民、侯玉茹，1995，《普通话异读词汇编》（修订本）中的"说明"部分，语文出版社。

　　例（1）中，根据上下句之间的语义关系来看，应该是"因果"关系，不是"目的"关系，所以用"为了"是不规范的。

　　2．异形词语的规范

　　所谓"异形词语"，狭义的是指表示同样意义、具有同样读音的词语具有不同的书面形式；或者简单地说，就是同一个词语具有不同的书面形式。广义的可以是"指称同一对象而看不出明显附加意义差别的两个（或以上）的词语"。这里所说的"书面形式"与前面所说的"书写形式"涵义不同，书写形式指的是同一个词语在书写时所采用的汉字体系，是繁体字、废弃的简化字，还是规范的汉字体系？书写形式的规范与否，与词语的使用者有关；而书面形式则是指，采用同样的规范汉字体系来记录的词语的形式，书面形式的规范与否，与词语的使用者没有关系，实际上，我们一时很难确定哪种书面形式是规范的，哪种书面形式是不规范的。如"纯朴"和"淳朴"，"角色"和"脚色"，"漂泊"和"飘泊"等都属于异形词语。异形词语之间是真正意义上的"同义"关系，或者说是"等义"关系。它们的存在，只能给语言学习者增加不必要的负担，对语言的表达没有什么积极作用，因而是规范的对象。

　　李行健《异形词整理三题》（2002）提出异形词整理的三个原则：通用性原则；理据性原则；词汇的系统性原则。[①]这里所说的系统性是指"在整理异形词时要考虑同语素系列词用字的一致性"，"同一个语素用同一个汉字书写，这就是系统性原则。"[②]如"侈靡-侈糜""靡费-糜费"，它们在语料中出现的次数一样，但"奢靡"出现的次数远高于"奢糜"，宜以"靡"为规范语素。所以，前者可推荐为规范词形。问题是这三个原则之间是什么关系？或者说是，如何遵循这三个原则？晁继周在《论异形词整理的原则》（2004）[③]一文中就此问题做了比较详细的论述。主要观点是："在处理不同类型的异形词时，通用性原则

---

　　① 李行健提出的异形词整理的这三个原则是教育部、国家语言文字工作委员会于 2001 年 12 月发布的《第一批异形词整理表》在整理异形词时所遵循的原则。

　　② 李行健，2002，《异形词整理三题》，《咬文嚼字》第 3 期。

　　③ 晁继周，2004，《论异形词整理的原则》，《中国语文》第 1 期。

和理据性原则起着不同的作用，而系统性原则只是要求在运用通用性和理据性得出结果后，对异形成分为同一语素的各种异形词做统一处理。"晁文还指出："一个合于理据的词形，不能因为在一段时间里使用频率低于其他不合于理据的词形就被认为'不规范'；反过来说，一个不合于理据的词形，也不能因为在一段时间里使用频率高于合于理据的词形就被认为是'规范词形'而加以推荐。如果不考虑理据，一味强调'从众'，在有些情况下无异于提倡写错别字。"我们深以为然。

对异形词的规范，有时需要考虑造字的特点。比如在"形容烟或云气浓郁"时有三个词形："氤氲""绲缊"和"烟煴"。"绲缊"两个字都是"纟"旁，跟"烟"或"云气"没有关系，不利于人们对这个词的"意会"和掌握；"烟煴"两个字都是"火"字旁，跟"烟"有关，因火生烟，但"烟"在这个词中的读音很特别，读 yīn，容易误读；而"氤氲"两个字都有"气"表意，"因""昷"都能表音。可见，"氤氲"作为规范词形是合适的，《现代汉语词典》正是这样处理的。

异形词语的存在，使语言的使用处于混乱的状态。例如"手机"和"移动电话"，所指一样，在现代汉语语汇中都占有一席之地：

（2）Registry Magic 公司已成功地开发出基于 Bluetooth 技术的支付系统，使手机具有电子钱包功能。（报纸）

（3）当前移动电话的安全问题越来越使人感到头痛，在软件更新或进行其他简单操作时都有可能遭受到攻击。（报纸）

"手机"和"移动电话"有时甚至在同一篇文章中"共现"，如：

（4）一位法国人因车祸不幸连人带车掉入泥水中时，他用浸泡在泥水中的移动电话向外界求救，及时赶到的救援队让他逃离了死亡线。

……情急之中，格瑞拉先生在泥水中摸到他的三星手机向紧急救援中心求救。手机奇迹般地接通了……

类似这种现象，有时让使用者十分犹豫。可见，异形词语也应该是现代汉语语汇所要研究并加以规范的重点内容之一。

3. 词语吸收方面的规范

语汇的丰富和发展，除了新造词语以外，还同时从不同渠道吸收有用的成分，如从古代汉语、方言、外族语言中吸收。但是有的人不考虑现代汉语语汇系统的实际情况，一味地求"雅"、求"俗"、求"洋"，或者说是追求表达的"精炼""地道"和"新潮"，滥用文言词语、方言土语和外族词语。滥用文言词语的表现就是所写的文章好用文言词语，哪怕现代汉语中有现成的对应词语也废弃不用，例如：

（5）一个美国孩子再有钱，他也不能被允许进播放黄带的影院。中国不行，在大力提倡性教育同时，这方面连禁也鲜闻禁。

方言土语的滥用近年在文学作品中屡见不鲜。有的是为了刻画人物形象的需要①，但有的并非如此，后一种情况应该避免。

对外族词语的借用也亟待规范。目前，对外族词语的借用存在两个问题：一是对外族词语的借形呈泛滥趋势，特别是从英语中直接移用过来的现象越来越普遍，例如上文举过的一例：

（6）当你用无线 WAP 产品上网的时候，无论是 WAP 手机、掌上电脑、I-Mode 电话，还是 WAP 电话支持无线通信的手持式数码产品等，在 Blink 的无线通信入口输入用户名和密码就能启用你的个人 URL 收藏夹。

二是，在借用外族词语时也出现异体情况，同一个 I-Mode，有的完全借形，如上例；有的则是部分借形，另一部分意译。例如：

（7）很多日本人现已利用有彩色屏幕的"I-模式"移动电话进行购物、玩游戏和从事社交活动。

4. 缩略语的规范问题

关于缩略语的规范，除了传统的把"男式牛皮鞋""女式猪皮鞋"分别缩略成"男牛""女猪"等之外，最值得关注的是一些网络词语的随意缩略的现象。例如：

十气然应：十分生气，然后答应。

累觉不爱：很累，感觉自己不会再爱了；

不明觉厉：虽然不明白对方在说什么，但是感觉很厉害的样子；

---

① 这种情况也应该附上普通话的解释，否则会给非本地方言读者造成理解的不便，也不利于作品的广泛传播。

人艰不拆：人生已经如此的艰难，有些事情就不要拆穿；

十动然拒：十分感动，然后拒绝。

无秀波：无形之中被秀了一波恩爱。

网络词语除了缩略的规范以外，还有其他诸多乱象有待规范。主要表现在以下几个方面：

（1）随意给原有词义以另外的解释[①]，比如：

后起之秀：爱睡懒觉、最后起床的住校生。

如花似玉：形容相貌丑陋的女子。

番茄炒蛋：女的把男的抛弃了。"番茄"指女性，"蛋"指男性。

花痴：指女性对某些特定人群（如帅哥、偶像等）的爱好程度非常之高，达到痴迷的地步。泛指（不论男女）对特定人物或事物的痴迷喜爱非常深。

水库：水帖特别多的地方。

博导：网络上指导他人写博克的人。

偶像：呕吐的对象。

（2）随意改变原有词语的形式，包括语音形式和书写形式，例如：恐怖**粪纸**（恐怖分子）口年（可怜）帅锅（帅哥）饿、偶（我）

（3）滥用字母词，或是汉语拼音缩写，或是英语缩写。如：

LD：领导、老婆，"领导"汉语拼音首字母缩写

CC：嘻嘻，英语字母 C，汉语中有人读 xi；"吃醋"汉语拼音缩写；表达"聪明"意思的"聪聪"汉语拼音缩写

IMO：在我看来，英语 in my opinion 缩写

LAT：又漂亮又有才华，英语 lovely and talented 缩写

（4）有时甚至同一个字母词有数个来源，表义不明，如：

MS（"貌似""牧师""没事"，memory stick/记忆棒）

诸如上述种种现象，如果在普通语言生活[②]中频频使用，那将是怎样的情形？

---

① 相关词语的解释，参阅：汪磊主编，2012，《新华网络语言词典》，商务印书馆。

② 一般只在网络环境下使用的词语可以看作"非大众语汇"的一种。好的网络词语由于其在表达上的积极作用，可能会转化为大众语汇，如"闪婚、裸考、给力、网购、网店"，等等。

二、语汇规范的标准

现代汉语语汇有这么多内容需要规范，那么规范的标准是什么呢？不同内容，在规范标准上存在着一些差异，但有几个原则性的问题是一致的，这就是交际需要原则、意义明确原则、使用普遍原则。

1. 交际需要原则

语言从一开始就是因为交际的需要才产生的，交际当然离不开语汇。随着时间的飞快流逝，语言也在不断地发展、变化着；语言中的语汇成员也随之发生变动，表现在部分旧词语的消失或隐退，新的词语的不断产生。部分词语之所以会消失或隐退，是因为在现代社会的一般交际中，已经不需要它们了；相反，如果在交际中需要某个词语而现有的语汇系统中又没有相应的词语，为了弥补这种不足，创造新词语，吸收古代汉语或者方言、外族语言中有用的成分，是几种重要的途径。其中，吸收什么词语，不吸收什么词语，其判断标准就是看在交际过程中是否真正需要。

比如有人把日语中的"株式会社"照搬过来，其实，在现代汉语中有相应的词语来表达，就是"有限公司"的意思；可见，运用现代汉语来交际无须引进诸如此类的词语就能很好地表达。

2. 意义明确原则

在满足交际需要的前提下，我们在吸收古代汉语或者方言词语，甚至外族词语的时候，还需要考虑意义明确的原则。所谓意义明确，就是指词语的意义能够为大多数人理解。"老百姓"和"黎民"，"太阳"和"老爷儿"，"天使"和"安琪儿"，显而易见，前者比后者意义明确，因此在吸收时应选用前者。出于这个原因，对现行词语如"士多""士多啤梨"等就应该加以规范。"士多""士多啤梨"不仅意义不明确，而且也不需要，因为现有语汇系统中已有"店""草莓"。

3. 使用普遍原则

与"株式会社"等不同的是，有时在交际过程中，现有语汇系统中没有相应的词语来表达，这时就需要吸收或创造。就吸收而言，可能有不同的意义相同的词语可供吸收，比如"馒头"和"馍馍"，前者的使用较后者普遍，所以在吸收时应该考虑选用前者。在对外来词语的选用上，选用何种形式，借音的，借义的，还是其他，也要看普遍性原则。

如上所述，现代汉语语汇系统中存在的异形词语，如"方便面"和"快餐面"、"手机"和"移动电话"等，可以在较大的语料库中对它们的使用频率进行统计，如果它们在使用频率上有明显差异的，可以选用使用频率高的词语作为规范的形式（违反造词理据的可以除外）；如果它们在使用频率上相差不明显，可以参照其他的原则（如造词理据、词义的明晰度等）来确定规范的形式；如果连这样都难确定，那最好暂时让它们共存一段时间，以后再做定夺。

第四节 创造新词语和生造词语

为了适应社会发展和交际的需要，语言的语汇系统必须不断地补充自己的成员，除了从方言和其他民族语言中吸收一些成分之外，一个很重要的途径就是创造新的词语。不过，创造新的词语要遵循一定的原则，违反了这些原则，就成了生造词语。

一、创造新词语的原则

创造新的词语要遵循哪些原则呢？

首先，创造新词语要符合交际需要的原则。这是受语言的基本职能决定的。如果语言的语汇系统中已有词语表达某种事物或现象，就没有必要再去造另一个词语。

其次，创造新词语要符合意义明确的原则。即使语言的语汇系统需要创造一个新词语来表达某种事物或某种现象，还要考虑意义明确这一原则。如果所造出的词语意义不明确，就难以为人理解，也就难以扩散开来，同样达不到交际的目的，违背了创造新词语的初衷。

创造新词语要利用已有的语素，符合已有的构词规则。但是，不是任何符合汉语构词规则的几个语素结合在一起就能保证意义明确。

例如"断念"一词，表示"断绝某种念头"，但意义不够明确，很少有人使用。

再次，创造新词语需要符合语言的经济原则。这里所说的"经济原则"不是说所造的词语在音节数上越少越好（过分求"经济"就会表义不明确），而是指如果不造出相关的词语，虽然可以通过现有的词语来表达某种意义，但必需迂回进行，交际时不方便。比如有了"老相"这个词，在要表达某个人"看上去比实际年龄大"的时候，我们就可以很方便地说"他很老相"或"他有点老相"；相反的情形在现代汉语普通话语汇系统中就没有现成的词来表达，碰到这种情况，我们只能说成"他看上去比实际年龄要小"之类。"他看上去比较年轻"似乎可以表达这样的意思，但意义并不是十分明确，因为有可能"他"实际上就年轻，甚至也不能排除相反的情形：他看上去虽然年轻，但实际上还是比较"老相"；一个看上去 30 来岁的小伙子当然年轻，但实际上他可能只有 25 岁。可见，普通话语汇系统中需要一个相关的词来表达，这样交际起来就经济多了，方便多了。碰巧方言中有"嫩相"这个词，可以吸收进来；否则就应该创造这样的词。"剩女"一词的产生可能与此有一定的关系。现代汉语语汇系统中有"光棍"或"单身汉"，但缺少对女性的相应表达，碰到这种情况，过去往往说成"大龄女青年"，颇为不便。"剩女"正好可以填补这一空白，它虽然带有一点戏谑的味道，但使用的人似乎越来越多，还滋生了"剩男"一词。

违反了上述原则，所造出来的"新词语"就是生造词。我们来看几个例子：

（1）如果只是将衣裤穿得一模一样，肯定会有人说："so out!"（太落伍了。）情侣装的搭配应该是全方位的，特别要记得用小**配饰**起到画龙点睛的作用。大到帽子、背包，小到手机甚至手机挂件，都应该彼此**登对**。（报纸）

（2）真正要说酷酷的帅哥男星，当推布莱德彼特了。他与明星女友珍妮佛安妮斯顿都拥有如模特儿般极佳的身材，两人穿上一式的 T恤、牛仔裤与皮鞋，走在路上，俊男与美女非常**速配**，实在越看越**登对**。（报纸）

（3）都市**雅韵**配对穿（报纸标题）

上述例（1）中的"配饰"，根据上下文对其构成成分进行分析，"饰"应为"装饰"之"饰"，"配"是汽车等"配件"之"配"，还是"配角"之"配"，就不是很清楚。不过，其整体意义似乎是"装饰品"。如果"配饰"真的是这种意义的话，为什么要放弃现成的、通俗易懂的"装饰品"这个词，而要造出个令人费解的"配饰"呢？可见，造出"配饰"一词，既不符合交际需要的原则，也不符合意义明确的原则。

例（2）中的"速配"，从上下文来看好像是"般配"的意思。不过，从构成成分上来看，其中的"速"应为"迅速"之"速"，"配"则为"配对"之"配"，两个语素结合到一起应该是"迅速配成对"的意思，但是这样的意义又不符合上文的语境。可见"速配"是一个生造词，它既不是语汇系统所必需的，在表义上也不明确，虽然利用了原有语素，但歪曲了原有语素的意义。

如果说，"配饰""速配"这样的生造词我们能勉强从上下文猜测其大致意义（不知是否就是生造词者所要表达的意思）的话，那么，对"登对"和"雅韵"这样的生造词我们简直就百思不得其解了。这样的生造词，即使语汇系统表义上需要，因为意义远非明确，最终也不会被使用开的。

二、生造词语和新造词语

生造词语和新造词语有类似的地方，即都是个人的创造，是个人的言语行为；因而在这类词语刚刚问世的时候，它们之间有时很难截然分清，判断这样的词语是否生造词语就需要一段时间的检验，经得起检验的，就能在语汇系统中有立足之地，成为语汇中的一员；经不起检验的，就只能昙花一现。"关爱"这个词，起初被看作生造词，但因为"爱"的意义明确，加上特定的语境，由"关"这一语素我们又容易联想到"关心""关怀"，所以"关爱"作为一个整体，它的意义也比较明确，使用它的人也就越来越多。正是这个缘故，《现代汉语词典》（修订本）已把"关爱"作为一个词条收入，意思是"关怀爱护"。

但生造词语和新造词语也有很大的不同。从其产生动机来看，生造词语完全是词语创造者标新立异的产物，而新造词语则是为了表达的需要，填补语汇系统的空白；从表义上来看，生造词语表义不明，往往会不顾甚至歪曲语素的现有意义，而新造词语意义一般都比较明确，因为它们是利用现有语素的现有意义创造出来的。

本章小结

语汇之所以要规范，这是由语言作为交际工具这一性质决定的。中国幅员辽阔，不同方言区之间在语汇的使用上往往有很大的不同，随着中国经济的发展，不同地区人与人之问的交流接触日益频繁，这就需要有一个比较规范的语言；而且在日益发达的现代化社会背景下，人还要与计算机进行交际，实现人机对话、机器翻译。没有一种高度规范的语言，人机对话、机器翻译也就不能顺利实现。从目前的词语使用现状来看，各种不规范的现象还屡见不鲜。

了解语汇需要规范还不够，这里还有个认识问题。首先，语汇规范是动态性的。因为语言是不断发展的，所以不能把语汇的规范看作不变的教条。其次，语汇规范具有相对性。这种相对性至少有以下两层意思：（1）任何词语的规范都是特定时期内的规范；（2）在任何时期内，词语的规范与不规范之间往往不是泾渭分明的。

语汇的规范内容包括：（1）语汇自身形、音、义的规范。即词语的书写形式、语音形式和意义的规范。所谓"书写形式"的规范，是指不随意写繁体字，不用已经废弃了的《第二次汉字简化方案（草案）》中的简化字，不写错别字；所谓"语音形式"的规范，是指进一步对异读词进行审订，正确地读出某个字在词语中的读音；所谓"词语意义"的规范，是指在非文言用法中，词语的意义要以它在现代汉语中的意义为规范。（2）异形词语的规范。所谓"异形词语"，狭义的是指表示同样意义、具有同样读音的词语具有不同的书面形式。异形词语也可以做广义的理解。异形词的规范需要遵循三个原则：通用性原则、理据性原则、词汇的系统性原则。（3）词语吸收方面的规范。（4）网络词语乱象丛生，亟待规范。

语汇规范需要一个比较明确的标准，这就是：（1）交际需要原则、（2）意义明确原则、（3）使用普遍原则。

语汇的丰富发展，离不开创造新词语。不过，创造新词语也要有一定的原则，即：（1）交际需要原则、（2）意义明确原则、（3）符合语言的经济原则。违反这些原则就成了生造词语。生造词语和新造词语有类似的地方，即都是个人的创造，是个人的言语行为；因而在这类词语刚刚问世的时候，它们之间有时很难截然分清，判断这样的词语是否生造词语常常需要一段时间的检验。

第 十 二 章

现 代 汉 语 语 汇 研 究

现代汉语语汇研究可以从两个角度切入：一是历时角度，二是共时角度。而语汇成员又具有形式和意义两个方面，所以，这两个角度都涉及语汇的形式和意义问题。

从历时的角度看，形式上，古代汉语中单音节词占优势，而现代汉语中双音节词占优势。汉语词的双音节化是如何达成的？初期阶段有三种来源[①]：一是短语的词汇化，如"窗户、寻常、聪明"等；二是句法结构的词汇化，由于句法结构中所包含的语法性成分的功能在发展过程中的衰落或消失，如"学**者**、自杀、果**然**"等；三是跨层结构的词汇化，是指由本不在同一个句法层次的两个相邻单位变为一个词的现象，如"否则、何必、在乎、的话"等。当相关的结构反复出现定型以后就变成了构词模式，从而直接产生大量的双音节词。从历时角度看意义问题，词语的意义是如何演变的？包括演变方式和演变结果。一个词语的意义发生变化以后，对与之相关的词语的意义有没有什么影响？有什么样的影响？

从共时的角度看，可研究的问题很多。在新的理论方法背景下，传统的研究话题可以重新审视，新的研究视角也可以拓展。

---

① 参阅：董秀芳，2011，《词汇化：汉语双音词的衍生和发展》（修订本），商务印书馆；也可参阅：刘红妮，2019，《汉语跨层结构的词汇化研究》，学林出版社。

第一节 传统话题的进一步挖掘

一、成语的研究

成语有形式和意义两方面，我们这里所说的成语的研究不是指对成语的内部结构进行构词法那样的研究，而是指在语言使用过程中人们是如何改变成语的形式或意义的，其内在或外在动因是什么。虽说成语在结构上具有定型性，在意义上具有整体性特点，但在实际使用过程中，成语的形式或意义都存在被改造运用的情况。

1.形式方面。比如"望洋兴叹"一词，根据语境的不同可能被改造为"望书兴叹、望作业兴叹"等。类似的改造在广告语中屡见不鲜，如改自"刻不容缓"的"**咳**不容缓"等。这些是对成语构成成分的替换改造。有人利用这一点将"三从四德"改造为"三从四得"：妻子的命令要服从，妻子出门要跟从，妻子错了要盲从；妻子化妆要等得，妻子生日要记得，妻子大骂要忍得，妻子花钱要舍得。从成语变成了缩略语。

还有一种形式改造，就是对成语构成成分语序的改造。

2.意义方面。有些成语在使用过程中意义发生了变化，或有意，在于追求一定的修辞效果；或无意，没有真正理解成语的意义，是望文生义的结果。例如：

（1）她身高一米七五，在女人们中间算作**鹤立鸡群**了；她丈夫只有一米五八，上大学时绰号"武大郎"。（冯骥才《高女人和她的矮丈夫》）

（2）垂老病人需做血气分析，面对那起伏跳动的动脉血管，她们**一针见血**的本领使许多急救专家都赞叹不已。（朱楚宏2010[①]：16例）

（3）在外面，除了一起喝酒的几个朋友，他从不谈自己的工作。

[①] 朱楚宏，2010，《成语语义超常引申新探》，语文出版社。

他知道，这活儿多少有点儿招人嫌，哪怕人家大大方方地说，嗨，都是革命工作么，干什么不是干；或者用另一句老话来宽慰他：三百六十行，行行出状元，你这也算是"首屈一指"的状元。（刘汀《水落石出》）（按：他是肛检大夫）

"鹤立鸡群"原本的意义是"比喻一个人的才能或仪表在一群人里头显得很突出"，而在例（1）中，它是用来形容高女人站在其他女人中间就像鹤站在一群鸡中那样，这种用法是对"鹤立鸡群"做字面理解的基础上的比喻用法。"一针见血"的实际意义是"比喻话说得简短而能切中要害"，而例（2）用的却是其字面意义。例（3）中的"首屈一指"显然用的也是其字面意义。再比如：

（4）**万人空巷**的 5 部国产电视剧，每一部都是不得不看的经典（新闻标题）

（5）电视节目越来越丰富多彩……一批重大事件和体育比赛的现场直播，以及优秀的电视连续剧的播映，甚至出现**万人空巷**的情景。

例（4）和（5）中都用了"万人空巷"这个成语，其实际意义是"家家户户的人都从巷子里出来（观看或参加某些大的活动等），多用来形容庆祝、欢迎等盛况"。不难看出，该成语原来使用的语境是人从家里出来到大街上。而这两例所使用的语境则完全相反，用于人们宅在家里看电视。这可能是对"万人空巷"望文生义误用的结果。类似的如"七月流火"，它似乎不能算是成语，但反映的问题是一样的。

（6）**七月流火**！多国高温："地狱热浪"来袭，山火肆虐（新闻标题）

很明显，这例中"七月流火"是用来形容天气炎热的。而它真正的使用语境是指天气由热转凉。其中的"火"是星宿的名字，有人说它是天蝎座的一颗亮星。

还有，有的成语到底是误用还是活用，我们不得而知。例如"上下其手"，原本"指玩弄手法，暗中作弊"，但看看下面的例子：

（7）摄影师的素质参差不齐，有些摄影师喜欢对女模特直接**上下其手**，一点也不避讳。一位女模特就表示，有的变态摄影师，甚至会趁着拍泳装照抹油的机会，直接把手伸进她们的泳衣里。（朱楚宏，

2010：第 182 例）

不难看出，例（7）中的"上下其手"用的是其字面意义。这种用法不一定必然用于耍流氓的语境，看下面一例：

（8）公园的椅子上，一对对情侣**上下其手**……（网络）

（9）他一见抢匪出现就先昏倒了，身上的财物当然也就被**上下其手**地搜个精光。（网络）

通过对有限例子的观察，我们觉得，对成语的改造运用（不管是形式方面还是意义方面），其动因是为了更好地适合语境。从对成语的误用来看，主要是不了解成语的实际意义而望文生义的结果。望文生义的一个根本原因是我们对某些成语的产生背景（汉语中很多成语的产生都是有典故的）不了解，对相关文化不熟悉，或许还有对成语中某个语素的非常用意义不知晓。望文生义其实透露出了这样一个事实，就是词语的意义与其构成成分语素的意义之间存在明晰度不同的关系。这种关系在成语中自然也有体现。

针对成语运用中的上述情况，从研究的角度来看，有哪些方面值得思考的？我觉得，至少以下几个方面值得考虑：

一是，成语改造之后有没有什么修辞效果？需要注意的是，一提及修辞效果，往往想到的是积极的修辞效果；其实也可以观察消极的修辞效果（即修辞不当），有人称之为"反修辞"。

二是，当某些成语被越来越多的人偏离使用（有的一开始就是误用）的时候，我们是否有必要恪守成语的"正宗"的用法？我们认为不必。原因有二：第一，在汉语发展史上，习非成是的情况是存在的，如对"不求甚解"的理解；第二，一般词语在使用过程中意义可以发展，为什么成语在使用过程中其意义就不能发展呢？朱楚宏（2010：313）说过这样一句话："在重视词语规范的同时，也应该适当认可词语意义变动的现象，尤其是那些虽不合常规，但在特定语境中能增强表达效果的词语活用。"①对此看法笔者深表赞同。不过，需要补充说明的是，偏离后成语的意义一定要能从其构成成分中找到理据。望文

---

① 朱楚宏，2010，《成语语义超常引申新探》，语文出版社。

生义本身就反映出了其理据性。①

三是，与上面一点相关，成语活用在什么情况下可以看作一种正常用法？这就需要对特定成语的不同偏离用法进行定量分析。如果某成语某意义或用法的使用频率非常高，我们就应该给它立一个新的义项。这种研究在今天是可行的，因为我们可以利用较大规模的语料库进行实例统计分析。宋贝贝等（2012）在这方面做了有益的尝试，他们认为："可以基于语料库借助于计算机技术从共时层面对某一时期词语的语义分布情况进行统计，计算出词语所包含的所有意义的出现频率，可以据此确立新的义位或者对已经存在的原有义位的稳定性进行验证质疑。"他们还认为："还可以从历时的角度对词语的语义进行考察，观察其在不同时期的意义变化，勾勒出它的语义演变轨迹。"这种新的义项或许还能取代该成语的原来意义成为基本义。如"炙手可热"的几个意义中，用例最多的是其"热门的，引起关注的"意义。②不仅如此，我们觉得，还可以参照词义演变的结果和演变方式，探讨其语义在哪些方面发生了变化？是如何发生这些相应变化的？不同成语语义发生变化的规律是怎样的？

二、惯用语的研究

惯用语在形式上具有一定的定型性，但也不是绝对不能改变。问题是其变化的规律是什么？如"碰钉子"，可以说成"碰了个软钉子""钉子碰了不少"等，类似的如"泼冷水"等。为什么是这些变化形式？恐怕需要结合惯用语本身内在结构的特点进行研究。还有，"碰了个软钉子"跟"碰钉子"在语义上有什么联系？又有什么差异？

惯用语研究最值得深挖的是惯用语的意义是怎么获得的？

我们习惯说，惯用语的意义具有整体性特点，即惯用语的意义不能从其构成成分语素的字面意义去理解。受这一观念的影响，学界一般对惯用语的意义来源不予进一步深入的探讨。如果深入挖掘，至少

---

① 可参阅：刘冬青，2012，《"望文生义"及其他》，《词汇学理论与应用》（六），商务印书馆。

② 宋贝贝、刘燕燕、王强军，2012，《基于语料库的成语语义考察及新义位的确立》，《词汇学理论与应用》（六），商务印书馆。

部分惯用语的意义来源是能找到理据的。所以应该加强对惯用语的意义做理据性的探讨。为什么说"泼冷水"而不是"泼热水"？仅仅是习惯吗？"走狗屎运"或许与狗粪和猪粪、牛粪相比更有肥效有关，这是农业社会的产物。过去庄稼人给庄稼施肥时注重有机肥料，所以平时很注意拾猪粪、牛粪等，狗粪肥效高但难得遇到。在这样的社会背景下，"走狗屎运"表示"走好运"则顺理成章。其字面意义"走运，拾粪时碰到狗粪了"就是该惯用语意义的认知理据。其他如"翘辫子"，形容人死了，为什么要说"翘辫子"？这可能与黄鳝的死有认知上的关联。黄鳝死后在太阳的暴晒下不是呈腐烂状而是因水分蒸发、表皮收缩，致使身体干巴巴地像一根翘起来的辫子。

三、歇后语研究

对歇后语前后两部分的关系，可以从认知的角度进行思考。同时新时代也产生了新的歇后语，要注意挖掘新的歇后语，并力图对其产生的理据进行研究。

歇后语的形成基础多为人们的现实生活经验。由于当代社会生活有许多是之前的社会生活所没有的，这就为新的歇后语的形成提供了不同的基础。例如：

（10）熊猫点外卖——笋（损）到家了。

（11）骑着共享单车去酒吧——该省的省，该花的花。

（12）HR 提离职——不干人事。

例（10）中，"点外卖"是当代社会生活的一种常见现象，其特点是，想吃什么就点什么，然后外卖小哥就把你点的东西送上门。众所周知，熊猫喜欢吃竹子，熊猫点外卖自然是点竹子，所以"笋"与竹子对应。"笋"与"损"同音，因而这歇后语的意思通过字面的"笋到家"表达"损到家"。例（11），"骑共享单车"可以省钱，"去酒吧"是需要消费，花钱的。例（12）中，"HR"应该是 human resources 的缩略，指人力资源部门，他们是做人事工作的，他们辞职，自然是"不干人事"，再经过"语义转换"，就成了该歇后语要表达的意思。

新歇后语研究，首先要对"新歇后语"进行界定，然后搜集符合标准的歇后语，观察其形成类别、特征等方面，对其进行具体的分析，包括其形成机制。新歇后语使用的语体特点有没有什么讲究？由于新歇后语尚未经过一段时间的考验、沉淀，有些新歇后语可能造得并不好，对此也可以通过分析指出其不足之处。

四、词语的附加意义是如何获得的

词语具有理性意义和附加意义。有些词语的附加意义与其理性意义有着密切的联系，如"大师、学者、慷慨"的褒义色彩，"土匪、傻瓜、吝啬"的贬义色彩。但是，从历时的角度看，有些词语的附加意义发生了变化，其原因何在？还有，在共时平面那些理性意义是中心色彩的词语的附加意义是如何获得的？

所以，词语附加意义的研究可以从这两个角度进行。第一种情况如"爪牙"，为什么由原来带有褒义色彩变成后来的贬义色彩？有没有认知基础？我们觉得很可能与下述现象有关：只有具有一定权势的人才可能有爪牙。但有些权贵之人得势之后，其行为就可能变得嚣张跋扈。而其身边的爪牙可能就近墨者黑，有样学样。当这种现象逐渐普遍的时候，其贬义色彩就油然而生了。第二种情况其实与此同理，如"老军医"。本来，"军医、老中医"都能给人很好的印象，军医医术高明，老中医因为经验丰富，诊疗水平一般越来越高；在这样的社会认知下，老军医应该给人以很好的印象。但是，一些骗子打着"老军医"的旗号，到处张贴小广告，老军医的好形象就这样被毁了，"老军医"一词的贬义色彩的获得也就不难理解了。又如"领导"一词本来是个好词。可是由于个别领导不注意其言行举止，给人们以不好的印象，使该词带上了贬义色彩。下面的一个段子能够说明这一点：

据说，有个人去餐馆用餐，服务员称呼他为"领导"，他非常生气，对服务员大发雷霆，振振有词地质问服务员："我一不贪污腐败，二不包养情妇，三不拍马溜须，四不坑蒙拐骗，你凭什么叫我领导？"一位领班对那位客人解释说："称呼您领导，是对您的尊重，请您千万别误会。"那位客人反驳道："什么，领导是尊称？你以为这领导是个褒义词吗?……"[1]

第二节　认知图景理论与语汇研究

认知图景理论提出的初衷是为了解释句法结构中句法成分的搭配问题，实际上就是语义成分的来源及其如何在句法结构上映射的问题。在研究过程中我们发现，认知图景理论不仅可以用来解释众多的语法现象，还可以用于语汇研究，主要是复合词构成成分之间的语义关系及多义词不同义项之间的关系问题。

认知图景理论，我在《认知图景：理论构建及其运用》[2]一书有过比较全面而系统的论述，其中有几个基础性的概念，如"认知图景、认知要素、凸显、概念化、隐喻、转喻"等，这里主要介绍与语汇研究相关的几个概念。

一、"认知图景"及"认知要素"

什么是"认知图景"？

认知图景是人们对现实世界常规的，或者说是比较恒定的认知经验。它包括两个方面：静态的认知图景和动态的认知图景。所谓静态的认知图景是指我们对一个客体（也许包括抽象的在内）方方面面的认识，比如，一个"足球"，它是圆的，充满气后，可以踢，落到地面上还可以弹跳起来，还有它的大小、表面图案、作用甚至质料等；一只"苹果"，我们知道它是什么颜色、什么味道、什么形状、一般大小、是结在树上的果实等。所谓动态的认知图景是指一个可感知的行为动作的过程以及伴随这一过程的

---

[1] 这只是个别人对"领导"的认知。但这种现象能说明问题，此处引述并无他意。

[2] 卢英顺，2017，《认知图景：理论构建及其运用》，学林出版社。要想全面了解认知图景理论，可以参阅本书及卢英顺《认知图景的扩充：非普遍认知图景》，载《语言教学与研究》2022年第3期。

各种概括的认识特征，比如"吃"这一行为，存在一个有生命的动物，典型的是人，"吃"一种什么东西，吃的时候还可能涉及一些辅助工具。就人而言，他要用筷子或刀叉之类，食物还要放在碗之类的容器里，等等。无论是静态的认知图景还是动态的认知图景，都可能涉及文化信仰等方面的因素。这两种不同的认知图景似乎又可以分别称为"物体认知图景"和"行为认知图景"（"行为"一词要做广义的理解）。（卢英顺2017：5）

与认知图景相关的概念有"上位认知图景、下位认知图景、同位认知图景"以及"中心认知图景、非中心认知图景"。当一个组合体涉及两个或者以上认知图景的时候，这些不同认知图景之间在认知要素上要具有相容性。

特定认知图景所能激活的相关内容就是认知要素，比如"吃饭-认知图景"所激活的吃的人、吃的东西、碗、筷子等都是这一认知图景所激活的认知要素。

二、认知图景与复合词研究

词有单纯词和合成词之分，合成词内部又有派生词、类派生词和复合词之分。由于不同词自身特点的差异，只有复合词才有必要运用认知图景理论进行内部分析[1]。这种内部分析实际上是就复合词构成要素（语素或语素组[2]）之间的语义关系而言的。这种语义关系不同于前面所说的词的整体意义与其构成语素意义之间的关系。

传统对复合词的研究视角是仿照句法结构关系来分析的，如主谓型/陈述型、动宾型/支配型、偏正型、并列型等。朱彦《汉语复合词语义构词法研究》（2004）[3]明确提出从语义角度研究复合词，很有意义。不过因其论述视角是降级述谓结构，所以从其所述来看似乎比较

---

① 认知图景理论是否适合所有复合词的内部分析，有待同仁的进一步观察研究。

② 有关"语素组"概念提出的必要性及其涵义，可参阅：卢英顺，2015，《语言学讲义》，复旦大学出版社，第69页。

③ 朱彦，2004，《汉语复合词语义构词法研究》北京大学出版社。

繁琐。运用认知图景理论研究复合词，着重于复合词构成要素之间直接的语义关系，显得更加简洁、明了。卢英顺《从认知图景看容器类复合词语的构成》（2012）①对这种研究进行了尝试。我们先看看几个容器类复合词：

酒瓶　保温瓶　签筒　烟盒　草包　玻璃瓶　纸盒　胆瓶　海碗
澡盆

上述复合词，如果按照传统的分析方法分析起来就很简单，都是偏正型。这种句法式的分析掩盖了其丰富的语义关系。从认知图景理论来分析，就得先看看"容器-认知图景"能激活哪些认知要素；因为在这类复合词中，表示容器的语素激活的是中心认知图景，而另一个语素所表示的语义内容一般是该中心认知图景所激活的要素的一个方面。

容器-认知图景所能激活的相关认知要素主要有：（1）容器里装什么东西、（2）容器是干什么用的、（3）容器是用什么材料制成的、（4）容器的形状如何。根据汉语偏正类复合词中心语素居后的特点，假如容器类复合词的两个直接成分是 XY，那么，Y 必定是表示容器的。因此，从语义的角度讨论容器类复合词语素之间的关系，实际上就是讨论 X 与 Y 之间到底是什么样的语义关系。按照这样的思路，上述复合词可以分为如下几类：

内容类：酒瓶　签筒　烟盒
功用类：保温瓶　澡盆
材料类：草包　纸盒
特征类：海碗　胆瓶

不难发现，上述容器类复合词构成要素之间的语义关系是非常明了的。

我们再看看与"模特"有关的几个例子：

（13）卖车有**车模**、卖房有**房模**，作家莫言的新书发布会也找来了

---

① 卢英顺，2012，《从认知图景看容器类复合词语的构成》，载《中国语言学报》第 15 期，商务印书馆。

美女模特！只是吃不准能不能管她们叫"**书模**"。(《文汇报》2010 年 1 月 25 日)

例(13)"车模、房模"和"书模"中的"模"是"模特"的意思，而"模特"的普通意义是"用来展示服装的人或人体模型"。从认知的角度来看，充当模特的一般是年轻的相貌端庄的女性，为某款服装做宣传。这些可看作模特的原型认知。如果有表达需要，其中的某个认知属性可以偏离，如走在 T 台上的可能是年龄偏大一点的女性。当宣传对象发生变化时，一个最简单的做法就是把这种宣传对象作为复合词的一部分，压制默认的宣传对象（服装），使相应的宣传对象通过相关的语素凸显出来，如该例中的"车模、房模"，"书模"加引号说明它只能算作一个临时词，一种偶发现象，但其造词原理与前两者是一样的。如果类似现象越来越普遍的时候，"书模"的临时身份或许会转正。

类似的现象有"火电"和"水电、风电、核电、太阳能电"的说法。其中的"火"表示发电时的动力来源于煤，通过煤的燃烧产生电能。当这种动力来源发生变化时，将相应的语素作为构词成分最为方便，也便于理解。

三、认知图景与多义词研究

多义词是从单义词发展演变过来的。过去这方面的研究往往把注意的焦点放在演变的结果及演变方式上。多义词是如何从单义词发展演变过来的？这是演变方式问题。所论及的演变方式主要有：（1）引申，（2）比喻，（3）借代。这种分类明显存在逻辑问题：通过比喻和借代方式发展而来的词义就不是引申方式吗？看看相关论著所举的"引申"的例子就会发现，其所谓引申其实是不属于比喻或借代方式的一种引申，如"去"从"离开"义发展为"前往、距离"义是无法用比喻或借代来解释的。卢英顺（2017：135-136）认为，这与"去"激活的"位移-认知图景"的不同凸显有关。[①]

---

① 详参：卢英顺，2017，《认知图景：理论构建及其运用》，学林出版社。

卢英顺（2017：178）建立了一个基于认知图景的词义演变模型。假如某认知图景能激活 A、B、C、D、E 这几种认知要素，那么，其中的每个要素都有可能成为词义演变的生长点，而演变后的意义又可以激活新的认知图景，这新的认知图景又可以激活其自身的认知要素，它们又成为词义演变的生长点。这就是词义演变的一般情况。我们以"图景$_0$"表示某个词原始意义（M_0）的激活产物，"图景$_1$"和"图景$_2$"表示词义演变过程中某个意义（M_1、M_2）所激活的认知图景，那么，词义演变模式如图 12-1 所示：

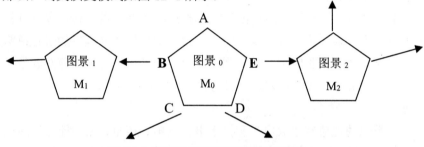

图 12-1 基于认知图景的词义演变模型

上述模型可以根据具体情况进行调整。我们看看"铁"的几个主要义项：①一种金属；②形容坚硬，牢固；③指板着（面孔），形容表情严肃。从认知图景看"铁"这几个义项之间的联系，我们首先要知道普通大众对"铁-认知图景"的认知。比如它可以激活坚硬的要素，即在常温下铁不容易变形，还可以激活铁的大致颜色，青黑色。义项①是多义引申的起点，很显然，义项②来源于铁的坚硬性一面，义项③来源于其颜色一面。如图 12-2 所示：

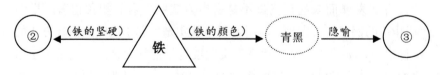

图 12-2 "铁"的词义引申

在认知上，"铁"还可以激活作为建造材料这一要素，复合词"铁打、铁道、铁画、铁丝"中的"铁"用的就是铁的材料属性一面。

　　基于认知图景的词义演变模型实际上具有跨语言（方言）的普遍意义。我们可以利用这个模式进行类型学的词义演变方式和结果的比较。相应词语，如果在词义演变上有相同之处，这说明它们的引申出发点一致；如果不一致，可能有两种情况：一是不同语言中相应的词可能在引申出发点上不一致，甲语言从 A 点引申，乙语言从 C 点引申，二是某种文化因素的影响。但是，总的来看，还是万变不离其宗。

　　认知图景理论除了可以用来研究复合词构成要素之间的关系以及多义词的词义引申这两种之外，还可以用来研究不同语汇系统或者同一语汇系统同一事物的不同命名上，所谓的"同实异名"现象。同实异名现象反映的是造词时对相关事物属性凸显的不同。卢英顺（2017：155-157）对"咸鸭蛋"的不同说法（盐蛋、腌蛋、咸蛋），对"日光灯"的不同说法（荧光灯、电棒），对"蚯蚓"的不同说法（土虫、雨虫、鱼虫）①分别对认知图景激活的要素的不同凸显做了合理的解释。我们再看看"蜂窝煤"的另一种说法"藕煤"：

　　（14）回去二十年，漫水人会把枞茅扒去当柴烧，现在开始烧**藕煤**。（王跃文《漫水》）

　　蜂窝煤之所以叫"藕煤"是因为其在认知上很像一段横切的藕。这种称法比"蜂窝煤"更贴切。《水浒传》第二十三回中武松和酒家之间关于"三碗不过冈"的对话也涉及同实异名现象：

　　（15）武松道："怎地唤做'三碗不过冈'？"酒家道："俺家的酒，虽是村酒，却比老酒的滋味。但凡客人来我店中吃了三碗的，便醉了，过不得前面的山冈去。因此唤做'三碗不过冈'。若是过往客人到此，只吃三碗，更不再问。"武松笑道："原来恁地。我却吃了三碗，如何不醉？"酒家道："我这酒叫作'**透瓶香**'，又唤作'**出门倒**'。初入口时，醇酽好吃，少刻时便倒。"

　　例（15）中的"透瓶香"和"出门倒"就是对同一种酒的不同命名，凸显的角度不一样：前者凸显酒的香醇，后者凸显的是酒的后劲。

---

　　① 这些不同说法或为汉语普通话或为方言，或为其他的语言或方言。

其后的两句就是对此的诠释。

四、如何运用认知图景理论来研究语汇

如何运用认知图景理论研究语汇，其实我们在上面已经通过多个例子进行了示范。这里我想提醒几点请大家注意。

一是，运用认知图景理论研究词义的演变，我们要注意抓住词的本义或者比较早期的意义，然后看看，由这样的意义可以激活怎样的认知图景？可以激活哪些认知要素？再看引申义与认知图景的联系，与这些认知要素之间的联系。

二是，认知心理学和认知语言学都提及"上位范畴-基本范畴-下位范畴"的概念，如"动物-猫-某种特定的猫"。上位范畴由于过于概括，所涵盖的成员驳杂，不同成员之间难以形成一个格式塔，而下位范畴由于过于具体，不同成员之间又难以区别，这些从认知的角度来看就难以把握；而基本范畴则容易把握，所以人们在习得范畴的时候一般都是从基本范畴开始的。认知图景的激活与此有很大的关系，所以运用认知图景理论研究复合词，要注意选择某一"意义类"进行研究，这个"类"不能过于概括，过于概括，由于下位类别之间可能差异较大，就很难通过同一认知图景得到统一的解释。比如"物体类""行为类"就过于概括。传统的复合词研究，其研究对象过于驳杂，难以找到复合词构成语素之间的语义关系。

三是，运用认知图景理论研究复合词，要紧扣"中心语素"的意义类，如果中心语素意义类不同，即使这些词语含有相同的语素，也不应该放在一起研究；因为这样的话，激活的认知图景自然就不一致，因而也就不能得到统一的解释。比如"的哥、的姐"就不宜把它们放在"轿的、货的、面的"一起研究，因为前者的中心语素是"哥、姐"，激活的是关于"人"或者"男性、女性"的认知图景，后者的中心语素是"的"，激活的是关于"的士"的认知图景。这就是笔者在《"X的"复合词的认知研究——兼论汉语复合词的研究视角》①一文中排除

---

① 卢英顺，2014，《"X 的"复合词的认知研究——兼论汉语复合词的研究视角》，原载日本《中国文史论丛》第 10 号；又见：卢英顺，2020，《语言问题新探索》，上海社会科学院出版社。

"的哥、打的"等词语的原因。

本章小结

现代汉语语汇研究，从共时的角度看，可研究的问题很多。传统的研究话题可以在新的理论方法背景下重新审视，也可以拓展新的研究视角。比如对成语的研究，我们可以更多地关注对成语进行形式改造或意义改变（包括一些误用情况）的规律，而不是简单地进行举例说明，对部分成语在共时平面意义或用法的变化要给予足够的重视。对惯用语和歇后语的语义特点要注重从认知的角度进行挖掘、解释，对新时代产生的有表现力的好的歇后语要注意搜集整理，注意观察歇后语后半部分的表义特点与其前半部分的关系。

认知图景理论为语汇研究提供了一个新的理论框架，它可以用来解释部分复合词构成要素之间的语义关系，可以用来解释部分复合词的形成机制；它还可以用来解释多义词不同义项之间的语义联系。此外，该理论还可以用来解释不同语言或方言以及同一语汇系统内部"同实异名"现象的根源，就是对某类事物属性凸显的不同。

运用认知图景理论研究多义词，要注意排除同音词或同形词；研究某一意义类的复合词时，要注意这种意义类的层次，要紧扣"中心语素"的意义类看其所激活的认知要素。

参考文献

爱德华·萨丕尔 1985 《语言论》，商务印书馆。

本书编辑组 1995 《词汇学新研究――首届全国现代汉语词汇学学术讨论会选集》，语文出版社。

布龙菲尔德 1985 《语言论》，商务印书馆。

常敬宇 1998 《汉语词汇与文化》，北京大学出版社。

晁继周 2004 《论异形词整理的原则》，《中国语文》第 1 期。

陈爱文、于平 1979 《并列式双音词的字序》，《中国语文》第 2 期。

陈光磊 1994 《汉语词法论》，学林出版社。

程 荣 1992 《试谈词语缩略》，《语文建设》第 7 期。

崔希亮 1997 《汉语熟语与中国人文世界》，北京语言文化大学出版社。

戴昭铭 2023 《文化语言学导论》（增订版），商务印书馆。

董秀芳 2011 《词汇化：汉语双音词的衍生和发展（修订本）》，商务印书馆。

费尔迪南·德·索绪尔 1996 《普通语言学教程》，商务印书馆。

符淮青 1985 《现代汉语词汇》，北京大学出版社。

符淮青 1996 《汉语词汇学史》，安徽教育出版社。

葛本仪 1985 《汉语词汇研究》，山东教育出版社。

葛本仪 2014 《现代汉语词汇学》（第 3 版），商务印书馆。

郭锦桴 1993 《汉语与中国传统文化》，中国人民大学出版社。

郭玉箐、徐俊、王海峰 2016 《走向智能时代的语言信息化产业》，《语言战略研究》第 6 期，商务印书馆。

胡晓清 1998 《外来语》，新华出版社。

胡裕树主编　1987　《现代汉语》（增订本），上海教育出版社。

黄伯荣、廖序东主编　1988　《现代汉语》（修订本，上册），甘肃人民出版社。

贾彦德　1999　《汉语语义学》，北京大学出版社。

蒋绍愚　1985　《词义的发展和变化》，《语文研究》第 2 期。

蒋绍愚　1994　《蒋绍愚自选集》，河南教育出版社。

蒋文钦、陈爱文　1982　《关于并列结构固定词语的内部次序》，《中国语文》第 4 期。

李行健　1983　《词义中的"通感"现象》，《汉语学习》第 4 期。

李行健　1988　《词语的规范问题》，载李行健《词语学习与使用述要》，吉林文史出版社。

李行健　1995　《词义演变漫议》，载《词汇学新研究——首届全国现代汉语词汇学学术讨论会选集》，语文出版社。

李行健　2002　《异形词整理三题》，《咬文嚼字》第 3 期。

李忆民主编　1995　《现代汉语常用词用法词典》，北京语言文化大学出版社。

刘冬青　2012　《"望文生义"及其他》，《词汇学理论与应用》（六），商务印书馆。

刘红妮　2019　《汉语跨层结构的词汇化研究》，学林出版社。

刘叔新　1985　《汉语复合词内部形式的特点与类别》，《中国语文》第 3 期。

刘叔新　1990　《汉语描写词汇学》，商务印书馆。

刘叔新　1990　《复合词结构的词汇属性——兼论语法学、词汇学同构词法的关系》，《中国语文》第 4 期。

刘叔新　1993　《刘叔新自选集》，河南教育出版社。

刘叔新、周荐　1992　《同义词语和反义词语》，商务印书馆。

刘兴策　1999　《语言规范精要》，华中师范大学出版社。

卢英顺　2005　《语言理解中的格式塔原则》，《修辞学习》第 5 期；又卢英顺《语言问题新探索》，上海社会科学院出版社，2020 年。

卢英顺　2007　《现代汉语语汇学》（第一版），复旦大学出版社。

卢英顺 2011 《关于语汇研究的几点思考》，《阜阳师范学院学报》第 4 期。

卢英顺 2011 《几种语汇现象的认知解释》，《语言研究集刊》（第八辑），上海辞书出版社。

卢英顺 2012 《从认知图景看容器类复合词语的构成》，载《中国语言学报》第 15 期，商务印书馆；又卢英顺《语言问题新探索》，上海社会科学院出版社，2020 年。

卢英顺 2014 《"X 的"复合词的认知研究——兼论汉语复合词的研究视角》，原载日本《中国文史论丛》第 10 号；又卢英顺《语言问题新探索》，上海社会科学院出版社，2020 年。

卢英顺 2015 《语言学讲义》，复旦大学出版社。

卢英顺 2017 《认知图景：理论构建及其运用》，学林出版社。

卢英顺 2020 《话题：汉语句子结构的一种基本成分》，复旦大学汉语言文字学科《语言研究集刊》第二十六辑，上海辞书出版社。

卢英顺 2021 《语义理论和汉语语义问题》，上海社会科学院出版社。

卢英顺 2022 《认知图景的扩充：非普遍认知图景》，《语言教学与研究》第 3 期。

卢英顺 2023 《语言作为认知对象及其对相关现象的解释》，《汉语学习》第 3 期。

卢卓群 1998 《"望文生义"的语言心理和汉语音译外来词》，《语言教学与研究》第 4 期。

罗聿言 2000 《试论现代汉语"新借形词"》，《语言文字应用》第 4 期。

吕冀平、戴昭铭、张家骅 1987 《惯用语的划界和释义问题》，《中国语文》第 6 期。

吕叔湘 1988 《语文杂记》，上海教育出版社。

马国凡 1998 《成语》，内蒙古人民出版社。

马国凡、高歌东 1998 《惯用语》，内蒙古人民出版社。

马庆株 1987 《关于缩略语及其构成方式》，《语文研究》第 3 期。

任 敏 2012 《影响现代汉语双音复合词语义透明度的机制研

究》，《河北师范大学学报》第 4 期。

邵　涵 2021 《现代汉语缩略语研究》，复旦大学硕士学位论文。

邵歆韵 2012 《汉语并列复合词语素的构成顺序》，复旦大学本科毕业论文。

沈孟璎 1987 《略论新词语的特征》，《新词·新语·新义》，福建教育出版社。

石安石、詹人凤 1983 《反义词聚的共性、类别及不均衡性》，《语言学论丛》第 10 集，商务印书馆。

史有为 1991 《外来词研究的十个方面》，《语文研究》第 1 期。

史有为 1991 《外来词研究之回顾与思考》，《语文建设》第 11 期。

史有为 2000 《汉语外来词》，商务印书馆。

斯大林 1972 《马克思主义和语言学问题》，人民出版社。

宋贝贝、刘燕燕、王强军 2012 《基于语料库的成语语义考察及新义位的确立》，《词汇学理论与应用》（六），商务印书馆。

苏培成 1995 《关于基本词汇的一些思考》，载《词汇学新研究——首届全国现代汉语词汇学术讨论会选集》，语文出版社。

苏锡育 1989 《试说现代汉语复音单纯词中的音节符号向词素的转化》，《汉语学习》第 2 期。

苏新春 1997 《汉语词义学》，广东教育出版社。

孙常叙 1956/2006 《汉语词汇》（重排本），商务印书馆。

孙维张 1981 《略论词义的形象色彩》，《吉林大学学报》第 5 期。

孙维张 1989 《汉语熟语学》，吉林教育出版社。

谭景春 2005 《用品类名物词的释义方式》，载沈家煊主编《现代汉语语法的功能、语用、认知研究》，商务印书馆。

谭永祥 1992 《汉语修辞美学》，北京语言学院出版社。

汤廷池 1994 《华语语言分析：目标与方法》，《汉语词法句法五集》，台湾学生书局。

汪磊主编 2012 《新华网络语言词典》，商务印书馆。

王　力 1990 《新训诂学》，《王力文集》第十九卷，山东教育出版社。

王吉辉 1999 《字母词语的外来词性质分析》，《汉语学习》第5期。

王立廷、沈基松、张小平 1998 《缩略语》，新华出版社。

王涛等 1987 《中国成语大辞典》，上海辞书出版社。

王铁昆 1988 《新词语的规范与社会心理》，《语文建设》第1期。

王铁昆 1989 《新词新语的规范问题》，《天津师大学报》第2期。

王希杰 1994 《"三白"和"晶饭"》，载于根元、张朝炳、韩敬体编《语言的故事》，东方出版社。

王新民、侯玉茹 1995 《普通话异读词汇编》（修订本），语文出版社。

维多利亚·弗罗姆金等 1994 《语言导论》，沈家煊等译，北京语言学院出版社。

温端正 1985 《谚语》，商务印书馆。

温端正 1985 《歇后语》，商务印书馆。

温端正 2005 《汉语语汇学》，商务印书馆。

温端正、周荐 2000 《二十世纪的汉语俗语研究》，书海出版社。

吴崇康 1996 《浅析多义词的义项划分》，载《〈现代汉语词典〉学术研讨会论文集》，商务印书馆。

武占坤、王勤 1983 《现代汉语词汇概要》，内蒙古人民出版社。

谢芳庆 1992 《试论成语的形式变化》，《安徽师大学报》第2期。

邢福义 1993 《现代汉语》（修订版），高等教育出版社。

邢向东 1985 《词语褒贬新探》，《云南师范大学学报》第5期。

徐青 1983 《词汇漫谈》，浙江人民出版社。

徐国庆 1999 《现代汉语词汇系统论》，北京大学出版社。

徐耀民 1988 《缩略语的划界和规范问题》，《语文建设》第3期。

徐耀民 1997 《成语的划界、定型和释义问题》，《中国语文》第1期。

徐幼军 1988 《新词语新用法与社会心理》，《语文建设》第3期。

徐振邦 1984 《歇后语选编》，延边人民出版社。

徐志民 1980 《关于词的感情色彩的几个问题》，《语言教学与研究》，第 3 期。

许嘉璐 1995 《新时期说老话题：继续为祖国语言的纯洁和健康而斗争》，《求是》第 18 期。

许威汉 2000 《二十世纪的汉语词汇学》，书海出版社。

杨 琳 1996 《汉语词汇与华夏文化》，语文出版社。

杨升初 1982 《现代汉语的义素分析问题》，《湘潭大学学报》第 3 期。

杨锡彭 2007 《汉语外来词研究》，上海人民出版社。

杨振兰 1997 《现代汉语词彩学》，山东大学出版社。

姚汉铭 1998 《新词语·社会·文化》，上海辞书出版社。

于根元、张朝炳、韩敬体 1994 《语言的故事》，东方出版社。

张 弓 1979 《现代汉语反义词探讨》，《河北大学学报》第 4 期。

张拱贵、王聚元 1997 《汉语叠音词词典》，南京大学出版社。

张庆云、张志毅 1995 《义位的系统性——这个假说的证明》，《词汇学新研究——首届全国现代汉语词汇学术讨论会选集》，语文出版社。

张旺熹等 1987 《现代汉语行业语初探》，《山东师范大学学报》第 2 期。

张永言 1982 《词汇学简论》，华中工学院。

张志毅 1980 《同义词词典编纂法的几个问题》，《中国语文》第 5 期。

张志毅、张庆云 1989 《反义词词典收的应是词的最佳反义类聚》，《中国语文》第 4 期。

张志毅、张庆云 1994 《词和词典》，中国广播电视出版社。

张志毅、张庆云 2000 《柏拉图以来词义说的新审视》，《中国语文》第 2 期。

章 炎 1983 《浅谈词语的感情色彩》，《辽宁大学学报》第 5 期。

赵克勤 1988 《论新词语》，《语文研究》第 2 期。

赵元任 1979 《汉语口语语法》，商务印书馆。

中国佛教文化研究所编 1993 《俗语佛源》，上海人民出版社。

中国社会科学院语言研究所词典编辑室编 2012 《现代汉语词典》

（第 6 版），商务印书馆。

周　荐 1985 《试论词的感情色彩及其构成方式》，《天津社会科学》第 3 期。

周　荐 1986 《并列结构内词语的顺序问题》，《天津师大学报》第 5 期。

周　荐 1988 《等义词语的性质和类别》，《天津师大学报》第 5 期。

周　荐 1990 《近义词说略》，《天津教育学院学报》第 4 期。

周　荐 1992 《也谈词语的形象色彩问题》，《南开学报》第 5 期。

周　荐 1995 《汉语词汇研究史纲》，语文出版社。

周　荐 1998 《惯用语新论》，《语言教学与研究》第 1 期。

周　荐 2002/2006 《现代汉语叠字词研究》，《词汇学词典学研究》，商务印书馆。

周国光 1986 《概念体系和词汇体系》，《安徽师大学报》第 1 期。

周启模 1989 《汉语新词的特征》，《汉语学习》第 1 期。

朱博文 2022 《非取首双音节缩略语的结构与取字原则分析》，《海外华文教育》第 5 期。

朱楚宏 2010 《成语语义超常引申新探》，语文出版社。

朱德熙 1985 《语法答问》，商务印书馆。

Lyons, John 1977 *Semantics*, vol. I. Cambridge: Cambridge University Press.

Palmer, F. R. 1981 *Semantics,* 2nd edition, Cambridge University Press.

Taylor, John R. 1995 *Linguistic Categorization: Prototypes in Linguistic Theory*, 2nd edition. Oxford: Oxford University Press. /《语言的范畴化：语言学理论中的类典型》，外语教学与研究出版社，2001 年。

后　记

　　《现代汉语语汇学》（复旦大学出版社，2007 年；韩国外国语大学出版社于 2013 年出版过韩语版，朴兴洙教授翻译）被纳入复旦大学教授许宝华先生主编的"现代汉语系列教材"丛书出版。该书出版后，我在复旦大学一直给本科生开设"汉语词汇学"课，以此为教材，但又不能照本宣科，于是从中挑选了几个重要的章节着重讲授。由于教材的性质，虽然我已经尝试把自己的一些想法融入教材中，但考虑到适度的问题，有些想法只能"私藏"。后来在课堂上就把我没有写进教材的那些想法，还有后来的陆续思考，都拿来与学生交流，似乎得到了学生们的认可。之后又萌发出要将该书修订一下的念头，由于种种原因，一直未能付诸行动。

　　机缘巧合，今年五一期间，南开大学出版社杨硕先生来上海，我们在复旦见了面，聊了学术著作出版的问题，聊了我对《现代汉语语汇学》修订的想法。他告诉我说，南开大学出版社领导很重视学术著作的出版，对我的《现代汉语语汇学》的修订也很感兴趣。这样我利用整个暑假对《现代汉语语汇学》进行了全面的修订。这本修订版得以出版，我由衷感谢出版社相关领导的支持，更感谢杨硕先生促成此事。他对学术的真诚态度让我感动，他工作认真负责，一丝不苟。此外，还要感谢为此书出版付出过辛勤汗水的其他先生或者女士！

卢英顺

2023 年 9 月于复旦